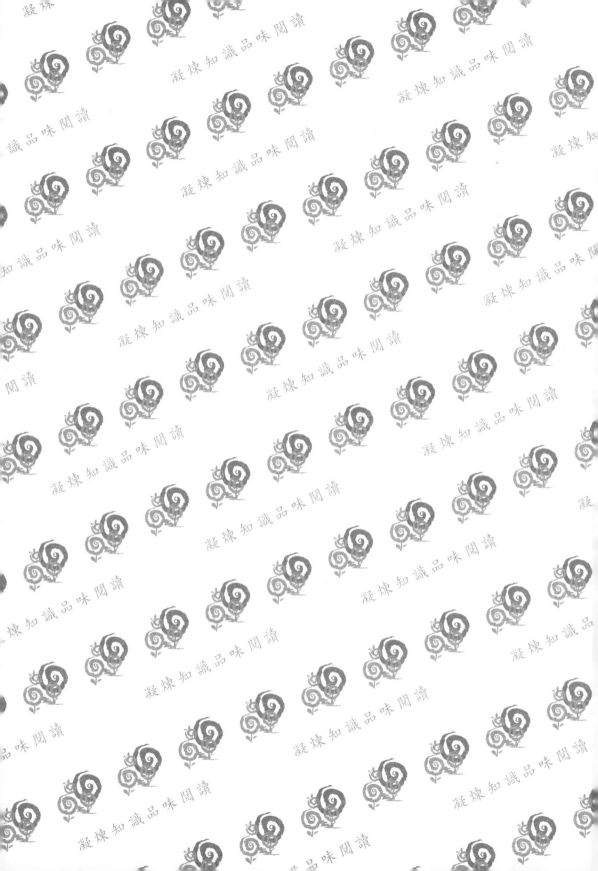

前瞻教育

叢書主編　黃政傑

質性研究法進階探索
換一副透鏡看世界

張芬芬　著

五南圖書出版公司 印行

作者序

質性研究法帶我看見的世界與求知之路

　　帶著好奇心探索世界，是人的自然傾向。而探索用的方法猶如一副透鏡，方法不同即透鏡不同，透鏡下的世界也就不同。

　　量化研究法這副透鏡帶領人們看見的世界，是分子切割的、有確定答案的、可用數字表達的。這個被探索的世界可以在人為控制下，排除研究者與無關因素的干擾，讓研究者獲知它的樣貌（即所謂「真相」〔reality〕），由研究者以理性、冷靜、客觀的語言表達出來，而這就是所謂的「知識」。

　　量化研究法透鏡下的世界是有核心、有支點、有因有果的，研究者與研究對象是可以、也應該兩相隔離的。獲取真相／創造知識的權力在研究者／學者手中，研究者以理性探究世界，情感不應介入研究歷程中。

　　質性研究法提供人們另一副透鏡，帶領人們看見不一樣的世界。這個世界是身心互動、主客互動的；這個世界沒有單一核心、沒有固定支點、沒有確切答案，是多因多果、甚至互為因果的；各個因子層層疊加、縷縷纏繞，形成一個相互牽引、此消彼長的整體。要探究某現象的樣貌，應該將現象放在整體脈絡中，去認識、去梳理。研究者與研究對象無法、也不應兩相隔離，研究現象受到參與者的影響——而研究者與研究對象都參與現象的形成與改變。因此獲取真相／創造知識的權力人皆有之，探索知識用的不唯理性而已，情感與行動皆是求知利器。

　　質性研究透鏡下，世界是人們參與／互動而形成的，不唯世界是一整體，每一個體也是一整體。身心靈是一體的、互相牽引的，知情意不再是分立的，真善美不再是不同領域者的追求目標，研究者／學

者可以求眞，兼及求善求美，甚至求治療。

　　本書以「質性研究法進階探索：換一副透鏡看世界」爲名，正是解說質性研究法這副不同的透鏡，在理念、方法、運用上的特色。1991年我於臺師大教育研究所在黃政傑教授指導下，完成臺灣教育學門質性研究取向的首篇博士論文。三十餘年來，我發表研究法的專論15篇，翻譯質性研究法專書1本（有繁體版與簡體版）。現在我挑選其中9篇專論，微幅改寫而成此書。

　　書名之所以用「進階探索」，是緣於本書並未從質性研究法的基本概念出發，因這些基本概念與種種理論、原理原則，臺灣已有不少研究法專書予以介紹，無庸我再贅言。我選擇的各章主題，主要源於我教學和指導論文時發現的困難點，於是我嘗試撰文，想爲研究新手們解開難點。本書共分三篇九章，以下分述重點。

　　【理念篇】包括四章。①「以譬喻認識質性研究與量化研究：你用哪副透鏡看世界」，想回答的問題是：能否用華人較擅長的譬喻，去解說質性與量化研究的差異？期藉兩兩對比的譬喻，增進研究新手對質性取向有別於量化取向的體會。②「質性研究的全貌與派別：文學家與科學家共用的大傘」，想回答的問題是：能否用譬喻解說質性研究的全貌與各派？期再藉譬喻，裨益新手們對質性研究的整體掌握，避免陷入眼花撩亂之苦。③「後現代質性研究：求眞難，何不求善求美求治療」，想回答之問題是：後現代何以出現那麼不一樣的論文？寫小說／故事算是寫質性論文嗎？這章先追溯課程與教學學門的發展軌跡，顯示質性研究更適合掌握教育活動的特質；接著說明質性研究走到1990年代起的後現代時期，所出現的轉向——包括研究立場、目的、譬喻、報告、作者與讀者的關係等方面。④「質性研究常受質疑的問題：理論？量尺？代表性？客觀性？」，所回答的問題是：質性研究者如何看待理論、客觀性、代表性等問題？呈現了「研究前」與「研究中」兩階段的相關思考與暫時答案。

　　【方法篇】包括二章。⑤「質性研究者的快思慢想：整體直觀

與邏輯思考」，想要回答的問題是：質性研究者究竟是怎樣思考的？該文指出質性研究過程中研究者會運用兩種思維：整體直觀與邏輯思考——前者是快思，後者是慢想；從研究目的、題目、設計、資料蒐集、資料分析、工具、寫成論文等各面向，均可看到兩種思維。該文以實例和對照方式，逐一說明研究過程裡的兩種思維。⑥「質性資料分析的五步驟：在抽象階梯上爬升」，想要回答的問題是：質性資料分析時，如何擺脫陷溺在資料海洋中的困境？該文從「資料轉型」觀點，提出質性資料分析的五階論：文字化、概念化、命題化、圖表化、理論化，期藉此說明分析者在觀念上的努力方向，強調資料分析就是在抽象階梯上爬升，從而將資料轉型；該文並以實例解說每一階梯。

【應用篇】包括三章。⑦「行動研究的知識論與實作：世界是互動出來的」，想要回答的問題是：質性研究應用在行動研究上，有哪些特徵與問題？本章前半先說明行動研究的知識論，以常受質疑的知識論問題為主軸，逐一說明行動研究的特徵；後半對行動研究關切的幾項實作問題逐一解說。⑧「質性評鑑興起中的觀念變遷與啟示：因果、事實、正義」，想回答的問題是：當代質性評鑑上有哪些特徵與問題？主要由史哲角度，從因果觀、事實觀、正義觀等三觀念的變遷出發，說明當代質性評鑑各派的特徵。該文指出，在因果觀方面，學界逐漸認知到：人文社會科學太過複雜，不適合採取以David Hume因果論為基礎的實驗法來做評鑑。事實觀方面，承認「事實—價值」非截然二分，評鑑者所尋得與表述的事實，經常是價值負載的。正義觀方面，已從John S. Mill的效益主義，走向John Rawls的正義論，再走向修改後的正義論，亦即評鑑時從注重「總產量的增加」，到注重「公平分配」，再到各利益關係人的「公平參與」。文末提出對臺灣教育評鑑的啟示。

【應用篇】最後一章是⑨「文本分析方法論及運用：教科書怎樣分析」，欲回答之問題是：有哪些量化與質性取向的文本分析，可

用於教科書分析？它們眼中的理想教科書是何樣貌？如何用它們來分析教科書？本章先指出近年整個人文社會科學出現「語言學轉向」思潮，文本分析的發展甚為蓬勃，教科書研究可從中汲取養分。本章接著介紹四種文本分析法：古典內容分析、故事分析、論述分析與論辯分析；第一種古典內容分析屬量化分析，其他三種均屬質性取向，此四分析法均適合用於教科書探究。本章後半比較四種文本分析，從「看教科書的視角」、「研究目的」、「知識論／方法論」、「理想教科書」、「分析架構」、「分析類目的建立」、「探究問題舉隅」等七面向做說明。

　　不知道為了什麼，從小文字對我就有無比的吸引力，閱讀文字讓我由思考與想像裡獲得滿足；撰寫文字則讓我獲得力量。質性研究的特徵之一，是以文字為分析對象、以文字為表達媒介，質性研究與文字的關係是如此密切，這可能是質性研究如此吸引我的主因吧！人生黃粱夢，匆匆數十年。在質性研究的道路上，我完成博論、開課教學、指導研究、審查論文、口試學生、撰寫專論。三十餘年來我朝思暮想、魂縈夢繫的，主要就是這質性研究，浸淫其中，它讓我充分享受求知之樂，體會到孔子「朝聞道夕死可也」的喟嘆；而做為質性研究法的教學者，則讓我領會到"You are what you teach"——原來質性研究還形塑了我的為師風格呀。但直到我將屆退休之齡，才出版這本專書，不禁對自己如此遲鈍的現實感而驚駭不已；對引領我進入質性研究之門的黃政傑教授更覺愧疚赧然，也對他始終不放棄我、希望我撰寫專書的含蓄提醒而深深感動。

　　此生能投入學術與教育工作，我是何其幸運！我一定要感謝父親張領和先生、母親王鳳英女士，在那個風雨飄搖、物資匱乏的年代裡，苦心為子女營造一個純淨無憂的書香環境所付出的無盡艱辛。還要感謝外子瞿錦春醫師，近四十年來他總以無比的修養與耐性擔任我的忠實聽眾，願意日夜聽我迫不及待急著分享的絮絮叨叨。感謝五南圖書出版公司楊榮川董事長惠允出版此前瞻系列叢書、黃政傑終身榮

譽講座教授悉心規劃此系列叢書，以及本書各章原作審查和全書審閱者的高明修改見解，還有黃文瓊副總編輯、李敏華編輯、郭雲周編輯的專業服務——是這些彌足珍貴的因緣與心血，才讓此書得以付梓與面市。最後，期待方家對此書的斧正與指教！

臺北市立大學學習與媒材設計學系教授

張芬芬

2021年4月15日

目　錄

第一篇

理念篇

第一章

以譬喻認識質性研究與量化研究：你用哪副透鏡看世界[1]

1　本文改寫自：張芬芬（2018）。你用哪副透鏡看世界——以譬喻認識質性研究vs.量化研究。載於林逢棋、洪仁進主編，教育的密碼：教育學核心議題（二）（頁25-42）。臺北：五南。感謝該文審查者的專業意見與辛苦審查！

摘要

本章之撰述係源於筆者領會到：譬喻（metaphor）是一種思考與寫作上的好工具，且華人學生可能更熟悉譬喻式表達，可藉此獲得更佳的學習效果。筆者身爲教學者，何不用譬喻來教學呢？遂決定藉譬喻來說明質性研究（qualitative research）與量化研究（quantitative research）的差異，希望幫助質性研究的初學者，藉譬喻更容易掌握此研究法的精髓與重點。

本章先解說：何謂譬喻？有哪些大家熟悉的譬喻？同一研究主題用譬喻表達和用科學語言表達，各自效果如何？接著本章提出四組譬喻，來解說質性與量化研究取向的不同；所用的四組譬喻包括：中醫與西醫、面試與筆試、品酒師與測酒儀器、顯微鏡與望遠鏡。期待讀者從本文認識到，質性研究者與量化研究者可說運用了兩種不同的透鏡，兩種透鏡源自不同的世界觀，因此會引領研究者看見不同的世界，甚至可能進而形塑了研究者的世界觀。

 ## 前言

義大利北部城市蒙扎曾經通過法令，禁止寵物主人把金魚養在彎曲的魚缸裡，因爲提議者認爲：金魚透過這個彎曲的魚缸，所看到的東西都是扭曲變形的，而這樣做很殘忍。這項法令一時間引發了廣泛的爭議，但在眾多爭議聲中，有一個特殊的聲音，問出了一個石破天驚的問題：做爲人類的我們，有沒有生活在一個巨大的魚缸裡呢？這個問題來自理論物理學家霍金（Stephen William Hawking, 1942-2018），最初發表於和Leonard Mlodinow合著的《大設計》（*The Grand Design*）一書中。（柴知道官方視頻，2017年10月9日）

身爲人類的我們，是否生活在一個巨大的魚缸裡呢？霍金在《大設計》一書裡以此問題引導讀者思考：人們所感知到的世界，是不是透過某種人爲的設計／設計物／設計的觀念而得到的結果？霍金認爲：這個世界並無既定的（given）樣貌，人們所知的世界，其實是透過不同理論框架

看見的，牛頓（Isaac Newton, 1643-1727）古典力學的機械世界觀、愛因斯坦（Albert Einstein, 1879-1955）的相對世界觀，就是提供人們觀看世界的理論框架。霍金這道問題運用了譬喻來激發思考，用魚、魚缸、魚看見的世界，來比擬人、理論框架、人看見的世界。幫助人們理解抽象的學術詞彙，如：真相實情／實在／實在界（reality）、建構主義的世界觀（constructivist worldview）等。

　　運用譬喻，來激發人們思考認知方式與認知結果中的諸多問題，其實不止是霍金。無獨有偶，更早的美國文化人類學家克羅孔（Clyde Kluckhohn, 1905-1960）也用魚、魚的知覺、魚的生存世界，來解說一種看世界的方式，他說：「發現水的，幾乎不可能是魚」（Kluckhohn, 1949, p.19）。他藉此提醒田野觀察者，對異文化的探索要抱持「不理所當然」的態度，要以陌生人、甚至外星人更為敏銳的新奇感去體察所見；而不能像魚一樣，因天天生活在水中，而感受不到水的存在。這種運用譬喻來激發思考、增進理解的做法，初聞時，常會讓人眼睛一亮，深思後，則常有腦洞大開之感。

　　譬喻是一種文學修辭技巧，古今中外的文學家都善於運用，譬喻甚至使作品更具美感，帶出餘韻無窮之感，且很可能引發出更進一步的的想像與思考。

- 「世界是座**舞台**，所有男女都只是**演員**：各有其出場和入場……」[2]——莎士比亞《皆大歡喜》（William Shakespeare, *As You Like It*）
- 「文章是案頭之**山水**，山水是地上之**文章**」——張潮《幽夢影》
- 「我是天空裡的一片雲，偶爾投影在你的波心——你不必訝異，更無須歡喜，在轉瞬間消滅了蹤影。你我相逢在**黑夜的海上**，你有你的的，我有我的方向……」——徐志摩《偶然》
- 「小時候／鄉愁是一枚小小的**郵票**／我在這頭／母親在那頭／長大後／鄉愁是一張窄窄的**船票**／我在這頭／新娘在那頭／後來啊／鄉愁

2　此中文是紫蓉譯（無日期）。

是一方矮矮的墳墓／我在外頭／母親在裡頭……」—余光中《鄉愁》
- 「也許每一個男子全都有過這樣的兩個女人，至少兩個。娶了**紅玫瑰**，久而久之，紅的變了牆上的一抹**蚊子血**，白的還是『床前明月光』；娶了**白玫瑰**，白的便是衣服上沾的一粒**飯黏子**，紅的卻是心口上一顆**硃砂痣**。」——張愛玲《紅玫瑰與白玫瑰》

以上幾則膾炙人口的文學經典，都善用了譬喻，莎士比亞的「舞台、演員」，張潮的「山水、文章」，徐志摩的「雲、黑夜的海上」，余光中的「船票、郵票、墳墓」、張愛玲的「紅玫瑰、白玫瑰、飯黏子、硃砂痣」……有助於引發我們的想像，也增進了我們對作者感情與思維的領會。

 ## 貳 譬喻是什麼

究竟何謂「譬喻」？「**譬喻**或稱**比喻**，是在描寫事物或說明道理時，將一件事物或道理指成另一件事物或道理的修辭法，這兩件事物或道理之中具有一些共同點」（譬喻，2018年5月13日）。譬喻主要有四類型：明喻（simile）、暗喻／隱喻（metaphor）、略喻、借喻／轉喻（metonymy）。本文重點不在探究譬喻這種修辭法，主要是藉譬喻來說明質性研究與量化研究的差異，故不細說四種譬喻的意涵[3]，也不區分四種譬喻，而將四者概括稱為「譬喻」；本文所舉實例可能分屬不同類型的譬喻，本文將其全部概稱為「譬喻」。

做譬喻意味著藉兩事物的相同處來連結兩事物，將甲物的意義轉移到乙物，而忽略掉其相異處（Miles & Huberman, 1994, p.250）。譬喻通常是藉熟悉物／觀念來幫助人們瞭解陌生物／觀念，藉具體來認識抽象，藉簡單來認識複雜。例如：「桌面」是人們生活中的熟悉物，電腦設計者以「桌面」為譬喻（Desktop metaphor），讓電腦使用者很容易理解到：電

---

[3] 若欲進一步瞭解四種譬喻的意涵，可參考：課程教材研究所中學語文課程教材研究開發中心（2003）。

腦「桌面」是指顯示器上的某個畫面，使用者可透過操作將電腦裡的文件與文件夾等放在此「桌面」上，就像生活裡的「桌面」一樣，上面可放置文件、照片、圖片與文件夾等。

Richardson（2000, p.926）表示「譬喻是一種文學技巧，卻可成為社會科學寫作的背脊。譬喻就像人的脊椎[4]，它承擔著重量，支持著運動，埋藏在體表下，卻將各部分連結起來，形成一個功能和諧的整體。」於是，譬喻不只是文學家愛用，社會科學家也常用在寫作中。

寫作時譬喻是一轉義（trope）的重要工具，無論文學創作或科學論文的寫作皆需此工具，因為譬喻可以引領人們由熟悉的心智領域進入到較陌生的領域。由消極面觀之，譬喻是人們認知上不可避免、必須借用的工具；由積極面觀之，譬喻在形成科學觀念上則能發揮建構功能，這是以G. Lakoff為領導者的認知科學近幾十年來的研究重點（李怡嚴，2002）。

教育學是一種社會科學，教育研究論文也會用譬喻來表達。教育研究論文可使用各種語言來呈現，文學語言、科學語言均可使用，以下是二則實例。表1-1是文學語言的實例，其中使用了大量的譬喻，表1-2是科學語言的實例，使用變項來表達。我們可留意自己讀到這兩種描述，所得的理解與感受有何差異。

表1-1　文學語言／譬喻式語言：實例

「尼采」個案描述一
尼采（Fr. Nietzsche, 1844-1900）像一隻**凶惡的狼**，雖然死去百年，但他的著作和思想卻像**狼的嚎叫**那樣留在這個世界上，那是一個**痛苦靈魂**的叫喊。尼采對德國的精神史進行過一番**透視**，發現只剩下「**植物神經系統：生理學**」。他留給後世的不是什麼「**影響**」，而是一種「**傳染源**」，像海涅那樣，那是一種**病毒**，他使讀者受到**感染**。那病毒不是別的，而是他的風格。尼采的著作最易感染讀者的是他的《查拉圖斯特拉如是說》，這使人想起**喇叭筒**。在一百多年前，他賦予文化預言家在天空**翱翔的翅膀**。為此，在使用詞彙「我」時，產生了一種允許展開批評一切的新自由，和一種事件的參與。

資料來源：原係德文，刊於德國《法蘭克福匯報》2000.8.15尼采逝世一百年。中譯者為李士勛（2000年9月）。

---

[4]　「譬喻就像人的脊椎」，這是Richardson（2000, p.926）用譬喻解釋「譬喻」。這種解釋方式，也是人們常用的，可見譬喻法好用且普遍。

表1-2　科學語言／變項式語言：實例

「尼采」個案描述二
● **基本特質**
▪ Fr. Nietzsche, 1844-1900，日爾曼人，褐髮，○眼
▪ 身高○○○cm，體重○○kg，體弱，IQ○○分，EQ○○分
▪ 職業：大學教授
▪ 學術派別：存在主義先驅
▪ 重要同儕：叔本華、華格納
▪ 認同對象：拿破崙
▪ 抱負水準：極高（「超人」）
▪ 思想發展三階段與人格特徵
學習期1869-1875虔誠、服從、學習
破壞期1875-1881破壞、批判、自由
創造期1881-1888肯定、創造
● **創造期表現**
▪ 精神分裂症、憂鬱指數○○分、憂鬱症第○期
▪ 創造力指數○○分
▪ 宗教態度：反基督宗教
▪ 自我觀念：極度自我肯定
▪ 生活滿意度：極度不滿意
▪ 熱戀期（Lou Salomé）：腦內AGF成分顯著高於失戀期
▪ 創作高峰期1888年：腦部白質部特別活躍

資料來源：筆者運用李士勛（2000年9月）資料改寫。

　　顯然兩種描述帶給人們迥然不同的感受。描述一採文學語言，其中諸多的譬喻把我們帶進一個想像的世界——時而聽見野狼的嚎叫；時而感覺到病毒正在蔓延；時而聽見喇叭筒裡傳來激越高亢的呼喊，帶我們拔地騰飛在空中……這正是譬喻的力量。描述二採科學語言，其中的變項語言則帶我們走進一個切割分明的世界，一個冷靜、理性的黑白世界。

　　以譬喻來抒發情感、表達觀點、溝通理念、傳播新知，並非西方學者專屬。筆者甚至認為：譬喻法可能是中國老祖宗較西方人更擅長的思考與寫作方式，數千年來中國的古典經籍、詩詞歌賦以及八股文[5]早就不斷運

5　八股文有一固定的結構，就是破題、承題、起講、領題（入題）、提比（起股）、中比（中股）、後比（後股）、束比（束股）、落下（https：//zh.wikipedia.org/wiki/

用譬喻來進行說理與描述，寒窗苦讀的學子們也早就不斷學習在譬喻中獲取新觀念了（張芬芬，2002a）。

　　事實上，早在西漢劉向（西元前77年—前6年）所著《說苑・善說》中，已指出惠施（約西元前370年—前310年）曾說：「夫說者固以其所知，喻其所不知，而使人知之」，顯示出惠施有意識地運用譬喻做溝通工具──以「知」解說「不知」。惠施這位戰國時代的名家代表，當時即以善用譬喻著稱，而他的好友莊子（約西元前369年—前286年）更是譬喻高手，《莊子・秋水》記載了惠施與莊子在濮水之上的「魚樂之辯」，這也可說是莊子與惠施藉譬喻，來討論認識論（epistemology）的基本問題──先驗知識（a priori）是否存在；也顯示兩人在認識論上不同的主張。有趣的是，西元前四世紀中國的莊子與惠施、二十世紀美國的克羅孔、二十一世紀英國的霍金，他們都藉魚來討論認識論問題，為何都是魚呢？為何都是認識論呢？著實有趣。

　　譬喻既是一種思考與寫作上的好工具。筆者遂決定藉譬喻來說明質性研究與量化研究究竟怎樣不同，希望幫助質性研究的初學者藉著譬喻更容易掌握差異處。

 ## 參　以譬喻認識質性vs.量化研究

　　質性與量化研究各出自不同的世界觀，對世界的本質與認識世界的有效方法各有不同的主張，猶如各自提供不同的透鏡給研究者（張芬芬，1996），讓研究者看見不同的世界。

　　何謂質性研究？Bogdan與Biklen（1998, pp.4-7）的觀點頗具代表性，他們認為質性研究特徵有五：①在自然情境中做研究、②蒐集或產生的主要是文字資料（而非數字）、③研究關注的是歷程（而非成果或結果）、

　　八股文）。其中提比、中比、後比、束比合稱為四部，即運用各種對仗排比的文字來闡釋一個核心主旨。對仗排比是指兩個詞組或句子呈現出兩兩相對、字數相等、句法相似、意義相關等等特徵（https：//zh.wikipedia.org/wiki/對偶）。

④採用歸納法處理資料（而非證實〔verify〕／否證〔falsify〕預設的研究假設）、⑤著重生活世界裡局內人眼中的意義（而非著重研究者賦予的意義）。

　　為了要突顯具有這些特徵的質性研究法，跟量化研究之間的差異，不少學者提出了說明，而陳向明（2002，頁14）綜合各家觀點以詳盡的對照表，來呈現差異（見表1-3）。在理解質與量的差異時，除了由對照項目逐一解說外，筆者認為也可藉譬喻來認識兩種世界觀，進而理解質性與量化研究何以採取那些方法去設計研究；去蒐集、分析與詮釋資料；以及研究論文何以展現出那種樣貌。

一、譬喻一：中醫vs.西醫

　　質性研究主張整體論（holism）的世界觀，這與中醫抱持的世界觀一樣。中醫是一種均衡醫學，認為人體是一有機的整體，而不單是各種器官相加的總和。中醫治病的基本原則是保持整個人體的陰陽調和，形成整體的均衡狀態，而不只是處理單一器官的病況。每人的體質、各種飲食、各種藥材，都有其寒熱性質。人若生病，中醫師對病患望聞問切，依整體表現去診斷病情，然後依體質的寒熱虛實來開列處方，運用藥材與飲食，甚至改換生活環境、居住空間，期調整失衡的人體，以達均衡狀態。整體論的世界觀主張：人體內部組織應講求均衡調和，人與自然、人與社會的關係亦復如此。儒家所謂「天人合一」，《南華經‧齊物篇》有云：「天地與我並生，萬物與我為一」，無論大宇宙、小宇宙均強調統合均衡，這些都是整體論的體現。

　　質性研究主張整體論，認為我們要探究的這個世界，是一個有機體，不宜採化約論（reductionism）的做法──切割為部分，或化約為元素／成分去理解。人類學是質性研究的學術源頭之一，美國人類學的奠基者德裔學者Franz Boas（1858-1942）認為「社會」、「文化」是具有意義的複合整體，而非事件或技術的集合體，研究者應與當地人共同生活，在長期的參與觀察（participant observation）中，理解該社會或文化如何在歷史脈絡（context）中逐漸成型（Lassiter, 2009）。而質性研究承襲人類學的傳

表1-3　質性研究與量化研究的比較

項目	量的研究	質的研究
研究目的：	證實普遍情況	詮釋性理解，尋求複雜性，提出新問題
對知識的定義：	情境無涉	由社會文化所建構
價值與事實：	分離	密不可分
研究的內容：	事實，原因，影響的事物，變量	故事，事件，過程，意義，整體探究
研究的層面：	宏觀	微觀
研究的問題：	事先確認	在過程中產生
研究的設計：	結構性的，事先確認的，比較具體	靈活的，演變的，比較寬泛
研究的手段：	數字，計算，統計分析	語言，圖像，描述分析
研究工具：	量表，統計軟體，問卷，電腦	研究者本人（身分，前設），錄音機
抽樣方法：	隨機抽樣，樣本較大	目的抽樣，樣本較小
研究的情境：	控制性，暫時性，抽象	自然性，整體性，具體
蒐集資料的方法：	封閉式問卷，統計表，實驗，結構性觀察	開放式訪談，參與觀察，實物分析
資料的特點：	量化的資料，可操作的變量，統計數據	描述性資料，實地筆記，當事人引言等
分析框架：	事先設定，加以驗證	逐步形成
分析方式：	演繹法，量化分析，蒐集資料之後歸納式創新	歸納法，尋找概念和主題，貫穿全過程
研究結論：	概括性，普遍性	獨特性，地域性
結果的詮釋：	文化客位，主客體對立	文化主位，互為主體
理論假設：	在研究之前產生	在研究之後產生
理論來源：	自上而下	自下而上
理論類型：	大理論，普遍性規範理論	扎根理論，詮釋性理論，觀點，看法
成文方式：	抽象，概括，客觀	描述為主，研究者的個人反思
作品評價：	簡潔、明快	雜亂，深描，多重聲音
效度：	固定的檢測方法，證實	相關關係，證偽，可信性，嚴謹
信度：	可以重複	不能重複
廣度：	可控制，可推廣到抽樣總體	認同推廣，理論推廣，積累推廣
倫理問題：	不重視[6]	非常重視
研究者：	客觀的權威	反思的自我，互動的個體
研究者所受訓練：	理論的，定量統計的	人文的，人類學的，拼接和各方面的
研究者看法：	明確	不確定，含糊的，多樣性
研究關係：	相對分離，研究者獨立於研究對象	密切接觸，相互影響，變化，共情，信任
研究階段：	分明，事先設定	演化，變化，重疊交叉

資料來源：陳向明（2002，頁14）。

6　陳向明於此處認為：量化研究「不重視」倫理問題，係相對於質性研究而言的，兩者的重視程度有別——質性研究非常重視，量化研究則不那樣重視。再者，筆者推測這種非常明顯的落差，應該主要是指質與量明顯對抗的1970年代、1980年代，而後來量化研究在倫理問題的重視程度上，也有所增進。

統（Hammersley & Atkinson, 1994），在資料蒐集方面相當倚重自然情境裡的參與觀察，強調研究者全身心投入當地生活，以體驗方式領會（verstehen/understanding[7]）局內人觀點（insider's view），同理地理解（empathetically understanding）局內人的理與情。在詮釋資料方面，質性研究者強調將資料放在整體脈絡裡，做歸納式分析（inductive analysis），最後得到扎根在現場資料裡的在地理論；而不是像量化研究那樣——在蒐集資料前依據某理論演繹式地提出研究假設（hypothesis），然後蒐集資料去證實或否證該假設。

　　量化研究係基於化約論。化約論認為欲探究複雜的系統、事物、現象，可將其化約為幾個成分，來加以描述或認識。西醫主要奠基於量化研究，抱持化約論觀點。基本上認為，人體健康可以從身體的各種成分，及其量化數值去判斷。基於此觀點，人們健康檢查的結果，會以各種成分與數值來呈現，用以顯示哪裡可能／確定有異狀；例如：血壓、心跳、身體質量指數（Body Mass Index, BMI）、血球數、膽固醇數值、肝功能指數、腎功能指數、癌症指數⋯⋯。至於治療的成效，無論外科手術、內科用藥、放射治療、化學治療的效果，除身體功能的表現是否達到正常之外，主要也從身體各種成分的數值去判斷健康與否／程度。

　　教育量化研究與西醫類似，認為要瞭解某現象／對象／變項，可分析其組成，據以設計量表／問卷去測量，各題相加的總分就可用來描述某現象／對象／變項。例如：要探究「學生次文化」（student subculture），可依文獻或理論做分析，找到幾種成分／面向，依此設計量表去施測，如：將「學生次文化」分為學生「對學習的態度」、「對學校的態度」、「人際關係表現」、「同儕行為表現」等四面向，然後為每一面向設計一些問題去測量學生，所有題目得分的總和，就可以用來描述學生次文化。

---

[7]　通常verstehen/understanding譯為理解，有時也譯為領會、懂得。本文於本段強調「以體驗方式」去懂得，筆者認為中文裡的「領會」更為貼切。

二、譬喻二：面試vs.筆試

　　質性與量化研究的差異也可用面試和筆試來做譬喻。面試傾向於整體直觀式的理解方式，筆試則採分子切割式的計分方式。所謂整體直觀是指：「認知者未經思考過程或邏輯推理，便直接對認知對象產生了整體性的理解」（項退結，1976，頁221）。通常面試時間不長，大約10到30分鐘，在短時間內就要對受面試者打分數，通常主考官會根據對話過程中獲得的整體認識與感受，給一個總分／等第；可能評分表上會列有幾個面向，供主考官評分時考量，然而通常主考官會用心中的量尺（主考官長期在專業上累積而成的判斷標準），以及前後考生的表現做比較，先給該生一個總分，然後再填入分項分數——若主辦單位規定一定要填入細項分數的話。如果未規定主考官要填細項分數，僅提醒主考官可留意這些面向去評分，則主考官只給總分，而不一定打細項分數。主考官給的總分，就是一個整體直觀判斷的結果。

　　若與量化研究相較，質性研究者的認知方式也更傾向此整體直觀式：研究者全身心投入自然情境的田野／現場，打開所有感官，去體驗在地人／局內人的生活，理解他們看事情的角度，逐漸梳理出在地人的意義之網[8]（web of meanings）。訪談時也幾乎均採開放結構提問（而不會依封閉式問卷／量表去提問，封閉式問卷即屬分子切割的化約主義），研究者由談話過程中整體掌握受訪者的理與情，追隨其思路與語脈去回應與提問。

　　至於質性資料的分析，也同樣需要運用整體直觀，質性資料分析的四種模式均是如此（見圖1-1；詳見本書第五章與第六章的解說）。當然

---

[8]　意義之網是Clifford Geertz（1973）提出的概念，他認為：人類學的探究模式就是俗民誌／民族誌（ethnography），俗民誌就是「詳實描述」（thick description），而詳實描述的目的在解開糾結在一起的意義之網（web of meanings），此意義之網就是文化。換言之，每一文化裡的人們在生活中以言以行以思想編織起一張意義之網，研究者要探究此文化，就是要解開這張意義之網，梳理出其間的條理，幫助讀者理解網中的意義。

質性資料分析	準統計式	模版式	編輯式	結晶式
分析類目：預定的	◄─────────────────────►			逐漸浮現
分析程序：標準化	◄─────────────────────►			非標準化
分析判斷：邏輯思考	◄─────────────────────►			整體直觀

圖1-1　質性資料分析的四種模式之比較

資料來源：改繪自張芬芬（2010，頁95）（詳見本書第五章與第六章）。

也需以邏輯思考去檢核證據與直觀認識間的相符程度，從而接受／修改／推翻直觀認識（暫時假設／初步發現）。怎樣檢核呢？ Miles與Huberman（1994）[9]提出確認研究結論的13種技術[10]，均可用來確認整體直觀所得的暫時理解——猶如科學研究裡暫時的研究假設。

　　至於筆試，通常筆試考卷會有好幾道題目，先由命題規劃者依據該考科涵蓋的整體範圍，切割成數個次領域，然後分配給每個次領域一／數道題目，再由這些次領域幾名專家分別出題，並分別閱卷評分，最後加總成為該考生的該科得分，此得分即代表該考生的程度。例如：考科「課程與教學的理論及實務」，可能區隔成4個次領域：課程理論、課程實務、教學理論、教學實務；以這四部分得分的總和，代表考生的專業知能。這就是切割成分子後，將分子加總來代表整體的「化約論」思維。而量化研究即遵行「化約論」的哲學，實例可參見本文前面提及的「學生次文化」量表設計。

---

[9] 該書中譯本【繁體版】張芬芬（譯）（2006）。**質性研究資料分析（修訂版）**。臺北：雙葉書廊。
【簡體版】張芬芬（譯）（2008）。**質性資料的分析：方法與實踐**。四川：重慶大學出版社。

[10] Miles與Huberman（1994）第十章第二節，提出驗證暫時研究發現的13種技術，包括：1.三角檢測、2.檢核外圍者的意義、3.複製、4.運用極端個案、5.檢查代表性、6.尋找反面證據、7.檢查研究者效應、8.進行「若—則」測試、9.研究對象回饋、10.排除虛假關係、11.估量證據的品質、12.測試相競爭的解釋、13.參與者查核。

三、譬喻三：品酒師vs.測酒儀器

　　質性與量化研究的差異也可用品酒師與測酒儀器之間的差異來做譬喻。品酒師傾向於整體直觀判斷，測酒儀器則是分子切割式的評定方式。品酒師的味覺敏銳，可能是先天稟賦加上後天體驗學習的結果。他們以眼、鼻、舌、喉、食道、胃腸等多重感官，去整體判斷酒的品質，給予整體一個評分／等級，正是整體論的實踐者。

　　而用工具與儀器去測試酒的品質，瞭解其中水、酒精、糖、甘油、酸、單寧酸、酒石酸、果膠、礦物質、兒茶素、白藜蘆醇等……百分比／數值，則跟人體驗血一樣，將酒與血的各種成分，用量化數值呈現檢測結果，可能是類別量尺（Nominal Scale）的等第或加減符號，也可能是比率量尺（Ratio Scale）的數字，以等第或數值顯示各成分狀況，從而判別酒的品質好壞程度，或對身體健康／不健康的程度。

　　將質性與量化研究之差異，比喻成品酒師與測酒儀器之間的差異，其實源自1986年筆者在臺師大教育研究所博士班就讀時，修讀郭為藩教授與林清江教授合授的「高等教育專題研究」，郭教授介紹「教育研究新取向：質的研究」，課堂上所提出的比喻。郭教授是法國巴黎大學博士，生活在巴黎多年，對於法國食物與品酒有更多接觸與體會，類似人類學者在異文化中做參與觀察，新奇感／敏銳度都比較高，故而提出此妙喻；而以法國品酒師來比喻質性取向研究，更讓學生有很鮮活的印象，很快就理解質性研究具有的整體論特徵，且讓筆者記憶至今未曾忘記，可見若採譬喻來教學，學習效果很可能真的更有效且持久。

四、譬喻四：顯微鏡vs.望遠鏡

　　質性與量化研究的差異也可用顯微鏡與望遠鏡之間的差異來做譬喻。顯微鏡這種儀器可將玻璃板上的樣本放大，將細節顯示出來，也可由研究者將樣本切片後做剖面觀察。望遠鏡同樣可放大，係將遠處物件拉近放大，然而相對於顯微鏡，望遠鏡看見的乃是物件表面的放大，無法將物件做切片觀察，瞭解其表面之下的實際情況。因此兩儀器相對而言，顯微鏡

可做細緻的、深度的觀察；望遠鏡則做表面淺層的、較概略的觀察。

　　這猶如量化與質性研究，量化研究做表層的廣度研究，質性研究則可進行深度細緻的研究。例如量化取向的「學生次文化」調查，抽取一千兩百名學生施測，瞭解他們「對學習的態度」、「對學校的態度」、「人際關係表現」、「同儕行為表現」等四面向，這是一種表層的廣度研究，對人們瞭解「學生次文化」普遍的外顯行為與態度，是有幫助的。而「學生次文化」研究，也可採質性研究取向，選擇一所學校，進行一年的參與觀察，搭配訪談與文件分析，對此校進行個案的深度探究；採取文化主位（emic）取向，呈現出文化局內人的觀點與感受。例如：黃鴻文（2003）的「國民中學學生文化的民族誌研究」即是如此，這可幫助人們對當年升學氣氛籠罩的一所國中裡，學生抱持的觀念體系（ideation system）有所認識，知道班際界線分明的國中裡，究竟每天發生何事（what's happening here），而這群國中生所謂的「天堂班、地獄班、人間班」意味著什麼，這些都大大增進了人們對國中生平日不為人知的面向之深度理解，乃至感情共鳴——而增進理解正是質性研究最重要的目的之一，這是採用質性研究才較可能達到的效果。

肆　結語

　　本章藉譬喻來說明質性與量化研究的差異。首先解說：何謂譬喻？同一研究主題用譬喻表達和用科學語言表達，各自效果如何？本文後半提出四組對照的譬喻，用以解說質性與量化研究取向的不同；四組譬喻包括：中醫與西醫、面試與筆試、品酒師與測酒儀器、顯微鏡與望遠鏡（表1-4）。

　　期待讀者從本文認識到，每組譬喻背後有其不同的世界觀。不同研究法猶如提供給研究者不同的透鏡，質性研究者與量化研究者可說是拿著兩種不同的透鏡，兩種透鏡會帶領研究者看見不同的世界。

表1-4　四種對照譬喻：質性研究vs.量化研究

質性研究	vs.	量化研究
中醫	vs.	西醫
面試	vs.	筆試
品酒師	vs.	測酒儀器
顯微鏡	vs.	望遠鏡

　　身為研究者的人們可進一步思考：自己是否受到研究法的影響，總是從某視角看世界？是否侷限了自己的視野？甚至僵化了自己的所見所感？若邁出研究圈，讀者也可再思：自己的生活與學習，是否也正透過一副／多副眼鏡在看世界？是哪樣的透鏡呢？在回答與思考這些問題時，我們不妨試著自創新譬喻。

第二章

質性研究的全貌與派別：文學家與科學家共用的大傘[1]

---

[1] 本文改寫自：張芬芬（2015）。以譬喻認識質性研究。載於黃政傑編著：教育行政與教育發展（頁448-470）。臺北：五南。感謝該文審查者的專業意見與辛苦審查！

摘要

前章藉譬喻解說質性研究與量化研究不同的世界觀。本章再次藉譬喻（metaphor）來解說質性研究（qualitative research），包括其全貌，以及不同質性研究派別眼中的科學研究。全文分三部分，第一部分以譬喻說明質性研究的全貌──「質性研究是文學家與科學家共用的一把大傘」；第二部分以譬喻解說四類研究者眼中的科學研究：「挖掘古城」、「霧裡看山」、「取下有色眼鏡看世界」、「用萬花筒看花片」，其中後三類是三種不同取向的質性研究者；藉譬喻可增進學習者對各派本體論（ontology）、認識論（epistemology）與方法論（methodology）的領會，進而更深入地思考研究目的、研究關係，以及信效度等問題。

本章最後一部分，則藉前兩部分的譬喻來深化理解，從而推衍出三項主張，用來釐清學習者常出現的迷思，第一項主張是質性研究並非完全反對實證主義（positivism）。第二，質性研究並非完全反對用信度（reliability）、效度（validity）做為評鑑規準；第三，質性研究並不是反對追求客觀，也不是自說自話。

 前言

一、失之過簡vs.失之過繁

質性研究法是一門西方的學問，學生在學習此領域時，對於全貌的認識容易出現兩種狀況，以致難以正確掌握，一是失之過簡，一是失之過繁。「失之過簡」是指對於質性研究的認識，停留在「質與量大不相同」的印象。這可能源於質性研究導論中，幾乎都會先強調質性研究與量化研究有明顯差異，另外也會由質與量的差異點出發，提出一個「質性研究」的定義。甚至有時讓人覺得兩者猶如兩個極端，在本體論、知識論與價值論等方面，都有相當不同的觀點。這種理解傾向於將質性研究視為一個同質領域，比較不易意識到質性研究的多元樣貌。

至於「失之過繁」，則可能源於近年來質性研究相關譯著出現很多，

紮根理論（grounded theory）、敘事探究（narrative inquiry）、言談分析（discourse analysis）、生命史／傳記／自傳研究、建構主義（constructivism）、批判理論（critical theory）、女性主義（feminism）、現象學（phenomenalism）等等取向，這些譯著都有其貢獻可讓研究生們更細緻地認識某類型的質性研究，但諸多譯著也可能讓人有眼花撩亂之感，對於從事科學研究的目的、方法、論文的樣貌、好論文的判斷規準，各派別之間似乎有著相當不同的觀點，以致讓學習者產生莫衷一是、理不出頭緒之感。對於上述過簡與過繁現象，本文試圖採用譬喻來說明質性研究的樣貌，希望能較精準卻不繁複地介紹質性研究。

二、譬喻之為用大矣

　　譬喻（metaphor）是什麼？為何要用譬喻？本書第一章對此已做說明。簡言之，譬喻[2]又稱比喻，做譬喻通常是藉熟悉物／觀念來幫助人們瞭解陌生物／觀念，藉具體來認識抽象，藉簡單來認識複雜。譬喻是一種思考與寫作的好用工具，一般人與學者都常使用它。

　　譬喻是以簡馭繁的工具，它可以把數個觀念放入一個包裹好的事實裡。Miles與Huberman（1994）表示：譬喻具有的這項簡化表達／簡化資料的功能，我們不應小覷它。他們舉的例子是「代罪羔羊」——這一譬喻把團體規範、對歧異者的處置、社會儀式，以及社會合理性等等觀念，全部集中放入一個包裹好的事實中。中國成語裡這類譬喻極多，都是俐落地將豐富的意涵包裹在一起，僅與動物有關的譬喻即不勝枚舉，如：黔驢技窮、瞎子摸象、井底之蛙、亡羊補牢、狐假虎威、虎頭蛇尾、杯弓蛇影、狼狽為奸、獐頭鼠目、風聲鶴唳、聞雞起舞、躍馬中原……。中國人擅長譬喻，由此可見。

　　若由西方各學門發展史來看，譬喻在理論發展過程中占有重要地位

2　嚴格說來，譬喻類型很多，主要有四：明喻（simile）、暗喻／隱喻（metaphor）、略喻、借喻／轉喻（metonymy）。本文重點不在探究譬喻這種修辭法，主要是藉譬喻來介紹質性研究的全貌與主要派別，故不細分譬喻，全部概稱為譬喻。

（Miles & Huberman, 1994）：因爲正如G. Lakoff指出的，譬喻用具體比擬抽象，有助人們掌握學術上的抽象概念；換言之，譬喻在形成科學觀念上可發揮建構功能。D. Gertner與J. Grudin觀察到：心理學近九十年來的發展，乃是由泛神論的（animistic）譬喻，走向**系統般的**（systemlike）譬喻。A. Miller則發現：物理學在澄清論點與解釋迷惑時，主要運用的也是譬喻。C. Geertz稱譬喻是一種推理的工具，他指出：過去人們解釋「社會」這一概念時，所用的譬喻是「精巧的機器或準有機體」，後來用的譬喻則是「嚴肅的遊戲或街頭劇」。Richardson（2000）表示：譬喻組織著社會科學研究，影響著人們對「事實」的認知。

我在說明新手老師的教學生活時（張芬芬，2001b），運用譬喻來描述新手教師教學生活裡的幾個面向：①現場考驗下，採取反射式反應的「保守主義者」；②突發事件裡，隨時備戰的「救火隊員」；③壓力下，慌亂旋轉的「陀螺」；④敬老文化中，資淺的「菜鳥」老師；⑤教育改革中，邊學邊做的「推手」；⑥「現實震盪」後的「過度社會化者」。期藉多種譬喻說明新手老師教學生活的多種特色，讓讀者產生圖像，強化認識；也裨益讀者發揮想像力，快速掌握重點。

譬喻式思考還可有效地將想像與推理連結在一起（Lakoff & Johnson, 1980）。例如：「罐頭教育」（陳伯璋，2000）是不是傳神地點出「生活原味全失」的教育呢？「鉛球現象」是不是蠻適合描繪教育中一些積重難返的沉痾呢？好的譬喻的確有助於人們將想像與推理連結起來（張芬芬，2002a）。

對質性研究者而言，尤其可多多嘗試運用譬喻。Miles與Huberman（1994）指出：有些常見的觀念其實不利於質性研究的描述、詮釋，甚至理論創建的工作。例如：常有人以爲，科學研究的焦點只能放在具體事實的、如實的描述上——甚至要很專注於精確的描述，然後再以戒愼恐懼的心情去做詮釋與意義的冒險。此一觀點過於強調實際，壓抑心靈冒險，其實有待斟酌，Miles與Huberman認爲有些質性研究者心靈上的貧乏與不幸，上述這種觀念要負很大的責任。

譬喻很好，值得嘗試。但仍須提醒，譬喻之運用有其適用侷限。學

習者宜正確掌握譬喻要表達的相似處爲何，不能過度推論，否則會產生引喻失義的誤解。因爲做譬喻是一種「部分提取」的工作，意味著藉著相同處來比較兩項事物，有時必須忽略掉其中的相異性（Miles & Huberman, 1994, p.250）。當張愛玲（1944, 2010）用「紅玫瑰與白玫瑰」來比擬男人生命中的兩種女人時，要人們注意的是兩種女人的性格與兩種玫瑰在顏色意象上的相似，一種女人像白玫瑰的「聖潔」，一種女人像紅玫瑰的「熱烈」；但張愛玲並無意要人們去注意紅、白玫瑰的花期、果期、密刺、枝幹粗細等。

再舉一例來看，周佳君（2008）以「逛街機器」來稱呼紡織廠的女工，讓讀者注意到機器的非人性——女工變成生產的工具，失去本身爲人的目的；在顛倒日夜的工作中，失去了休閒的興致，人際關係也以工作上的利害關係來決定，失去了純眞的友誼。人爲何變成了機器？作者眞正要藉機器來控訴的是製造機器的源頭——不顧人性的三班制輪班制度。作者將被異化的（alienated）、被物化的（reified）「人」比喻成「機器」，著重的是兩者都沒有人性，而並不是要我們去注意機器的高效率、不出錯等特質。

換言之，以譬喻學習觀念，有其適用範圍，不能誤推至範圍之外。本文借用幾種譬喻去認識質性研究，用意在協助掌握**觀念世界**裡的幾個基本類型與特徵，例如質性研究社群主要包括硬心腸／親科學派，以及軟心腸／親文學派，此對照式的二分法能夠幫助我們在**觀念**上更清晰，但若要用它來區辨實際出現的論文，此二分法未必合用。

總結來看，譬喻是自然科學、社會科學、人文學科、量化研究、質性研究等，都很適合採用的推理工具與寫作工具；而對質性研究者而言，尤其可以有意識地去運用它，因爲質性研究更鼓勵心靈的冒險，在蒐集與詮釋資料，乃至建立理論時，更適合走出知性與感性的既有框架，藉由譬喻進行更開放、更寬廣的探索，從而可能理解／領悟到更具啟發性的觀念／洞見。

既然譬喻是一種思考與寫作上的好工具。在本章裡筆者仍要藉譬喻來描繪質性研究的全貌與不同派別，以期彌補學習者對質性研究認識上「失

之過簡」與「失之過繁」的現象。這也是藉著我們華人的強項——擅長以譬喻來思考與學習。

 以譬喻看質性研究的全貌

一、質性研究的特徵：同質處

何謂質性研究？本書第一章曾說明，此處簡述之。Bogdan與Biklen（1998, pp.4-7）認為質性研究特徵有五：在自然情境中做研究、蒐集或產生的主要是文字資料（而非數字）、研究關注的是歷程（而非成果或結果）、採用歸納法處理資料（而非證實／否證預設的研究假設）；著重生活世界裡局內人眼中的意義（而非研究者賦予的意義）。這一定義著重的是各派別共同之處，亦即強調的是同質處。這猶如質性研究的核心部分，只有核心部分並不足以顯示整個質性研究的樣貌。

二、質性研究的全貌：大傘與大樹

質性研究是1970年代起學術界出現的一個改革運動的總稱（Lincoln & Denzin, 2000）。整個質性研究的樣貌如何？Tesch（1990, p.55）依照四種主要研究旨趣（interests），以及數十種次要旨趣，繪製出圖2-1這樣的複雜樹狀圖，雖有粗線與細線之別，但似乎益增質性研究的複雜形象。Van Maanen等人（1982）則用譬喻來表達，他們認為「質性研究像一把大傘」。陳向明（2002）也強調Van Maanen等人的大傘譬喻相當貼切。Bogdan與Biklen（1998）也以 "An umbrella term" [3] 來解說「質性研究」一詞。Wolcott（1992, p.23）則畫出一棵具體的參天大樹（圖2-2），大樹顯示了

---

[3] "An umbrella term"可意譯為「一個概括性的詞彙」，或直譯為「一個大傘式的詞彙」，通常是指一單一通用的類目，用來概括一個相當廣泛的區間，或一組功能／項目。例如：精神病（psychosis）就是個概括的詞彙，它包括九種精神疾病。（https://en.wikipedia.org/wiki/Umbrella_term）。有趣的是，此處亦可見到，運用大傘這一譬喻，來表達一個詞彙所具有的特徵。

主幹與支派，以教育研究裡主要運用的幾種研究策略為大枝幹，連結到各個支派或學派。

　　無論是樹狀圖、大傘譬喻或具體的大樹圖，三者均意味著質性研究的支派極多，也可以說許多派別學者都運用「質性研究」這一詞彙，來表達自己所採用的研究取向。更進一步說，這許多派別之間的差異頗大，若以光譜來看，光譜最左與最右猶如南轅北轍。換言之，質性研究的核心部分，是各派共同的，但質性研究除同質處之外，還有異質部分。

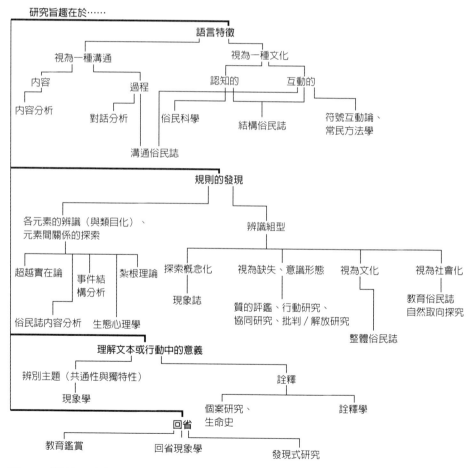

圖2-1　質性研究類型總圖

資料來源：Tesch（1990, p.55）。

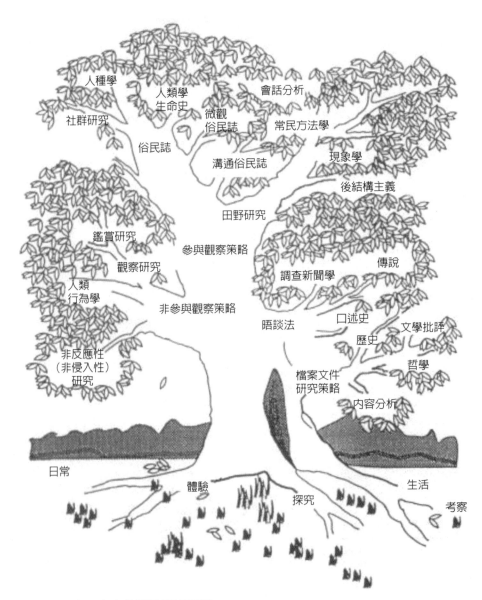

圖2-2　教育研究中的質性研究策略

資料來源：Wolcott（1992, p.23）。

三、質性研究的異質處：軟心腸與硬心腸

要怎樣描述質性研究的異質性？Denzin（1994, p.511）的譬喻讓人印象深刻，他用「軟心腸」（tender-minded）與「硬心腸」（tough-minded）來說明質性研究內的兩種社群（參見表2-1）。我認為這樣的譬喻，簡明清晰地顯示了質性研究的異質性，因為大樹的枝幹太多，對初學者的認知負荷而言，太過瑣碎而容易導致認知超負荷。

「軟心腸」與「硬心腸」係借用自美國心理學之父William James（1842-1910）（James, 1908, 1978, pp.10-13）。學界通常用這兩詞彙，來說明人文學者與科學家的差異。筆者認為對質性研究界而言，若將「軟心腸」與「硬心腸」改稱為「親文學派」與「親科學派」似乎也很貼切。因其更能突顯兩類研究論文的風格，因此我有時將兩者稱為「親文學派」與「親科學派」。

由質性研究看，軟心腸者／親文學派在研究過程裡重視研究者直覺與情緒所獲得的感知，在研究結果上可能會採用開放式文本，認為資料詮

表2-1　兩種質性研究社群

軟心腸	硬心腸
直覺	冷靜踏實的經驗論者
情緒	理性的、認知的
結果開放式文本	結果封閉式文本
詮釋猶如藝術	詮釋猶如方法
研究者個人偏向	研究者中立
試驗式文本	傳統式文本
反寫實取向（antirealism）	寫實取向的文本
反基準的	基準的（foundational）
批判評論	建立實質理論（substantive theory）
科學反映了權力	好科學規範（good science canons）
多重聲音的文本	單一聲音的文本

資料來源：Denzin（1994, p.511）。

釋是一種藝術，很難清晰劃分步驟；而研究結果會反映研究者個人價值負載所造成的影響，認為研究者不可能與研究對象兩相隔絕；研究論文可能採用文學式的試驗型文本去表達，甚至採用詩的文體；不認為研究論文能夠如實再現真相實情；在評析研究好壞時，不主張採用傳統的信效度等規準。主張研究應該要能揭示不公義的社會結構，認為過去的科學研究反映了上對下的權力宰制關係，好的質性研究論文應該呈現出多重聲音。

相對地，質性研究界的硬心腸者／親科學派則是一個冷靜踏實的經驗主義者，倚賴理性去求知，不贊成以情感去求知；寫出的研究論文是有明確結果的封閉型文本；認為質性資料詮釋是有步驟可循的。研究者應該與研究對象儘量保持距離，不介入研究對象，以避免影響到研究結果；寫出的文本與量化研究的論文章節相同／相近；撰述風格是寫實主義的，透露出論文是如實再現所見所聞的。贊成判斷論文好壞的規準，是信效度或類似信效度的觀念；主張做研究就是要尋找律則，建立科學理論；研究論文多半呈現的是單一的聲音。

以上對照式的二分法能夠幫助我們在概念上更清晰，但若要用它來區分實際出現的論文，此二分法可能未必合用。對此，Denzin（1994）也做了提醒。他表示大略看來，批判的、解放的（emancipatory）、女性主義的、互動的（interactional）、後結構的（poststructural）、後現代的（post-modern）研究者可歸屬於軟心腸詮釋社群，依據James的說法，這種人的論文是較傾向直覺的、情緒的、開放結果的。有些人的確相當符合這些特徵；但Denzin（1994）也觀察到：許多批判理論者會寫出寫實的（real-ist）報告，像是冷靜型的實證主義者（positivist），運用的是封閉型的理論系統，且遵循好科學的規範去做。

另外實證主義、後實證主義（如紮根理論者）可歸為硬心腸的詮釋社群，他們是冷靜型的實證主義者、系統建立者，運用多種理論，對非系統理論與非系統實徵著作持懷疑態度。但Denzin（1994）觀察到，也有女性主義者採用紮根理論，依循基準（foundational criteria）寫出傳統外貌的論文。而且，也有硬心腸的建構論者，他們反對實在論與科學的基本規準，他們認為詮釋不應只是一種方法，而是一種藝術。

甚至也有學者是由硬心腸派走向軟心腸派，如Lincoln與Guba原先的著作（1985）[4]較傾向於後實證主義的硬心腸派，追求好科學（good science）；但兩人1986年以後的著作，愈來愈傾向軟心腸派，認為質性評鑑是為弱勢者彰權益能，要反映多種聲音（Pitman & Maxwell, 1992），明顯融入了批判取向在內。Lincoln於2000年則自稱屬於建構主義者（Denzin & Lincoln, 2000, p.xi），具後現代特徵。

Denzin（1994）也提醒大家：質性研究者常常很像在家的DIY族（他用法文bricoleur來稱呼），也就是不用標準工具與程序來工作，而是就地取材獨自完成具有獨特風格的藝術品，這樣風格的研究者可能會同時屬於軟硬心腸兩種類型。總之，質性研究這一詞彙猶如一把大傘，傘下的人們大致可分為兩群，一是軟心腸的親文學派，一是硬心腸的親科學派，也另有些人介於兩群之間。

 ## 以譬喻看質性研究者眼中的科學研究

科學研究是怎麼回事？不同派典（paradigms）者會有自己的想像。這想像的圖像裡隱藏著本體論、認識論與方法論——通常這些哲學詞彙會讓學習者覺得太過抽象，此亦增質性研究學習上的困難。以下以譬喻說明四種科學研究。第一種是量化研究者眼中的科學研究，之所以特別講述，是想用來突顯與質性研究的差異處與相似處。後三種則都是質性研究者眼中的科學研究。藉譬喻可增進學習者對各派本體論、認識論與方法論的理解。

一、實證主義者：研究猶如「挖掘古城」

量化研究法的主要哲學基礎是「實證主義」（positivism）。以譬喻

---

[4] 筆者依據Lincoln與Guba 1985年對信效度的主張，將其早年思想歸後實證主義者，屬於硬心腸派。

來看，他們腦中從事科學研究猶如挖掘古城[5]，研究者／挖掘者的目標是讓古城再現，此研究目的在尋求真相。古城是獨立自存於地下的，猶如研究者探詢的真相實情（reality）是獨立自存的，研究者與研究對象（挖掘者與古城）是兩相隔離的，挖掘過程中研究者要小心翼翼地挖掘，不要影響到古城的原貌，猶如研究中主客二元分立，主體不介入客體，實驗者／問卷調查者不影響實驗對象／調查對象。

在方法上實證主義者要運用好工具——具高信度、高效度的問卷／量表／儀器／實驗程序等，來蒐集資料，回答研究問題，達到研究目的。實證主義者判斷研究優劣的規準是信度與效度。以「挖掘古城」的譬喻來看，真的挖到古城了（而不是挖到恐龍化石或其他），顯示這次所規劃的挖掘計畫（如：挖掘程序、方向、深度、使用機具、測量儀器……）是有效度的；若另一組人依此挖掘計畫也一樣可以挖到此古城，顯示此計畫具有穩定性、一致性，亦即具有信度。

二、後實證主義者：研究猶如「霧裡看山」

質性研究方法論主要基於三種派典，即後實證主義（post-positivism）、批判理論與建構主義，每一派典在本體論、認識論與方法論上各有相當不同的主張，對進行研究時應著力的重點也有所差異。以下藉譬喻來說明這三種派典眼中的質性研究，及其在本體論、認識論與方法論上的主張。

後實證主義認為從事質性研究，猶如「霧裡看山」，研究者身在霧裡想一探山的真面目（求真），山是研究者要探究的「真相」（reality），意味著研究對象是客觀自存的，但一因研究者相對於大山，人是渺小的，眼界與視力是有限的，無法一眼望盡與看透山的全貌與細節；二因研究情境有霧的干擾，猶如質性研究者在自然情境中（不是在受控制的實驗情境裡），有著太多無法切割出來的價值負載／糾結在一起的變項，影響著研

5　此譬喻轉引自陳向明（2002，頁26-27）。陳向明引用的是崔艷紅1997年的論文。

究者看見的山的樣貌。

　　為此研究者要運用各種方法與儀器，在不同時間、不同地點，甚至協同不同人員，一起捕捉山的面貌。試圖一次又一次採用「三角檢測法」（triangulation），逼近山的樣貌。

三、批判理論者：研究猶如「取下有色眼鏡看見世界」

　　批判理論者認為從事質性研究，就在努力取下籠罩在「真相」上的有色眼鏡，看見不受透鏡扭曲／蒙蔽的世界（reality），讓受宰制者／弱勢者受到啟蒙、獲得解放。性別／階級／種族的意識形態形成了不公不義的社會結構，猶如有色透鏡籠罩在人的意識上，讓受宰制者無法獲得真知，甚至對此宰制渾然不覺。準此以觀，批判理論的質性研究者在本體論上同意有「真相」存在，只是它一直是在歷史過程裡被塑造／扭曲／籠罩著。批判理論者在認識論上屬於主觀的認識論，認為研究結果受到研究者價值觀的過濾；在方法論上強調採用對話或辯證的方法。

　　以此觀之，批判理論取向的質性研究者從事科學研究，其目的主要不僅是尋求真相，更重要的目的是協助受宰制者（研究對象）在研究過程裡獲得解放，或在獲知研究結果時獲得啟蒙，此研究目的可謂在「求善」。與前述實證主義與後實證主義目的在「求真」已明顯不同。當然求真與求善並不互斥，有些研究者兼取兩者——研究既要求真，也要求善。

表2-2　研究像什麼：四派典的譬喻、「真相觀」與「研究法要點」

派典	研究的譬喻	真相（本體論）	研究法的要點（方法論）
實證主義	挖掘古城	獨立自存的地下古城	用好工具、好程序挖出古城
後實證主義	霧裡看山	被雲霧遮蔽的山嶺	運用多方法（如：三角檢測）逼近真相
批判理論	取下有色眼鏡而看見世界	受到不公正社會結構所籠罩的世界	無宰制的對話／辯證
建構主義	看萬花筒	看筒人與花片互動後所見的花片影像	詳實呈現互動過程與結果

四、建構主義者：研究猶如「看萬花筒」

建構主義對「眞相」抱持更爲澈底顛覆的觀點，主張：原本並無單一、固定、獨立自存的眞相；「眞相」乃是研究者與研究對象在某時空、以某方式，互動所建構出了的結果，這是主客視野交融的結果，也是相互主體性（inter-subjectivity）的展現。我認爲建構主義抱持的研究觀，有如「看萬花筒」，看筒者是研究者，諸花片是研究對象，諸花片的位置與影像並無所謂「既定」（given），端視看筒者怎樣搖動花片，以及觀看當時的光線等環境因素；看筒者與花片互動所後呈現的影像，就是研究結果，也就是「眞相」。建構主義因爲對眞相抱持此觀點，在研究方法上便主張：研究者不必避諱介入情境，不必擔心影響研究對象，但應將互動過程清晰呈現於論文裡，讓讀者有如身歷其境地理解到：該研究結果是在這樣的互動中產生的。

前文述及，Denzin（1994）認爲質性研究派別可分爲兩種社群，即硬心腸與軟心腸。以此二分方式來看四派典，則後實證主義傾向硬心腸，批判理論、建構主義傾向軟心腸。但要再次提醒，此二分法是一協助的工具，便於我們在**觀念**上形成一整體圖像，實際上有些質性研究兼取了軟硬兩心腸的部分特色，也有質性研究者由硬心腸派漸漸轉趨軟心腸派。

1994年時Denzin預言未來軟硬心腸兩大社群會平行發展（Denzin, 1994），但也會相互影響。Lincoln與Denzin（2000, 2005）後來持續觀察質性研究界的發展，指出：1995年起質性研究界出現第六波段[6]的「後試驗探究期」（postexperimental inquiry, 1995-2000）；第七波段的「方法競

6　依據Lincoln與Denzin（1994）的分析，質性研究的前五波段如下：(1)傳統期（traditional period, 1900-1950）；(2)現代期／黃金期（modernist phase/golden age 1950-1970）；(3)領域交融期（blurred genres, 1970-1986）；(4)表達危機期（crisis of representation, 1986-1990）；(5)後現代期（postmodern, 1990-1995）。值得特別注意的是，這八波段的出現有先後之別，卻無優劣之意，目前仍同時存在，但已有強弱之別。參見陳向明（2002，第二章）對前五波段的解說；另可見本書第三章對第五、六、七、八波段的介紹。

逐期」（methodologically contested period, 2000-2004）；第八波段的「破碎期」（fractured period, 2005-）。這的確顯示出硬心腸派／親科學派，和軟心腸派／親文學派之間相互競爭，也相互影響的發展趨勢。有趣的是Lincoln與Denzin（2000）也觀察到：由於學界在理論上與方法上對詮釋取向質性研究的關注，出現所謂的「詮釋轉向」（interpretive turn），使得社會科學與人文學科愈發接近，學科間的界限愈趨模糊。學界這種跨界現象也正是後現代思潮的一項重要特徵。

　　有了上述這些認識後，進一步要思考的問題是：這些觀點對我們有怎樣的啟示？是否澄清了我們原有的一些迷思？

 ## 以譬喻深化理解：三項迷思的澄清

　　藉譬喻可協助學習者，增進對質性研究各派本體論、認識論與方法論的理解，更深入地思考研究目的、研究關係，以及信效度等問題。以下則藉前兩部分的譬喻來深化理解，從而推衍出三項主張。

一、質性研究並不是完全反實證主義的

　　不少學習者以為質性研究是完全反實證主義的，其實許多質性研究者贊成後實證主義，而後實證主義與實證主義有些觀點是相近的（參見表2-3）。兩者均贊成研究的目的在建立知識體系，且認為實在界（reality，或譯為真相、真相實情）的確有其規律性存在。再者，兩派都贊成：做研究就是要蒐集經驗資料，經分析後，提升抽象化的層級，形成原理原則，因此抽象化的知識價值更高，而研究工作主要由菁英階級來進行。這些共同觀點，是許多質性研究重要學者都接受的（如：Strauss & Corbin, 1998; Hammersley & Atkinson, 1994）。因此若就研究的目的、研究者的身分、抽象理論的價值等角度來看，後實證主義質性研究者（尤其是紮根理論者）都接受實證主義在這些方面的主張。

　　以譬喻看，挖掘古城的實證主義者，以及霧裡看山的後實證主義者，都認為科學的研究目的在求真（再現古城、看清大山）。

表2-3　實證主義與後實證主義的比較

比較項目	實證主義	後實證主義
研究目的	建立知識體系	終極目的在建立知識體系* 近程目的在增進理解
研究者	菁英階級	同左*，但也可與實務工作者協同
實在界	獨立自存可知	獨立可知，但無直接通路*
實在界的規律性	實在界規律性存在 研究即在尋找此規律性	同左*
知識的普效性	建立普遍法則，形成大型論述	理論應紮根於現場，建立區域理論
知識的正確性	若研究結果符合實在界，就是具有正確性的知識	研究結果是認知主客體互動所建構出來的，不具有絕對的正確性，只有某一時空下的正確性
抽象知識與實踐智慧	抽象化知識價值較高	同左*
認識的方法	運用與研究對象隔離的科學方法，蒐集與分析感官資料	參與現場、存而不論、放入括弧同理心、整體理解、研究者回省
資料的性質	蒐集經驗（或實徵）資料	同左*
研究者的客觀性	研究主客體應該二分 認知主體不應干擾介入客體	自然取向的研究中，主客無法二分，研究者效應是無法避免的，但可做到相對客觀
信度	研究方法與發現的穩定性、一致性	同左*，可用三角測量
效度	研究結果符應實在界，以求得真實性、正確性	依據現有知識，判斷似真性（plausibility）[7] 依據經驗證據，判斷確實性（credibility）
精確性	尋求精確不模糊	研究情境具脈絡性、流動性，無法做到精確性
複製性	研究結果應具複製性	若相似的情境還在，若遵行同樣的理論觀點與原則，蒐集與分析資料，則可複製出同樣的解釋
類推性	研究結果應具類推性	對具有同理心的讀者，增進理解努力提高類推性

*同左：表示後實證主義與實證主義的觀點是一樣的。
資料來源：張芬芬（2002b）。

---

[7] 此處主要以M. Hammersley做為後實證主義的代表，以他對信效度的看法（Hammersley, 1990）來做說明。

　　質性研究主要反對的實證主義，是認為認知主客體並不是二元分離的，也不認為研究者可以藉主客分離的科學方法獲得保證，從而找到符應實在界的研究結果；而認為認知主體必然是價值負載的，研究結果必受研究者的價值觀／身分／地位／角色等反射（reflexive）的影響。以「霧裡看山」的譬喻來看，研究情境因有霧的干擾，所以看不清山的樣貌，猶如質性研究者在自然情境中（不是在受控制的實驗情境裡），有著太多無法切割出來的價值負載／糾結在一起的變項。總之，質性研究並不是完全反實證主義，質性研究反對的是實證主義的部分主張，主要在於不接受認知主客體二元分離，與價值中立的主張，以及科學方法能保證研究效度的觀點。

二、質性研究並不是完全反對用信效度作為評鑑規準

　　有些人以為質性研究者不應該再用信效度作為評鑑標準，其實後實證主義者創用的概念，本質上仍然與信效度類似；至於批判主義、建構主義者，的確不贊成用信效度當作規準。前已述及Lincoln與Guba早期傾向於後實證主義，後來則有所改變。Lincoln與Guba於1985年主張：詮釋的基礎是依靠以三角檢測法得到值得信賴的經驗材料。「值得信賴性」（trustworthiness）有四種成分（Lincoln & Guba, 1985, p.300；黃政傑，1987；高敬文，1996）：「確實性」（credibility）、「遷移性」（transferability）、「可信度」（dependability）與「堅定性」（confirmability）。詳言之，「確實性」即內在效度，就是指真實性、正確性，即指研究是否能發現真實現象。「遷移性」即外在效度，是指研究結果能推論到其他人或其他情境的程度。「可信度」類似於信度，亦即研究的穩定性與一致性。「堅定性」類似客觀性，係指資料與解釋之間的堅定強固。

　　研究者究竟要如何處理信效度問題呢？如果某研究者贊成後實證主義者對研究目的的看法，採用相當於信效度的規準去評鑑論文，其實是頗為正確的選擇。但如果某質性研究者選擇的是批判理論或後結構、後現代主義，那麼則會主張：論文良窳的評鑑規準在於實踐知識、解放弱勢

者、揭發不合理社會結構（如：男尊女卑、漢族中心、階級宰制、年齡歧視……），認為徒具傳統信效度的論文並不具有高價值。建構主義者則主張：好論文要寫出研究者與參與者的互動——共同建構研究結果的過程，反映多重的聲音，而不僅是研究者主導／獨白的聲音。

總之，質性研究並不是完全反對用信效度做為評鑑規準，後實證者贊成，批判理論與建構主義者反對。但中間還有混合型的質性研究者，不能一概而論，要看研究者自述的理論而定。

三、質性研究並不是反對追求客觀性，也不是自說自話

一些人以為：既然認知主客體會相互影響，根本尋找不到一個絕對客觀的實在界（reality）或知識，所以質性研究也就不必追求客觀性（objectivity）。其實這仍然是一誤解，或至少是個太粗略的說法，正確且精確的說法應該是：質性研究者不認為有絕對客觀存在，但仍主張要追求相對的客觀，研究者應清楚覺察、記錄、說明，並且謹慎處理自己對主客觀相關問題的省思與做法，至少後實證主義者如此主張。

如何獲得相對的客觀性？Lincoln與Guba（1985）提議採三角檢測法；另外加強研究者的自省，反省自己在知識論上的假定，以及其在研究上的作用與影響；還可以安排第三者的稽核，稽核所得資料與解釋間的關係。希望藉這些方法有意識地監管研究者的主觀，也讓有同理心的讀者將研究者所表白的主觀，納入閱讀的脈絡中，來理解研究的結果。並讓讀者清楚瞭解到：建構所得，只是在該時空下，該研究者以該觀點藉該方法，與該研究對象互動的結果。研究結果提出的知識主張，具有相對的客觀性，或至少是研究者努力尋求接近相對客觀的東西。

筆者認為：有關研究客觀性的問題，可分為兩方面說明，一是研究者的客觀與否，一是研究結果的客觀與否。質性研究承認研究者必然是主觀的，無法做到完全的客觀，而且有些研究者的某些主觀性很有價值，如：研究動機中表達的使命感，資料詮釋中清晰而一致的價值判斷基準，以及研究建議中具有創見的建議。使命感、價值觀、創見都是主觀的，但

卻是好研究中不可或缺的成分。當然研究者也有些主觀可能是偏見、成見或管見，會造成資料蒐集時「選擇性的知覺」，或造成資料詮釋時「自行應驗的預言」。對於研究者所表現出上述好與壞的主觀性，研究者都要努力以三角測量、省思、稽查等方法，進行有意識地監控，並做紀錄且書寫出來，就算無法完全排除「選擇性的知覺」，但就交由讀者來做公評吧！讓讀者自行判斷：該研究者是否儘量善用好的主觀、儘量排除壞的主觀，這是對於研究者主觀性的處理方式。再者，因為壞的主觀是對研究效度的一種威脅，所以Maxwell（1996）主張要在計畫書與研究報告中明白討論「效度威脅」（validity threats）的省思與處理。

　　至於研究結果的客觀性，建構主義的質性研究者認為：研究結果不具有絕對客觀性，都只是某時空下建構出來具相對客觀性的事實或知識；也是研究者與研究對象「視野交融」（fusion of horizon）下，反映雙方「相互主體性」（inter-subjectivity，或譯為主體間性）的結果。

　　這樣的說明，應該也可以破解另一有關的迷思，以為做質性研究既然沒有了絕對正確的事實，便會落入自說自話、自由心證，甚至虛無的結果。因為雖然沒有了固定不變的實在界待我們去發現（相對主義者的主張），或者即使有這樣一個獨立自存的實在界，我們也沒有直接接觸的方式（Hammersley, 1992），或者有沒有獨立自存的實在界，根本就不重要（Althiede & Johnson, 1994）；然而我們可確定的是：仍有相對的一個事實存在，即研究者在該時、該地、用該方法、與該研究對象互動的過程與結果，仍然只有一個，當然這一事實，可以包括研究者與研究對象諸多不同的聲音。研究者應該藉三角測量、回省、稽核等方法，將這一個相對客觀（就資料與解釋之間的關係之堅實程度而言），與相對正確（就論文表達與所發生的一個過程之符合與否而言）的東西找出來。總之，論文中詳實的描述，可以讓讀者判斷證據是否充分、是否可信，這樣的質性研究就不會是無證據的自說自話、自由心證，或根本得不到定論的虛無一片。

伍 結語

　　譬喻通常是藉熟悉事物／觀念，來幫助人們瞭解陌生物／觀念，藉具體來認識抽象，藉簡單來認識複雜。譬喻是一種思考與寫作上的好工具，我們華人尤其擅長以譬喻來思考與學習，本文乃藉譬喻來描繪質性研究的樣貌，以彌補學習者對質性研究認識上「失之過簡」與「失之過繁」的現象。

　　本文先藉譬喻解說質性研究的全貌——質性研究是文學家與科學家共用的一把大傘。第二部分以譬喻解說四類研究者眼中的科學研究：「挖掘古城」、「霧裡看山」、「取下有色眼鏡看世界」、「用萬花筒看花片」，後三類是三種不同取向的質性研究者；期藉譬喻增進人們對各取向本體論、認識論與方法論的理解，進而更深入思考研究目的、研究關係及信效度等問題。本文最後提出三項主張，以釐清常出現的三項迷思，第一項主張是質性研究並非完全反對實證主義；二是質性研究並不是完全反對用信度、效度做為評鑑規準；三是質性研究並非反對追求客觀性，也不是自說自話。

　　「質性研究」這一詞彙猶如一把大傘，傘下的人們大致可分為兩群，一是軟心腸的親文學派，一是硬心腸的親科學派，另有介於兩群間的人們，這些人應該為數不少。

第三章

後現代質性研究：
求眞難，何不求善求美
求治療[1]

---
[1] 本文改寫自：張芬芬（2007a）。後現代質性研究：特徵及其對課程研究的蘊義。課程與教學，**10(3)**，頁31-48。感謝該文審查者的專業意見與辛苦審查！

摘要

　　本章分為三部分，首先說明課程研究質性研究的概況，主要是1968年P. Jackson出版《教室裡的生活》，到1980年代的情形，其間課程研究中質性研究日漸興起，終於普受重視。第二部分介紹1990年迄今後現代質性研究出現的特徵，主要包括五方面的表現，一是研究立場：主張研究者和研究方法都必有其價值傾向；二是研究目的：研究者逐漸認知到求眞難，轉而求善、求美、求治療；三在研究譬喻方面，從「運用工具尋找」轉而注重「呈現關係發展」；四在研究報告方面，出現四種創新：省思、多聲、文學、表演；五在作者與讀者的關係方面，後現代質性研究者努力將上下關係轉變為較趨於平等的關係。本文第三部分，歸納第二部分之所得，對臺灣課程研究提出可致力的七個方向，以及兩項提醒。

 前言

　　大約自1970年代起，美國的課程研究逐漸由量化的「發展」典範（paradigm），走向質性的「理解」典範（W. Pinar，引自陳伯璋，2005）。臺灣的課程質性研究雖尚未居於主流位置，但已廣受接納，臺灣的課程研究的確需要質性研究法的養分來滋養，來開發。而後現代思潮來勢洶洶，對質性研究的影響亦甚為明顯，究竟後現代質性研究有哪些特徵？對於臺灣的課程研究有何啟示？這是本文梳理與思索的主要問題。

　　本章分為三部分，先概述美國的課程質性研究，以做為本文的一個背景脈絡；僅略述1960到1980年代的情形，其間課程質性研究日漸興起，終至普受重視。第二部分介紹1990年迄今後現代質性研究所出現的特徵，主要包括五方面：研究立場、研究目的、研究譬喻、研究報告、作者與讀者的關係等。本文第三部分，歸結前部分之所得，對臺灣課程研究提出可致力的七個方向，以及兩項提醒。

貳　課程質性研究：誰領風騷

一、P. Jackson捲起千堆雪

　　1968年Phillip Jackson出版《教室裡的生活》（*The Life in Classroom*），此書是課程研究史上的重要著作，無論對課程研究的內容與方法，都有相當重大的影響。此書將課程的概念大為擴大，突破了長久以來普遍將課程視為「科目」、「目標」或「計畫」的眼界，改從「學生經驗」的角度去界定課程[2]，去描述學童們在教室中體驗到的學習生活；「課程」乃成為一個動態的、可以持續擴大的領域，從而將「教學」活動含括成為「課程」的一部分，因為學生在潛移默化中所體驗到的「教學」影響[3]，被Jackson稱為「潛在課程」（詳見陳伯璋，1985；黃政傑，1986），這是此書對課程研究在內容方面的影響。而此書除了擴大課程概念外，也較過去更為突顯課程的概念，讓教育學門找到了本身最為特殊的部分——課程，而不僅僅在哲學、社會學、心理學的邊緣打轉，讓教育學有可能建立起本身獨特的學術造型[4]。

　　換由研究法角度看，1960年代是行為科學掛帥的年代，教育學研究奉行的是「行為—實證主義—心理學教義」（behavior-positivist-psychological doctrine），教育學者延續二戰後「建立教育科學」的運動，仍努力以自然科學為楷模，期盼將教育學建立成為嚴謹的、客觀的科學。課程研究走的也是技術與行為主義路線。課程史學者Walker（1992）注意到：1963年《教學研究手冊》（*Handbook of Research on Teaching*）第一版（Gagé,

---

[2]　有關課程的這四種定義，詳見黃政傑（1987）。

[3]　Jackson以獨特眼光，發現初入學學童所學到的潛在課程有哪些，參見張芬芬（1998）。

[4]　1960年代以後課程研究發展加速，當然並非P. Jackson一人一書的功勳，M. Apple, E. Eisner、M. Greene、W. Pinar、J. Schwab、M. Young等都是重要推手，他們轉由批判理論及／或符號互動論觀點出發，探究課程本質及其基本問題，揭示知識跟社會權力結構、意識形態之間的關係；或強調教學過程裡個人的自主性，對課程研究的發展均甚有貢獻。

1963）的內容，完全沒有討論方法論的章節。該手冊邀請了當代量化研究大師Donald Campbell與Julian Stanley介紹實驗與準實驗研究法，做為教學研究之用。該文在認識論上的立場明顯屬於實證主義、實在論（realism）。兩位大師在文章中表示：未經實驗控制的個案研究是一種最低層級的方法，幾乎不具有科學價值。在這樣的學術氛圍中，Jackson大膽地採用了觀察法來進行教室生活的研究。他的做法對於課程研究的方法層面，產生了重要的示範作用。

Jackson為何挑戰主流的科學研究法？《教室裡的生活》是一本描述性的著作，雖然相當嚴謹，但並不符合Campbell與Stanley（1963）實證主義方法論的標準。Jackson在序言中表示這是他刻意的選擇，他有意識地採用一套完全不同標準的研究法，因為「教室生活實在太過複雜，不應只採用一種觀點去探究，而應運用所有求知的方法去探究它」（1968, vii）。他進一步表示：學習理論與人類工程師所用的技術，並不能如一般人以為的那樣，能夠深入地或快速地推動教育；「反而應該採觀察法，去瞭解教室裡的真相」（p.175）。

在那個科學研究法的全盛時期，Jackson這種提倡質性研究的言語，在當時實在是一大膽的挑戰。他甚至提倡應多做個案研究，這是Campbell與Stanley（1963）已斷言：不具科學價值的研究法。但以後數十餘年的發展顯示：課程研究，甚至教育研究的發展更為傾向於Jackson的觀點，而不是Campbell與Stanley的觀點（Walker, 1992）。Pinar於1995年更清楚指出（引自陳伯璋，2003），課程研究已從「發展」典範轉變為「理解」典範；析言之，從「生理」轉向「生態」取向，從「巨型」（macro）轉向「微型」（mirco）的論述，從科學實證的「律則性知識」轉向「美感經驗」（aesthetic experience）的「詮釋─理解」。

二、E. Eisner激發研究法的想像

Elliot Eisner繼Jackson之後成為課程界質性研究法的代言人（Walker, 1992, p.107），Eisner以藝術相關的概念作為理解教學與課程的概念工具（陳伯璋，2005）。《教育的想像》（*The Educational Imagination*）（Eisner, 1979）幾乎有一半討論的是研究法的議題（參見黃政傑，1987），可說激發了課程研究法的想像。該書主要討論的方法是「教育鑑賞」（educational connoisseurship）與「教育評析」（educational criticism）。Eisner同意Thomas Kuhn（1962）的觀點：如果一個領域想完成典範的轉移，必須要完全重建該領域的基礎，Eisner便想要承擔這項任務。Eisner批評以科學取向探究教育問題，認為自然科學研究模式「不合適研究教學、學習與課程發展」（p.358）。Eisner（1979）批評：「理性已被誤會，以為它在本質上就是屬於科學的；認知已被簡化，以為認知就是以文字來求知」（p.357）。「量化研究所強調的操作取向（operationalism）與測量，過度重視行為，而根本忽略或嚴重漠視學生經驗的品質」（p.361）。

　　Eisner（1979）提出「教育鑑賞」與「教育評析」，來補充科學研究法。強調研究者密集的親身經驗，研究者應有能力去覺察細微處，去推論人類行為的律則。對於論文表達中採用的語彙，Eisner也有精闢的見解，他認為：研究者在做推論時，應採用譬喻（metaphor）與圖像式語言（figurative forms of language）去補充與豐富該推論[5]。

　　另一方面，Maxine Greene（1967）早就採用文學批評討論教育。Michael Apple（1979）、William Pinar（1980, 1981）、David Hamilton（1976）及Robert Stake（1978）則提倡詮釋性個案研究，他們也都是重要的課程質性研究者。後來幾乎著名的課程研究者，大多數都會採用質性研究法。

　　至1980年代教育學門已不再輕視質性研究，課程界已出現了更多質性研究名著，主要的研究主題有：教師的課程工作、教師的實作知識（如：Clandinin & Connelly, 1986; Elbaz, 1983）、課程中產生影響的社會結構與生態結構（如：Jackson, 1968）、個人的教育經驗（Berk, 1980; Pinar, 1980, 1981）。運用的方法主要有：訪談與教師日記（如：Clandinin, 1985; Con-

---

[5]　撰述本文時，我採納Eisner的見解，刻意使用譬喻來輔助我的推理，如：「挖掘古城」、「看萬花筒」等，以期裨益整套觀念的解說，讀者可藉此評估譬喻在推理理解上的效用。

nelly, 1972; Elbaz, 1983）、教室觀察（如：Jackson, 1968）、生命史（Berk, 1980; Pinar, 1980, 1981）。

《教室裡的生活》、《教育的想像》這類課程名著，激化了社會科學界有關方法論上質與量的論戰，而重要課程學者對質性研究的大力提倡，對於質性研究在整個社會科學界的發展，也有其貢獻。課程研究與社會科學質性研究雙向互動，彼此互惠，已是不爭的事實。再者，教育研究法的主流社群也悅納課程著作，讓它們在整個教育研究社群中更為顯眼（Walker, 1992）。

三、T. Kuhn推動典範的轉換

以上是1990年代之前課程質性研究的緣起與主要發展，顯示了課程研究界與社會科學界同步出現「方法論轉向」（methodological turn），都接收到Thomas Kuhn（1962）「典範」理論的影響，進而由科學哲學的角度，去省思「行為—實證主義—心理學教義」的侷限性，以及教育現象與教學行為的特殊性，瞭解到實證主義只是一種方法論的典範，一種尋找科學知識的方法而已，所找到的知識也只是一類知識，還有其他方法可尋獲其他類型的知識。可以說，Kuhn帶動了這股「方法論轉向」思潮，推動了典範的轉換，讓社會科學界意識到研究法可以有更多可能性；而社會科學原本的人文學科傳統，便可成為發展這些可能性的活水源頭（Lincoln, 1992）[6]。

若細看這波方法論轉向，更適切的詞彙應該是「認識論轉向」（epistemological turn），因為這波思潮所探究的，並非僅是「一套研究的程序與技術」而已。學者們花費了更多心力，深究研究法背後所隱藏的一套思想體系，這套體系指導著方法的選擇與運用。更精準地說，這套思想體系包括了本體論[7]、認識論與方法論三部分。本體論討論的是「真相實情」（reality）的問題；認識論討論的是：知者與被知者之間的關係、知者如

---

[6]　當然此時認知科學興起，也挑戰行為主義學派的霸業。

[7]　本體論ontology，或譯為存有論、存有學（參見項退結，1976，頁299-300）。

何認識被知者；方法論則探究：要運用何種方法，去找到那些可被找到的事物。

　　在「方法論轉向」中，社會科學家們開始探究研究法背後的本質問題。1990年代前，質性研究者在與量化研究的激辯中，就已深究了許多本質問題，且意識到已然出現至少三種危機，必須嚴正面對（Denzin & Lincoln, 2005）。①「表達危機」（crisis of representation），質性研究者意識到：研究者其實並不能直接掌握生活經驗，經驗與文本之間並無直接連結。這使研究者思考如何用從人文學科尋得新方式，去表達自己與研究對象。②「合法性危機」（legitimation crisis），是指質性研究者意識到質性研究結果不適合再用傳統規準（信度、效度）去獲致合法性，需另建新規準。③「實踐危機」（praxis crisis）則讓質性研究者思考：要如何藉研究帶動社會實踐，去改善不正義的世界。於是，後現代的質性研究逐漸發展出十分不同於往昔的觀點，這套觀點探究了真相、知識、權力，甚至研究事業、人際關係等問題，反映在研究方法上，可由研究立場、研究目的、研究譬喻、研究成果、作者—讀者關係等，數個面向來瞭解（表3-1），本章第四節將予以說明。

表3-1　後現代質性研究的特徵

面向	特徵
研究立場	價值中立→價值負載
研究目的	求真→求善求美求治療
研究譬喻	運用工具尋找→呈現人我／群我關係發展
研究結果	科學論文→省思＋多聲＋文學＋表演
作者讀者關係	「知者—不知者」上下關係→夥伴平等關係

後現代質性研究的起點與發展：風生水起

一、1990年為後現代質性研究起點

　　有關本章所稱的「後現代質性研究」，大致上依據質性研究大師Denzin與Lincoln（2000, 2005）的劃分方式，他們將百餘年來美加地區的質性研究分為八個波段，這八個波段（moments）分別是：(1)傳統期（traditional period, 1900-1950）；(2)現代期／黃金期（modernist phase/golden age, 1950-1970）；(3)領域交融期（blurred genres, 1970-1986）；(4)表達危機期（crisis of representation, 1986-1990）；(5)後現代期（postmodern, 1990-1995）；(6)後試驗探究期（postexperimental inquiry, 1995-2000）；(7)方法競逐期（methodologically contested period, 2000-2004）；(8)破碎期（fractured period, 2005-）[8]。由此可見，1990年是後現代的起點，本文所陳述的質性研究之特徵，即是1990年開始之表現情形。至於這些特徵出現的地區，則並不限於北美，因為本文另外參考了Gergen與Gergen（2000）及Lincoln與Denzin（2005），他們論述的範圍，包括了全球主要的英語系國家，尤其是Gergen與Gergen（2000），他們基於社會建構主義（social constructionalism）的觀點，撰文前更對各國學者進行開放式問卷調查，歸納出後現代質性研究的主要議題與趨勢。準此，以下論述的範圍，在時間上大致上是以1990年為起點，在空間上主要是全球英語系國家。

　　換言之，本章所稱的「後現代」，並非意味著質性研究界有一群人以「後現代」為學派名稱，而主要是由時間面向去看質性研究領域出現的新變化，試圖尋覓自1990年以後在質性研究社群中出現的新現象，此時世界思潮逐漸走向後現代主義，因此質性研究界出現的新現象，也具有後現代

---

[8] Denzin與Lincoln（2017）將上述某些波段做了細分，將原本第三波分成兩期：領域交融期（blurred genres, 1970-1980）、派典戰爭期（paradigm wars, 1980-1985）；另將第八波分成兩期：派典增殖期（paradigm proliferation, 2005-2010）、破碎期（fractured period, 2010-2015）；而將2016年起稱為「不定的未來」（uncertain future, 2016-）。

主義的一般特徵，如：去核心、反特權、反主流、不確定、非線性，強調
感性、多元價值與多重聲音等等。

二、1990年起質性研究各波段

　　Denzin與Lincoln（2000, 2005, 2011）將後現代期列為質性研究的第
五波，其後還有第六波（1995-2000）、第七波（2000-2004）、第八波
（2005-）（Lincoln & Denzin, 2000, 2005, 2011）。我們要問：第五波之後
的質性研究還具有後現代的特徵嗎？答案是肯定的。綜觀他倆（Denzin &
Lincoln, 2000, 2005, 2011; Lincoln & Denzin, 2000, 2005, 2011）對第六、七、
八波的說明，這些波段裡，省思轉向（reflexive turn）、批判轉向（criti-
cal turn）、敘說轉向（narrative turn/rhetorical turn）、聲音轉向（voice
turn）、性別轉向（gendered turn）、本土轉向（indigenous turn）、表演轉
向（performative turn/performance turn）等等思潮，都持續發揮影響，而這
些也正是後現代在思潮上的特徵，下一節將看見這些思潮的身影。現有必
要簡要瞭解Denzin與Lincoln提出的第五、六、七、八波的概況。這將幫助
我們認識1990年以後整個質性研究界的全貌[9]，對理解後現代質性研究的
特徵也將有所助益。

　　第五波「後現代期」（1990-1995）（Denzin & Lincoln, 2005; Lincoln
& Denzin, 2000, 2005），質性研究者努力理解所遭逢的表達危機，找出新
方式撰寫俗民誌，希望探不同於以往的方式去呈現「他者」，找到的方法
是由沉默族群的視角出發，呈現其認識觀，亦即放棄過去冷靜旁觀者的視
角。此時，出現更多行動、參與，與行動研究；一些質性研究者也不再尋
找大論述（grand narrative），只要找到區域的、小範圍的理論，能合於特
定問題與情境即可。

　　第六波「後試驗探索期」（1995-2000）（Denzin & Lincoln, 2005;
Lincoln & Denzin, 2005），此波段尤其關心文學性與修辭性的轉義

---

[9]　陳向明（2002，第二章）對質性研究前五波段（從1900到1990）做了清楚介紹，可
以參閱。

（tropes），出現敘說轉向思潮，即以敘說來撰述俗民誌。此時懷疑精神高漲，不推崇任何一方法或理論。原本基準派（foundationalism）與反基準派（anti-foundationalism）轉入後現代的試驗風潮中，想為論文評鑑在信效度之外找到其他規準。Carolyn Ellis和Arthur Bochner於1996年起開始主編系列叢書《另類俗民誌》（*Ethnographic Alternatives*），這些試驗性的質性研究著作，打破了社會科學與人文學科的界線，採詩、小說、自傳、回憶錄、照片等，呈現出多聲的、對話的、視覺的、批判的、表演的（performative）、共作的（co-constructed）等特色。此波段也出現兩種重要的質性研究期刊《質性探究》（*Qualitative Inquiry*）、《質性研究》（*Qualitative Research*），對形塑第七波頗有影響。

二十一世紀伊始，上場的是第七波「方法競逐期」（2000-2004）（Denzin & Lincoln, 2005; Lincoln & Denzin, 2005），此時質性研究界充滿爭議、奮戰與競爭，然已獲致兩項明顯成就，一是質性研究的技術與抉擇已臻成熟，也更細緻；二是舊分類已失效，出現很多複雜的、混合的新型質性研究；此時質性研究者更致力於自由民主社會的建立。

第八波「破碎期」（2005-）（Denzin & Lincoln, 2005），質性研究界遭逢「證據本位社會運動」（evidence-based social movement）及「布希科學」（Bush science）的打壓，政治環境不利質性研究，質性研究者為爭取經費奮戰，也更努力發展道德論述（moral discourse），撰述聖化文本（sacred textuality）；期盼社會科學與人文學科能成為對話場域，批判性地討論民主、種族、性別、國家—政府、全球化、自由、社群等議題。質性研究者已不再由中立客觀角度去看研究表現，因為階級、種族、性別、民族性都形塑著研究，這使研究成為多元文化的過程。可以說，質性研究界正處於一個「發現」與「再發現」的時刻；用各種新方法去觀看、詮釋、論辯、撰寫。另一方面，也導致質性研究者難做抉擇，因為選項之多前所未見。Denzin與Lincoln（2005）於2005年更表示：質性研究的歷史並不是一段不斷進步的歷史，當下並不是最先進的，他們認為：對質性研究者而言，2005年的當時確實是政治緊張階段。質性研究承受著內外壓力，而這些正抵銷掉過去三十年的正向發展。

　　Denzin與Lincoln（2000, 2005, 2011）認爲：質性研究各波段的出現雖有先後之別，卻無優劣之意，目前仍同時存在，唯已有強弱之別，也有人在各波段間遊走。Lincoln與Denzin於2011年與2017年均將未來的質性研究稱爲「功能再造的俗民誌」（refunctioned ethnography）（Lincoln & Denzin, 2011, 2017），意味著質性研究的功能、目的、造型等，都將爲呼應這多變世界的多方需求，不斷更新。

 ## 後現代質性研究的特徵：風雲變色

一、研究立場：研究者與研究法必有價值傾向

　　傳統的科學研究主張：研究者應客觀，保持價值中立。客觀是什麼？具體而言，在資料蒐集階段，研究者不應影響研究對象或現象，主客宜保持分離的狀態；在資料詮釋時，研究者應「讓證據自己說話」，不受個人價值觀、情感或無關因素干擾。然而大約自1980年代起，批判理論者的意識形態研究，與質性研究的「省思轉向」（參見黃道琳，1986）已讓人們逐漸接受：就某種面向而言，研究其實是一種政治（Kincheloe & McLaren, 1994; Gergen & Gergen, 2000），研究者必然帶有某種價值觀，每種價值都可能變成某種政治利益。無論是資料的蒐集或詮釋階段，都一定會受到研究者所持價值觀的影響。「研究資料不會自己說話」，必須經過詮釋，才能顯示出意義，從而才能成爲支持研究結論的「證據」。研究者的期望、理想、定見、偏見，便會透過資料的選取與詮釋，反射在研究中[10]。

　　既然研究者必定有其價值取向，何不乾脆選擇一種最合適的研究取向去達成自己的價值目標或政治目標？Gergen與Gergen（2000）認爲：質性研究就是達成此目的最合適的方法，因爲它在形上學、本體論或認識論

---

[10]　承認研究者是個價值負載者，並不足夠。更重要的是研究者對自己的價值負載，要能運用反省札記或備忘錄清楚覺察、記錄、追蹤、並呈現在報告中，且慎重處理，而不是假裝或強迫做到價值中立，有關這方面的處理參見Maxwell（1996, pp.90-91；張芬芬，2002b）。

上，並未定於一尊，可以最自由地在價值觀上，甚至在政治上投入，產生出獨特的方法，這一方法是專門為研究者的政治承諾或價值承諾所精心打造的一種方法。後現代思潮毀損了「真相」與「效度」（validity）的觀念，但也開啟了研究者可以大方地為價值觀獻身的空間。

後現代質性研究已經接納：研究者必然有其價值傾向，且可大方承認並投身其中，藉研究來達成該價值理想。而後現代學者還有更深層的思考：沒有任何研究方法是價值中立的（Gergen & Gergen, 2000）。每種研究法都有其哲學立場，都有其價值傾向，都位於觀念體系（ideology；有時可譯為意識形態）的某個位置。例如：實驗心理學、質性方法傾向於支持個人主義；量化研究預設了主客二元論。選用哪種研究方法，也就接納了方法背後的價值傾向。

1980年代之前學界大多認為：嚴謹的研究法在政治上與價值取向上是中立的。當時認為：研究者對觀念體系的某種興趣（興趣即是一種價值觀的表現），固然會影響研究主題的選擇與研究結果的運用，不過，研究方法本身倒是不受觀念體系影響的。然而，後現代思想的批判愈來愈犀利，愈來愈清晰地指出：根本沒有一種簡單的方式可以把方法與觀念體系分隔開來。方法之所以可以產生意義與重要性，是因為它被放再一個更廣的意義網絡之中——形而上學／後設物理學的、認識論的、本體論的網絡——而這些又都是鑲嵌在觀念體系的與倫理的傳統之中的。例如：研究者要對個人進行心理實驗，其實已假定：在人類事物的產生過程裡，居於核心的是個人的心理作用。很相似地，質性方法在努力探究個人經驗時，也理所當然地重視個人經驗。在這方面，這兩種研究法潛在地都支持個人主義這一觀念體系。同樣地，量化研究法預設的是研究者與研究對象的二分（主客二元論），他們對於世界偏好一種工具主義的態度，對於研究者與被研究者之間的原始關係，認為是兩相分離的（Gergen & Gergen, 2000）。這些都顯示著：每種研究法都是有價值關聯的。

二、研究目的：求真難，何不求善求美求治療

研究是一種求真的事業，它與求善、求美等工作是有所區隔的。「求

眞」是千百年來西方學術探究所預設的目的，也被視爲是無庸置疑的目的，然而現代質性研究正在修改或顚覆這一傳統。過去將研究設定爲「求眞」的活動，其中便假定了：「眞相」（reality）是存在的，且是可以追求得到的，而研究有如「挖掘古城」，古城就在地下，耐心挖掘則終有讓它見著天日之時；然而質性研究各派卻質疑這樣的預設。（詳見本書第二章）

　　簡言之，後實證主義質性研究者同意眞相可能存在，但研究者受限於時空流轉、人力有限，無法完整地、清晰地得知，研究就如「霧裡看山」（借用陳向明的比喻；陳向明，2002），必須運用各種方法（如：三角檢測〔triangulation〕、內省、簡報等）才可能逼近眞相（參見表3-2）。

表3-2　各種認識論的「眞相觀」與「研究法重點」

派別	研究的譬喻	眞相	研究法的要點
實證主義	挖掘古城	獨立自存的地下古城	用好工具挖出古城
後實證主義	霧裡看山	被雲霧遮蔽的山嶺	運用多方法（如：三角檢測）逼近眞相
建構主義	看萬花筒	看筒人與花片互動後所見的花片影像	詳實呈現互動過程與結果

　　後現代質性研究的另一派別建構主義[11]（constructionism）對「眞相」抱持更爲澈底顚覆的觀點，主張：原本並無單一、固定、獨立自存的眞相；「眞相」乃是研究者與研究對象在某時空、以某方式，互動所建構出了的結果，這是主客視野交融的結果，也是相互主體性（intersubjectivity）的展現。我認爲建構主義抱持的研究觀，有如「看萬花筒」，看筒者是研究者，諸花片是研究對象，諸花片的位置與影像並無所謂「既定」（given），端視看筒者怎樣搖動花片，以及觀看當時的光線等環境因素；看筒者與花片互動所後呈現的影像，就是研究結果，也就是「眞

---

[11] 建構主義對後現代思潮有很明顯的影響，參見Smith與Deemer（2000），Greene（2000）。

相」。建構主義因為對真相抱持此觀點，在研究方法上便主張：研究者不必避諱介入情境，不必擔心影響研究對象，但應將互動過程清晰呈現於論文裡，讓讀者有如身歷其境地理解到：該研究結果是在這樣的互動中產生的（詳見本書第二章）。

　　「求真」可能不可得，但有些後實證主義者還是願意藉研究進行「逼近真相」的努力[12]，另外也有許多研究者則另謀他途，因為求真既然不可得／很難得，那麼何不用研究去求善、求美？這些質性研究者多半接納建構主義、批判理論或行動研究的觀點。Denzin與Lincoln（2005, p.3）明確指出：「後現代質性研究者期盼藉研究促進自由民主社會的建立，裨益其希望、需求、目標與前提」。Gergen與Gergen（2000）也指出：質性研究界想藉研究來促進社會或群體的和諧、民主。這些也就是我所謂的「求善」。至於科學研究要怎樣「求美」，參見下文說明。

　　科學研究怎樣才能文以載道，修己善群，甚至福國利民呢？研究者創造出各種方式去改善與研究對象的關係，不再將之視為「被研究者」，而視之為「文化局內人」，或將之轉變為學習者、老師／資訊提供者／表演者；更有研究致力於消弭敵對團體間的敵意，進而形成有建設性的關係。

　　例如：Arlene Katz及其同事努力增進醫療人員與哈佛醫學生對年長民眾的理解，他們建立了一個長老小組（a panel of the elderly），讓他們與哈佛醫學生溝通對話，傳統的「被研究者」（subjects）在此研究裡被定位為「文化局內人」（cultural insiders），老人家乃是跟疾病及其威脅等事物有關的「局內人」，他們瞭解局內文化，他們擁有的局內知識是研究者可以學習的，同時研究也可以成為觸媒，幫助醫學生獲取這些文化知識（Katz & Shorter, 1996）。

　　秉持「以研究求善」的理念，也有研究者提供貧民窟居民相機或錄

---

[12] Lincoln與Denzin（2005）即提醒道：質性研究的八個波段其實是同時並存於現在的，且新出現的波段並不意味著比較先進優良。我認為：這意味著後出現的「後現代主義」並未取代「後實證主義」，後實證主義仍然被接納，且仍在吸收養分（如：紮根理論法）而持續發展中。

影機，讓他們自己取材拍照，這些研究者使「被研究者」轉變爲學習者與老師／資訊提供者／表演者（Gergen & Gergen, 2000）。甚至，「公眾對話」研究（Public Conversations Project）設計了一些方法，可以讓敵對團體坐在一起（例如：反墮胎者與主張墮胎者），進行建設性的對話（Becker, Chasin, Chasin, Herzig, & Roth, 1995; Chasin et al., 1996）。David Cooperrider及其同事發展出一種「感恩研究」（appreciative inquiry），可以讓一個組織或社群中極爲敵對的成員改變關係（見Cooperrider, 1990; Hammond, 1996）。這些研究都在做著「求善」的工作，「求眞」可能成爲附帶的目的，且這「眞相」只是相對的一種眞相；另外，研究者與研究對象之間也形成了新的關係。這種注重「關係發展」的表現，也是後現代質性研究的特徵之一。

　　「以研究求善」意味著研究可產生道德層面的效果，研究者可藉研究過程，去幫助處於弱勢的研究對象脫離困境，去緩和敵對的關係，去介入棘手的社會問題。此外，在眞誠傾聽研究對象的敘說時，還可能紓解了敘說者的壓力、情緒，提升其自尊與自信，甚至提升其意識，將他／她由過去未曾理解的壓迫中解放出來，從而產生「治療」的效果。

三、研究譬喻：從「運用工具尋找」到「呈現群我關係的發展」

　　過去「研究」所用的re/search（再／尋找）一詞，隱含的譬喻是「工具」，因爲研究者要借用工具才能找到資料，工具是研究者關心的重點。「研究」若改用re/present（再／表達或呈現）一詞，隱含的譬喻則是「關係」，因爲研究要呈現的乃是關係，這是研究者應關心的重點；過去的被研究者與研究產品的閱讀者，此時都可以變成與研究者有關聯的參與者（relational participants）（Gergen & Gergen, 2000）。過去研究工作的重心是要將「產品」累積起來，這種產品乃是靜態的或被凍結起來的研究發現。後現代學者認爲，若研究者關注的是：產生溝通的「過程」，那麼研究的主要任務就應該是建立一種有建設意義的人際關係。研究者不要再做一個被動的觀察者，應成爲一個主動的社會參與者，創造出有生產意義的、能交流的社會關係，建立持續的溝通，例如：可致力擴展市民深

思（civic deliberation）的範圍，已有些研究處理此類的議題，包括：全球論壇的價值性、全國對話討論偏見、市民社會的重建等（轉引自Gergen & Gergen, 2000）。過去社會科學研究者遇到這些議題時，往往避而不談，或很少觸及。目前，想要創造社會形式（social forms），研究者的能力並不足夠；但研究的概念正在改變中，爲了迎接這一挑戰，質性研究者可以、也應該成爲先驅者，將研究變成一種關係發展的過程。當然，研究報告也就是要呈現這種關係發展的過程。

以上是後現代學者由「研究」一詞隱藏的譬喻，去改變「工具主義」的研究觀。此外，質性研究原本的「個人主義」也是他們想改變的。Gergen與Gergen（2000）解析發現，質性研究原本傾向個人主義，無論是研究內容與撰述方法皆如此，但是受到建構主義的影響，質性研究走向關係發展取向，轉變了個人主義的缺失。

在內容方面，質性研究的個人主義色彩表現在：將研究焦點放在個人經驗、感受、痛苦或生命史，這假定了個人心靈具有最重要的影響力。在論文呈現方式中的個人主義有三：一是採用讓「他者」發聲的方式，顯示了所偏好的是一種我／他有別的譬喻[13]。二是撰寫時採用階級的（作者—讀者乃是上下兩階）與獨白的方式來呈現，就是將「作者這一位知者」具體化。三是承認作者對研究報告具有擁有權，這就是建構了一個獨立自存的作者個人世界[14]。

怎樣彌補個人主義的侷限呢？補救方式之一，是將建構主義的精神與對話形式注入，讓研究採關係發展取向，具體言之，後現代的質性研究愈來愈注意：①研究者與研究對象之間形成對話的、共構的關係[15]；②研究

---

[13] 「他者」（the Other）原本就是人類學發展過程中關注的焦點，而「他者」一詞，有「非我族類」的意涵。參見質性研究在人類學的發展歷史（Vidich & Lyman, 2000）。

[14] 有關敘說權（narrative authority，或譯話語權），參見Beverley（2000）。

[15] 「敘說研究」（narrative inquiry）便屬於這類研究，「敘說研究」與傳統的質性研究相較，最明顯的特徵就是：敘說研究更爲重視研究者與研究對象（或稱「參與者」、「協同研究者」）之間的對話關係，強調研究歷程與成果是由雙方共構出來的。

者與讀者之間相互依靠的關係；③任何關係中均強調意義的協商，具有改變社會的潛力。研究主要的關注已不再是個人了，後現代質性研究有效地創造了一個世界（reality），一個注重關係發展過程的世界。

四、研究報告：吹入四縷清風

後現代取向的質性研究在研究立場、研究目的、研究譬喻上都有所改變，研究論文也大大不同於往昔，因受「表達危機」觀念的影響，過去的論文形式受到了質疑，對語文的本質也提出了新觀點；然而無論怎樣批評，研究的結果還是要表達出來，於是便需要發展新的表達內容與形式；歸納起來這創新中至少有四股力量在發生作用。以下先說明其中「破」的緣由，再說明「立」的狀況。

㈠破與立

在「破」的方面，後現代思潮打破了科學論文格式的特殊地位。Gergen與Gergen（2000）認為，大約自1990年起對質性研究產生最具催化效果的話題，就是有關語言本質的討論，尤其是有關語文與其所描繪的世界之間的關係。過去在研究法中最主要的預設就是：科學論文可以正確且客觀地表達出這個世界的樣子。而今這個預設正受到各方的挑戰，挑戰來自三種理論：①後結構符號學（post-structural semiotics）、②文學理論（literary theory）、③修辭理論（rhetorical theory）。這些論述至少已清晰指出：①語文不可能將這個世界模仿出來。②沒有哪一種特定的文字報導特別能夠符合這個世界的樣貌，所以大家也就不必推崇哪一種報導／報告／論文。

如果語文不能如實表達世界的樣子，那麼人們為何能夠透過語文認識世界呢？後現代學者的觀點是這樣的：我們對世界所做的報導，之所以能夠被人理解，並不是源於這個世界本身，而是源於我們浸淫在一個文化傳統裡，這個文化傳統代代承襲而傳給我們。只是因為我們的報導頗為接近這個傳統中的成規，而這些成規是我們可以完全理解的。準此，能理解的源頭在於我們的關聯——我們都身處在詮釋社群中，我們與詮釋社群是有

所關聯的，我們對世界所建構出來的東西，乃源自於這些群體。

　　不必特別推崇科學論文的形式，語文表達有其侷限性。那麼該怎樣表達研究成果呢？在「立」的方面，後現代質性研究展現了各種創意。Gergen與Gergen（2000）歸納出四種類型：反射、多聲、文學式與表演。我認為這四種創意就像四縷清風，吹入清爽的新氣息，使得質性研究報告有了新面貌。

1. 清風一：反射／省思

　　所謂reflexivity，我體會出兩種意涵，一種可譯為「反射性」，是指研究者所寫的文本「反射」出研究者的個人特質與研究的過程，「反射性」是針對文本而言的一種特徵；第二種意思可譯為「省思性」，是指研究者能夠「省思」自己對研究對象、過程與結果所產生的影響，故「省思性」乃針對研究者而言的一種特徵。而「反射」也是「省思」的內容之一。Althiede與Johnson（1994, p.489）認為研究者應該要對自己與其研究過程做省思式的說明，他們稱此為「俗民誌的倫理」。他們具體指出，俗民誌的省思報告應包括的項目，甚至據此提出新的效度主張，所謂「要能寫出省思性的報告才具有效度」（Validity-as-reflective-accounting）。另外也有其他學者都提出類似的省思項目，歸納來看，應寫入的省思項目大致包括：研究者的史地位置、必然帶入研究裡的個人偏向、與研究對象的關係、研究者效應、詮釋角度，以及選擇書寫風格的考量等。

　　在論文裡應進行省思，而省思的內容之一，是思考反射的狀況。這種自我表白的形式，受到特別的灌溉發展，於是使「自傳常民誌」（auto-ethnography）這種研究興盛起來（Ellis & Bochner, 2000）。這類研究中，研究者深入地探究自己個人的歷史是怎樣滲透在其研究裡，把自己與研究對象在報告裡並置起來。總之，交代省思和反射，乃是請讀者接納：這一交代的動作本身是一種踏實的、良心的努力。這一省思思潮，進而促成了「自傳常民誌」的興盛。

2. 清風二：多聲

　　至於吹入研究報告中的第二縷清風，是「多聲」（multiple voicing）。原本研究報告裡採用全知全能的科學（omniscience）模式，只有

研究者一人的聲音，而「多聲」這種做法可將研究者的聲音相對化，不再獨占發言台，還可產生對比的效果。學者對「多聲」的看法不一，做法也不一。例如：

(1) 多重人士：在報告中，邀請研究對象就自己的立場發言，包括描述、說明或詮釋（如：Lather & Smithies, 1997）。

(2) 多重觀點：研究者就某議題尋找各種觀點的人，來回應問題；將各式觀點納入報告中，但不勉強將各式觀點統整起來（如：Fox, 1996）。

(3) 多重詮釋：也有研究者將相對立的各種詮釋深思過，如果各有其合理性，就將它們都納入，但並不設法尋求單一的、統整的結論（如：Ellis, Kiesinger, & Tillmann-Healy, 1997）。

(4) 多重研究者：有些研究者與研究對象協同進行研究，使研究結論不至於只是少數觀點。

多聲法可提供多種可能的詮釋或觀點，相當具有說服力，且能讓人思考傳統研究中的效度問題。但是多聲法仍有其待決問題，其主要難題如下：

(1) 研究者應怎樣處理自己的聲音。研究者的聲音只是眾聲之一嗎？抑或因為研究者受過特別的訓練，而理應特別被重視？

(2) 我們要認定作者與研究對象的哪種身分？既然我們同意多重聲音法，那麼很明顯地，每個研究對象也都應該是多重聲音的。該研究中究竟是哪個聲音在發言？為什麼？此時，哪一聲音受到了壓抑？

最後應該知道的是，即使採用多重聲音，也無法永遠公平對待各方面。通常，研究者還是扮演該作品的最後作者（或多聲的協調者），因此也就成為結論、重點與統整處的最後仲裁者。作者所用的文學表現手法通常是讀者看不見的（Gergen & Gergen, 2000）。

3. 清風三：文學風格

加入表達中的第三縷清風是文學，就是採小說、詩作、敘說／故事、傳記、自傳等文體，主要表達出一種詮釋（而不再如科學論文那樣，就是想要提供真相），文學風格的優點是可吸引非學界的讀者，進而可能可達

成政治訴求。缺點是文學風格多半是表達單一聲音；且人們普遍認為新文體並不適合表達科學研究的成果。

如何以詩來書寫論文呢？可以看看Laurel Richardson（1992, p.127）的著作《Louisa May的生命故事》，其中Richardson讓黑人婦女Louisa May談她自己，Richardson以詩的方式來表達Louisa May的故事，將原來36頁的訪談稿整理為3頁的文字，保留了研究對象原有的語言，但運用押韻、重複、音節等修辭方式，形成了一首詩作。

文學與多聲也可以結合起來表現。例如：Deborah Austin的博士論文（Gergen & Gergen, 2000），是有關百萬人遊行後非裔美人的人際關係。她與一位遊行參加者，共同建構了一首敘事詩。

以文學風格表達研究成果，並不止是一種形式的借用，也是一種認知方式的改變，過去採用科學論文格式時，強調的認知方式是用經驗證據做邏輯推理，使用命題式語言；注入文學風格時，則要兼採美學認知方式，強調直觀思考、擬情體會、完形掌握、譬喻與圖像式語言等；甚至這種美學認知方式不僅僅是在撰寫論文時要展現出來，在蒐集資料階段，也必須運用，以期展現質性研究應有的人文情懷[16]，感悟課程與教學中的美感素質[17]。就此而言，質性研究不只是由「求真」事業轉為／兼顧「求善」事業，文學風格的注入，以及美學認知方式的強化，更使得質性研究可以成為「求美」的活動。

4.清風四：表演

文字並不能精準表達真相，那麼就不應堅持要用過去的科學寫作形式，媒體不該只是文字的輔助工作（過去書寫傳統中是這樣的），研究者可以考慮其他的溝通方式，如平面藝術、電視、戲劇、舞蹈、魔術、多媒體等等：來呈現研究結果，以期能與更多人對話，這類表演作品可以吸引更多參與者。

---

[16] 好的質性研究應該是高理性與高感性揉合後的傑作，兼用邏輯推理與直觀思考，有關這方面的討論與做法，參見本書第五章。

[17] 有關課程美學的概念，參見歐用生（2003、2006）。

　　怎樣用表演呈現研究結果？Glenda Russel與Janis Bohan（1999）是一個例子，本研究是回應科羅拉多州憲法的新條文（該條文廢止：因性傾向受到歧視者的法律請求權）。研究者訪談此法案的反對者，然後擷取訪談對話中浮現的主旨與陳述，以此創作出兩項非常精巧、複雜的藝術計畫：一個清唱劇「火」，分為五部分，由專業作曲者所創作，請在全國競賽中得獎的、有高度技巧的合唱團演唱；另一藝術計畫是一部專業製作的電視紀錄影片，在PBS播放。在他們的作品裡，人們可知覺到一種模糊性，各種界線間的模糊，包括：專業與業餘之間、內部與外部之間、研究者與被研究者之間，以及表演者與觀眾之間，這些界線都模糊掉了（Gergen & Gergen, 2000）。

㈡是春風風人，還是吹縐春水

　　對這些新表達形式（省思、多聲、文學、表演），學界出現兩種態度，一認為是「滋養」，二認為是「侵蝕」。滋養派中不少人努力投入新表達方式，想以文學手法，走出自己的路。持「侵蝕」觀點者，認為新表達法侵蝕了質性研究求知事業的地基，荒廢了田野工作，或認為這些創作表現得過度自戀，或把研究弄得像煽動性太強的電視劇或訪談節目，其實根本不切實際、無關宏旨或玩性太重。積極的建議是：研究者仍應回到本務中做好田野工作，努力「求真」。另外也有人肯定傳統的表達形式，認為：傳統的寫實取向與量化取向的表達方式，可以為嚴肅議題提供清晰的答案，這對某些群體仍有其功能，比起一首詩、一篇自傳更有價值。這一批評的確值得深思（Gergen & Gergen, 2000）。

五、論文呈現方式中的權力關係：調整作者與讀者的關係

　　研究結果表達方式的改變，有以上四種創新，歸結來看，其實都是想取消特權，「省思」是要破除研究者的神祕性，包括揭露研究者在研究過程中的思考，過去研究者曾藉著這種神祕性，獲取知識生產的特權；「多聲」是要去除研究者單一聲音的權威性，不能再獨享「知者」的光環；「文學」風格是要打破科學論文格式的專有威信；「表演」形式則要破解

文字書寫傳統長久以來在人類文化中的獨尊地位。此外，還有一層權力關係，在這波創新中被打破，那就是作者與讀者的上下關係。

每種研究紀錄或描繪在形式上都是一種表達，而每種表達都是爲了「某種觀眾」。Gergen與Gergen認爲（2000）：寫作就是邀請某類觀眾進入一種特定的關係中。「寫作」這一動作至少提供了作者與讀者這兩種位置，在一種關係中，給予每個位置一個身分與一個角色。準此，每種表達形式——就像舞蹈中的一個動作——在鼓舞某種關係時，也正是在壓抑某種關係。傳統許多的寫作，其行文方式都傾向於賦予一種特權給寫者：寫者站在一個「知者」的位置來撰寫，讀者則被放在「不知者」的位置。這種格式傾向於一種獨白，因爲讀者並無參與的機會，且所選用的專業詞彙與句子結構，也都使得廣大的群眾無從檢視這份著作。而現在質性領域已出現許多文學的試驗，也開啟了新的關係形式。新的撰寫形式可以使作者正式放棄權威的位置，例如：邀請讀者進入一個更平等的關係中。

前已述及的多聲表達，可鼓勵讀者思考，進而突破傳統作者的偏狹性、權威性，邀請讀者進入一個較爲平等的關係中。Karen Fox（1996）提供了一個不錯的例子，她將不同的聲音並陳，使他們產生對話的效果：並陳的聲音包括：研究者觀點、兒童時期被性虐待者的經驗，與施虐者的觀點（極難獲得的），三者結合起來。她採開放式晤談，加入一個治療課程進行參與觀察，其中還有被判刑的那個施虐者。文中將資料分置於三個欄位中，表達三種聲音。行文中鼓勵讀者思考三種觀點——分開來想，也並置起來思考。文中所有字詞都是三方人士所說的，雖然字詞都經過研究者的選擇與安排，但每方人士都可以讀到這些所有的材料，並做評論。最後，這種安排使得三方人士的情緒儘量表達出來，包括矛盾的、痛苦的、憎恨的與關愛的情緒。研究者／作者也把自己受虐的故事放入架構中，於是突破了傳統作者的偏狹性與權威性。

另一有趣的實例是：三名研究者組成一個小組（Ellis, Kiesinger, & Tillmann-Healy, 1997），她們本身也是研究對象，彼此相互做研究。她們在五個月內，利用各種場合與方式討論貪食症，三人中有兩人有飲食失序的病史。她們的研究成果是一本共同編寫的報告，文中描述了她們在一家

高雅餐廳裡的一頓晚餐；她們的研究主題就是與食物有關的問題，而餐廳這一場合對她們來說是極具誘惑力的，這個場合也會在她們之間形成一些複雜的關係，而這些都是她們寫作時必須處理的。她們彼此很瞭解對方的「問題」，她們要在這種場合中點餐、用餐，事後並描述出來。她們共同努力完成了這本書，在這個故事裡透露了私下的省思，與每個人的主動投入。文中清晰說明每人觀點，並揭示同時出現的每個人的私下反應。例如：讀者可在書中看見：對三名女性來說，選甜點都具有非凡的意義，她們是怎樣對這一誘惑想出辦法，並解決彼此間的兩難困境。此研究在表達上的新嘗試，開啟了一個不錯的前景。

　　研究者可藉「多聲」來降低研究者的權威性，調整作者與讀者間上下不等的權力關係，使讀者獲得較為平等的地位。此外，前述的「省思」也可增進這種平等的關係，爭取到讀者的信任，讓讀者在閱讀研究者的省思說明時，感受到研究者的真誠坦白，從而願意相信研究結果的「真實性」，而這其實就是同意該研究是具有「效度」的，這是研究者用真誠的省思，爭取而得的信任感，亦即相信該研究是「值得信賴的」（trustworthiness；或譯為「信實度」），"trustworthiness" 一詞是Lincoln與Guba（1985）主張質性研究在效度方面較合適的新詞彙，我認為「值得信賴的」一詞，乃是將是否具有效度的評價權交給讀者，研究者必須以真誠的省思來爭取讀者的信賴；而不是如傳統研究那樣：是否具有效度，乃是由學界訂定的「效度」定義，甚至公式，來決定的。這也是重視讀者、改變與讀者關係的另一具體表現。

　　這種重視讀者的態度，也反映了研究的譬喻轉為注重「關係的發展」，這關係包括研究者對研究對象的關係，也包括作者對讀者的關係，而所發展的這些關係也都是研究者「求善」的一種表現。

● 資訊科技所向披靡

　　後現代社會的一個明顯特徵，乃是資訊科技帶來的衝擊，這對質性研究當然也產生很大的影響，質性研究也會有所因應，而可能形成其他特徵。網路科技所衝擊出的問題至少包括：研究者與研究對象均可能透過網

路持續參與研究現象的建構和解構；研究現象變化更快，難以掌握，研究
結果的半衰期極短；研究者與研究對象的心理反應更為微妙、更為複雜，
不易掌握與呈現；虛擬實境的網路空間可提供受試對象、方便資料的蒐
集、縮短研究時間，但研究倫理的問題也會更複雜；而研究者更像是記
者，似乎擔任著新聞事件的報導與評析的工作；研究結果更易產生連鎖效
應，甚至是無法預期的效應。電腦網路是好幫手或害人精？這些都是有趣
且複雜的問題，有待未來探究。

伍　對臺灣課程研究的啟示：風起雲湧

　　Denzin與Lincoln（2005, 2011）對於二十一世紀能飛出二十世紀的理
性牢籠，寄予厚望，希望質性研究擺脫傳統科學觀，不再成為宰制的工
具，而以研究致力於新倫理，包括：社群共好的（communitarian）、平
等的（egalitarian）、民主的（democratic）、批判的（critical）、關懷的
（caring）、表演的（performative）、社會正義取向的（social justice ori-
ented）等等。Denzin與Lincoln（2011, p.681）表示：

　　　　當我們進入二十一世紀，回頭看看並借用Marx Weber的譬喻，我們
　　會更清楚地看見自己是怎樣被誘捕在二十世紀的鐵籠裡，被誘捕在理性
　　（reason）與合理性（rationality）所構成的鐵籠裡。就像在鐵籠裡關了太
　　久的鳥兒，我們無法看見自己當初被關起來的方式。過去我們是探究社會
　　世界所用的世俗科學（secular science）的共同參與者，而我們卻已然成為
　　問題的一部分。我們陷溺在宰制工具（ruling apparatuses）裡——原本我們
　　希望能抽離其中；對於我們所發現的知識體系與權力體系，我們讓它們永
　　存不朽——而這些在底層的體系全都太具壓迫性（oppressive）了。要離
　　開這個鐵籠子，現在還不算太遲。現在，我們要飛離鐵籠了！

　　質性研究提供諾大空間可供社會科學研究者，發揮創意，實踐理想。
許多學門也在這裡找到方法，為原本慣常習用的探索方式尋得新意，如：

AIDS研究者、市場分析者、俗民誌者；它也提供了一個論辯的講台，讓各派主張在此處提出主張、進行對話；這裡也是一個挑戰的擂台，挑戰著過去對社會科學的理解方式與操作方式（Gergen & Gergen, 2000）。

　　早期課程研究的大師對質性研究的開疆闢土有其不可抹滅的功勳，近四十年來質性取向也頗受課程研究界的青睞，今後課程研究要怎樣裨益質性研究呢？質性研究可以怎樣嘉惠臺灣課程研究界？由前述後現代質性研究的特徵中，至少可歸納出課程質性研究可努力於以下的方向：

一、研究目的

　　研究可致力的價值目標，至少包括真相理解、社會正義、人道關懷、關係平等、人權增益與自我省思等。

二、研究主題

　　探究的主題可包括：特殊的學習／教學／生命經驗、理想實踐、教育現場實況；尤其是深層的、幽微的，能產生共鳴的、啟示的經驗等。換用課程的詞彙來說，可致力的主題是：「體驗學習課程」、「留白課程」與「實有課程」間的對話、「潛在課程」[18]，以及「課程美學」[19]等。

三、研究者

　　現場教師非常適合進行質性課程研究，因為教師的語文智能多半不錯，適合培養成為以文字來做表達的質性研究者，且因教師都是課程的行動者，而好的課程研究尤其須扎根於實務中。Walker（1992）也很強調學者協同實務工作者的課程研究，且強調研究的實用性要夠強，少寫多思然後再寫。這對臺灣課程界也同樣適用。

---

[18] 這些詞彙的涵義與異同，參見陳伯璋（2005）。
[19] 參見歐用生（2003、2006）。

四、研究對象

合適的對象包括弱勢師生，與研究者自己。弱勢者包括女性、低社經者、原住民、新移民及其子女、從屬者（subalternity）等。

五、研究成果的形式

可考慮的形式包括故事、傳記，採用生活語言，佐以譬喻與詩作，以擴大讀者的範圍，並延伸研究成果的影響面。

六、研究成果的傳播

研究成果可藉知識產業／媒體傳播出去（如：公視教育專題）；以使社會科學研究更主動地介入文化生活，改變一般民眾的教育觀。再者，學術期刊宜留空間給實務取向研究與行動研究，不宜再將行動研究視為非正統的科學研究，只配留在邊陲。

七、研究法的後設思考

對於研究法本質問題的後設思考，將有助於尋找／提出更合宜的研究法進行課程研究；而對本質問題新觀點／新理論的認識，也將有助於形成不同的問題意識，感知到不同的課程研究問題。若再細究本文第二節，似乎透露出：歐美後現代質性研究對於研究技術／方法層次的關注已經較少，轉而對真相本體與人的存有問題更為關注[20]，這一趨勢對於臺灣課程研究者應該是饒富意義的吧！這意味著今後課程研究者，不應被質性研究的技術問題殫精竭慮，更重要的還要為自己與研究定位：做為研究者，你追求的價值是什麼？真？善？美？……。

● 研究法重要，但也沒那麼重要：哪關風月

本文努力探究有關研究法的問題，這當然預先認定了研究法的重要

---

[20] 感謝本文審查者對此一趨勢的提醒。

性。誠然，方法論在學門的特色與論文評鑑上扮演重要角色。甚至有些學門，基本上就是以其研究法來界定的（Walker, 1992）：如果心理學去除掉心理實驗還剩下什麼？認知科學去除掉放聲思考訪談（think-aloud interview）、社會學去掉調查法、人類學去掉俗民誌，也都會有類似情況；而系統法使得當代的行為科學跟社會科學，以及單純的思辨和意見，有了明顯差異。這似乎意味著：有些學門因為有了特殊的研究法而成就了它們特殊的學術造型，目前課程研究似乎尚未找到這樣的方法。未來能否找到，不得而知。

若換一角度看，研究法似乎也沒那麼重要！社會科學的許多名著也不見得運用了什麼高學術聲譽的研究法，撰寫時也不管什麼方法上的規範——這是1948年社會學家Robert Redfield（引自Walker, 1992）具體分析了當時一些社會科學名著後的發現。是什麼東西使得這些著作，產生如此大的貢獻——幫助我們瞭解社會中的人們？Redfield找出了三種特質：①對人有同情的理解；②有能力由個殊中看出通則；③觀點新穎且獨立，用清晰的頭腦對事物有意識地再看一眼。原來是大師們這三種個人特質成就了他們的名著呀！這是不是對我們很有啟示呢？不過，各位看官！請再仔細看看：同理心、概括能力與新穎觀點，這些不都是質性研究特別倚重的特質嗎？這樣說來，質性研究法也的確是值得瞭解與嘗試的好方法了。

第四章

質性研究常受質疑的問題：理論？量尺？代表性？客觀性？[1]

---
[1] 本文改寫自：張芬芬（1993）。人種誌研究中七項常受質疑的方法論問題，初等教育學刊，**2**，頁24-31。感謝該文審查者的專業意見與辛苦審查！

摘要

質性研究不只是技術運用，正確理解其思想淵源與主要取向後，方能秉持適切觀點，正確運用技術。質性研究者常會被問到一些方法論問題，這些問題並無標準答案，有待研究者去思索與澄清，以便將自己的研究定位，完成具統整觀點與相應作爲的良好研究。本章回應了八項常受到質疑的問題，筆者主要以自己的博士論文爲例嘗試回答。

八項問題是①理論在研究過程中居於何種地位？②研究者用怎樣一把尺去詮釋資料？③研究對象具代表性嗎？④質性研究客觀嗎？⑤研究者扮演什麼角色？⑥怎樣減低「觀察者效應」？⑦怎樣進行「同理的理解」？⑧怎樣「不理所當然」？前四項問題主要是關於「研究前」怎樣想的，後四項問題主要是關於「研究中」怎樣做的。

壹　前言

質性研究者常會被人問到一些方法論問題，這些問題反映了學界對質性研究法普遍存在的疑惑，甚至不以爲然。而這些問題並無標準答案，有待研究者去思索與澄清，以便將自己的研究定位，進而採取合宜的做法，掌握質性研究的旨趣，達成自己設定的研究目的。本章列出八項常受到質疑的問題，嘗試將筆者閱讀與思考所得陳述如下，以就教方家，並供有志從事質性研究者參考。八項問題分成兩類，研究前的問題有四，包括：理論的位置、詮釋用的量尺、代表性、客觀性。研究中的問題也有四，包括：角色、觀察者效應、同理的理解、不理所當然。

回答質性研究方法論的提問，答案通常是：「依情況而定」（It depends）。這並不是不想回答問題，而眞的是因爲質性研究法相當有彈性，各派與個人的做法與想法也頗有差距，眞的沒有一致被接受的標準答案。然而爲使答覆較具啟發性，最好還是舉實例說明，如此才比較可能產生舉一反三之效。準此，本文對有些問題，將以筆者博士論文（張芬芬，1991）爲例來解說。

　　筆者的博論係以「師範生教育實習中潛在課程」為主題，進行所謂俗民誌研究（ethnographical study，或譯「人種誌研究」）；採用參與觀察、訪談與文件分析等質性研究法。參與觀察為期共一學年，77學年下學期觀察一所當時剛改制的師範學院之師專部五年級的一個班級，78學年上學期則繼續追蹤該班兩位同學分發實習後的工作情形。期藉這些達成兩項研究目的：①教育實習中哪些環境因素可能產生潛在課程？②實習老師在教育實習中學到哪些潛在課程？以下有些問題，會以此研究為實例，進行較為具體的解說。

 常受質疑的問題：研究前

一、理論在研究中居於何位置？

　　正如Howard Backer所主張的（引自蔣斌，1988，頁25），在研究主題方面，質性研究不像量化研究那樣，並未預先提出研究假設，但這並不表示研究者在進入田野／現場時必須保持「素樸」（naive）；更不表示研究者不需要充實理論涵養。

　　筆者認為，完全沒有理論背景的質性研究者是不可能的。以筆者博論為例，該論文採「批判俗民誌」（critical ethnography）取向，接受符號互動論（symbolic interactionism theory）與批判理論（critical theory）的觀點，抱持一種相對的、辯證的世界觀。筆者認為理論不是用來直接指導行為的，它是用來啟發理性、引發思考的；經啟發後，研究者再以理性判斷此時此地應採取何種行動。而所有的理論都是在理論化（theorize）的過程中（陳伯璋，1985，頁59），隨時接受實踐的否證（refute），亦即理論與實踐保持一辯證的關係。雖然完全素樸、毫無理論負載的研究者是不可能的，但本研究者寧願做到的是：本人所負載的理論是經由理性判斷後暫時地接受的，所以與其說理論在引導研究的行動，不如說是理性在引導本研究。Frederik Erickson曾說（引自Wolcott, 1988, p.191）：「俗民誌（ethnography）並不是藉著一套特殊的技術引導，它是一種探究的過程，

藉由人來開展，並且是由研究情境中獲得的經驗，以及從事研究前的知識基礎，所共同產生的觀點，來引導整個探究過程」，其中所謂「經驗」與「知識基礎」共同產生的「觀點」，筆者以爲即是經由理性判斷所形成的。

閱讀理論的另一優點，是可增進理論觸覺（theoretical sensitivity）（Strauss & Corbin, 1998）。這種觸覺將裨益研究者看見田野資料中的精妙處，領會到感知性概念（sensitizing concept）[2]，好的感知性概念可讓研究者感知到可能的研究路徑，最終可能發展成新理論。

二、研究者用怎樣一把尺去詮釋資料？

我進行博論時，心中有一把尺——我用它來判斷好教育與好老師，也用它來解析當時臺灣師範教育中的意識形態[3]。我贊成教育現況應不斷接受批判，方能日新月異地進步，個人亦復如此，所以不和諧不是壞事，衝突的兩造勢力，透過無宰制的溝通，方能形成辯證性的發展，可能漸趨社會正義的理想。我認爲：好教育對個人言，應能啟發個人的實質理性、解放其自然潛能、導向自我啟蒙，終能發展整全人格。而好教育對團體言，則能揭露溝通障礙、建立溝通社會、洞視權力關係、彰顯教育眞相，致力社會正義。而好老師是何面貌呢？筆者以爲好老師是：自我意識的反省透澈，不受意識形態的宰制，具有強烈的社會正義感，能以多元開放的人文精神啟蒙學生，能形成無宰制的溝通情境，開展學生內在世界的意義。現實世界中，完全與此形象相符的老師固然不多，但願意不斷朝此理想努力者，則所在多有。

---

[2] 感知性概念（sensitizing concept）是Blumer（1954, p.7）提出的，是指研究者在處理經驗示例（empirical instance）時，可能自然領會到的一種概念，這種概念能讓研究者懂得研究對象對周遭世界所賦予的意義，而對研究者提示了研究前行的方向。

[3] 我對1950-1990年代臺灣師範教育中的意識形態進行分析，寫成博士論文第二章。後單獨成文發表：張芬芬（1992）。我國師範教育中的意識形態，載於中華民國師範教育學會與中華民國比較教育學會主編：**國際比較師範教育學術研討會論文集（上）**。頁359-407。臺北：師大書苑。

　　上述觀點，乃筆者閱讀理論，並益以對教育問題的體驗，經理性判斷後，所形成的理想，也是詮釋研究資料的標準。我將上述判斷好教育、好教師、好師範教育的量尺，寫在該論文的研究方法章節裡，據以顯示我詮釋資料的角度。若有人對好教育、好老師、好師範教育等，跟我持相同的判斷標準，則會同意我論文裡對教育、教師、師範教育所做的評析。

　　值得說明的是，我對研究內容所持的判斷量尺，其實與我用的研究法的哲學觀點是一致的。我在方法論上抱持批判的、辯證的觀點，對主題內容亦持此觀點。總之，對研究方法所持的觀點會影響到內容層次。此亦即後實徵主義（post-positivism）主張的：研究工具與研究內容無法二分。

三、研究對象具有代表性嗎？

　　我博論的研究對象主要是二位實習老師，因此許多人會問：你的研究對象具有代表性嗎？此問題可分由量與質兩方面回答。就量而言，和量化研究（例如：調查法）比較，二個人與動輒上百，甚至上千的研究樣本相比，該研究對象的數量確是少數，未能與量化研究所具之普遍性相比，該研究較偏向是一項深度研究，而非廣度研究，所具之探索性亦比較高。然而恰如人類學者C. Geertz所謂：「不從個案下手，是無法上達真理的」（Wolcott, 1988, p.203），此即涉及研究對象的性質問題。我認為每一個案都有一部分和所有的人一樣，有一部分和一些人一樣，另有一部分則是他所獨具的。而我的研究對象正是這樣的「普通人」，他們具有相當的普遍性，也有相當的獨特性。

　　人類學者Margaret Mead（1901-1978）的說法更是一針見血，她認為：問題不是「這一個案具有代表性嗎？」而是「這一個案代表哪一類？」（Wolcott, 1988, p.203）。為顯示代表性如何，則有待研究者在論文裡，對個案的普遍性與獨特性做詳盡描述，再由讀者判斷究竟能類推至哪類人士／事件／情境。

　　代表性問題，除了個案層面外，還有結構層面。當代結構主義（structuralism）大師Claude Lévi-Strauss（1908-2009）認為：結構主義乃

是以最經濟的方法去發現研究對象的一致性（unity）和凝聚性（coherence），亦即可在縹緲的現象中理出秩序（李志明，1986，頁42）。依據陳其南（1988，頁93-95）對此派的研究，所謂結構，是在可見現象的實在（reality）中，隱藏的另一深層的實在；結構的作用構成了社會系統的基礎邏輯，透過此邏輯秩序，外顯的秩序乃可理解。所以Lévi-Strauss（引自黃道琳，1994，序2）指出：結構不只是知識論上的概念，也是本體論上的實在。而蔣斌（1988，頁39）則指出：所謂結構，與一般所稱之社會結構或社會組織的意義不同，並不存於一般人的意識中，但這種未被言明的抽象規範，確會支配社會行為。由此可知，結構深受影響的眾人而言，乃是具有相當高的普遍性的。

前已述及，我的博論分析了臺灣師範教育中的意識形態（詳見張芬芬，1992），這是師範生所處的社會脈絡，也是師範教育運作所處的潛在結構。結構對生活其中的人們與運作的制度，都會有相當普遍的影響。雖然研究的實習老師來自同一所師範學院，但當時臺灣九所師院都受到同樣意識形態的籠罩，因此我描述的師院教授、實習老師，他們的觀念與表現，可說相當程度地反映了當時的意識形態，具有相當的代表性。而我所探究的意識形態是普遍性的結構，其代表性可說是相當全面的。

四、質性研究客觀嗎？

大多數提出此問題者所謂的「客觀」（objectivity），乃是出於：社會科學應以自然科學為典範，研究者應使用高信度、高效度的標準化工具，去測量研究對象，得到準確的統計數字，其間研究者的個人情緒、價值觀等，不應影響到研究對象。其實這種對社會科學要求的「客觀性」，是在某種學術傳統裡讓其中的學術工作者有意無意地共同接受了一個派典（paradigm），它是一個機械的世界觀，一個主客二分的世界，派典中的人共同接受了上述的「客觀」定義；但對質性研究者而言，所要尋求的客觀，則並非自然科學式的客觀。

質性研究者對「客觀」所抱持的觀念，乃是指所得資料與解釋的堅定

性（confirmability）（黃政傑，1987，頁131-132），為使研究結果堅定可靠，研究者可採取研究者反省、三角測量（triangulation），並加強稽核所得資料與解釋間的關係，使資料能支持解釋，解釋亦在資料能夠支持的範圍內。

另一相關的問題是：主觀是否即是不好的呢？我們應改變對「主觀」一詞全然的負面評價。其實人之所以為人，不是機器，即在於他是主觀的，試問：朋友之間的信任，不是出於主觀的認定嗎？人所信仰的理想，何嘗不是主觀的認同？每一篇量化研究報告，述及其研究動機時，何者不是已主觀認定了問題的重要性與結果的價值性？生活世界中每一個人，詮釋事物的意義時，誰又是事事找到衡量的指標後，用計算機算出結果的？正如休慈（Alfred Schutz）主張的：日常生活中的人，在常識性的建構（common-sense construct）推動下，做某些行為（黃瑞祺，1986，頁29）。所謂「常識性的建構」，其實是人們共同主觀的認定。

再者，不少質性研究者在參與觀察時，即是運用人所共有的同理心，去理解生活世界中人主觀的「理」（意義詮釋）與「情」（感受）。閱讀質性研究論文的讀者，也需用同理心去體會書中人物的「理」與「情」，知其所感，且感其所感。這「同理心」在自然科學的標準下也是主觀的，但它卻是人際相互認識必有的寶貴基礎。總之，同理心是主觀的，卻是質性研究者在理解研究對象、為讀者撰寫報告、希望讀者閱讀報告時，心中所抱持的重要工具。

其實無論是自然科學研究或質性研究的「客觀性」，最後何嘗不是以學術良心來把關？所謂「文章千古事，得失寸心知」，研究者是否謹守「客觀」的界線，忠於自己的研究，其中仍有不少自由心證吧！

 ## 參　常受質疑的問題：研究中

一、研究者扮演什麼角色？

筆者所選之研究對象，是研究者任教學校的五專部師生。研究進行

時，在校擔任大學部助教一職[4]，該學年並擔任大一導師及開設大二「教育研究法」，從未上過專科部學生的課，與專科部學生極少接觸。研究者希望能於觀察中扮演研究人員的角色，析言之，包括三方面：

1. 對該班實習課的指導教授而言，我是個資淺的學習者。該教授原為研究者的學長，平日我亦常稱呼他為學長，有關工作、教學上之問題，亦曾向之討教，學長也都熱心且坦誠告之，故研究者之入班觀察對該教授不致造成威脅。而且因為研究者與該教授有同事情誼，亦能以局內人立場，儘量體會局內者的處境與觀點，分享感受與經驗，希望能做到「同理的理解」（empathetic understanding）之境界。然而，身為一研究者，我還要做到「嚴格地批判」一層，以清晰的反省、冷靜的分析，達到描述真相的目的。

2. 對師範生而言，我是一年紀較大的研究生，不是握有評鑑權力的老師。研究者可藉工作之便，在走廊、餐廳、運動場等非正式的場合，和該班學生接觸，使他們知道我的個性是隨和的、輕鬆的；在教室裡，他們是學習如何去教的師範生，我則是研究師範生如何學習去教的研究生。本質上，同為學習，我對他們的成績不具有任何影響力。

3. 對小學教室裡的學童而言，我是阿姨。我參與觀察的後期，是跟著實習老師進入國小的實習班級。我進入小學後，恰巧觀察之班級均為小一，研究者於開學時即與這些學童一起進入一個陌生的環境，學童們被新奇之環境吸引，上課時他們幾乎未特別注意到研究者的出現。開學階段，下課時曾有幾個好奇的學童問我是誰，我說：「我是張阿姨。」「你來做什麼？」「我來看你們上課啊！」他們便滿意地跑走了。另外，也有少數學童去問他們的老師（即我的研究對象）我的身分，二位實習老師均告訴他們：是「張老師」，因此有些學童會稱我為老師，多數則稱我為阿姨。然而我都盡力扮演阿姨的角色，他們會請我幫忙穿雨衣、繫

4　筆者進入該校時，已持有教育部頒發的講師證書，故可擔任導師，也可授課。

鞋帶。上課時我坐在多餘的空位上，下課時一起掃地，和他們聊天，看他們的美勞作品、文具、玩具。偶爾亦有小朋友送我一些小禮物——貼紙、紙球、糖果。有段時間，一個小女生每天放學時，都要求親我一下才走，「張阿姨」都慨然接受他們的好意與熱情。當時，我非常享受擔任阿姨時的開心。

二、怎樣減低「觀察者效應」？

Buford H. Junker認為：田野工作可被視作一學習情境（learning situation），對研究者與研究對象而言，均是一學習情境，彼此學習如何互動（引自蔣斌，1988，頁33）。筆者認為，觀察者效應（observer effect）是一定有的，但研究者應對此有其自覺，並予以描述，且讓此效應逐漸降低。因此，研究者與研究對象間形成信任共融的關係（rapport）極其重要，務期研究對象能感受到研究者的善意，如此有助雙方的自然表現。

田野工作是一不斷發展的過程，一旦建立的角色形象與良好關係，必須謹慎維持。Cusick（1973, p.6）曾說：「被觀察者的信任感是取決於研究者發展出的個人關係，而不是研究者對被觀察者所做的解釋。」研究者以誠懇態度對待研究對象至為重要。

三、怎樣進行「同理的理解」？

田野工作者在晤談中可以知道報導人（informant）意識到或願表達的事，其他他未意識到或不願表達的，則需研究者在參與觀察中以「同理的理解」予以探知（Wilson, 1977, pp.257-259）。研究者應儘量減少本身的主觀性，去探求研究對象的參考架構（reference framework），從他們本身的立場及其內在觀點，去瞭解並詮釋行為的意義（Pelto & Pelto, 1978, p.50）。也就是研究者應儘量先將自己「還原」，儘量將原有的觀念、態度、價值、好惡……都予以「懸置」（bracket），先拿下有色的眼鏡，暫時「存而不論」，然後「設身處地」地擬想自己是研究對象，考慮他的社會文化脈絡，綜合他所有的經驗，體會他的「情」與「理」。

　　參與和旁觀時的態度是不同的，研究者以同理的理解進行參與，例如：對實習指導教授，應瞭解其行政工作忙碌、家庭負擔不輕、前途有待開創、學生有其惰性；對實習老師，則應瞭解其實習工作繁重、環境不盡如人意、人有情緒高低潮等等心理處境。筆者希望儘量做到Wilson（1977, p.258）所說：「為了瞭解隱藏的及未表達的意義，研究者應學著以系統的方式對當事者產生同理心，綜合參與者的各種經驗，去理解其行為、思考與感覺。」史學家陳寅恪解說讀古人言論時，其「真瞭解」是「神遊冥想，與立說之古人發於同一境界，而對其持論所以不得不如是之苦心孤詣，表一種之同情」（余英時，1990，頁135）。筆者認為：觀察者對觀察對象之理解，亦應知其不得不如此之難處，並表之感同身受。

　　然而基於學術研究的立場，參與之外另應跳脫個人處境，將所有當事者的觀點放在脈絡中，對所觀察之現象做嚴格批判，其目的是為彰顯教育的真相，絕非為批判任何個人。

四、如何「不理所當然」？

　　田野工作者對所見的現象「不理所當然」，包含兩層意義，一是去尋找現象之所以存在的原因，為此應將現象放在脈絡中來看。Lévi-Strauss（李志明，1986，頁44）在研究印地安人的面具時發現：要瞭解面具的意義，不能把面具看作是孤立的事物，亦即應將面具放在社會中，研究有關的神話、用法、製作方式和傳承規則，並與其他面具相比較。如此我們方能在脈絡中發現現象存在的原因，孤立的現象是無法顯現完整的意義的。再如：教室管理規則是普遍存在的，且被認定是必需的，但俗民誌研究者不能就此即「習以為常」，我們要質疑的是：教室規則是誰訂的？如何訂的？基於何種理論觀點？維護誰的利益？等等；正如課程的存在，有一連串的問題要質疑一樣。

　　再者，「不理所當然」的另一層意義是，我們要意識到：我們所見的現象不一定非要以「這種」形式出現，它還可以有多種「其他」形式的可能性，這表示：在異文化中這種現象可能是以「另一種」形式出現的；還表示：現在我們看見的形式，是可以改變的，可以改革的。此亦即人類學

家Ruth Benedict（1887-1948）主張的：人類具有無限的創造可能性，個別文化只是這無限之中的部分元素所構成的一個「形貌」（黃道琳，1983，頁1）。

　　要培養「不理所當然」的態度，常需異文化的襯托，人類學大師Clyde Kluckhohn（1905-1960）（1949, p.19）說得好：「發現水存在的，幾乎不可能是魚。」所以跳脫原有文化，去瞭解異文化的形貌，便益形重要。如何增加異文化的經驗？旅遊、閱讀、看影片固然有益於瞭解異國文化，但是「相異」其實是相對的，例如：同處一社會，不同職業的文化仍有其差異；同為本地人，不同年齡階段的人，有其不同文化；即使在同一人身上，過去的體驗與現在不同，過去的自己亦與現在的自己有其差異。所以如何使田野工作者成為一敏感的工具（sensitive instrument）？其實隨處都有異文化，端視自己是否去覺知。Wolcott（1988, p.193）之言值得吾人深思：「我們在自己所真正從事的每件事情中，都算是個參與觀察者。」那麼，隨處不都是鍛鍊透視力（penetration）的時機。

第二篇

方法篇

第五章

質性研究者的快思慢想：
整體直觀與邏輯思考[1]

1　本文改寫自：張芬芬（2020）。質性研究中的快思慢想：整體直觀與邏輯思考。臺灣教育研究期刊，1(3)，頁235-270。感謝該文審查者的專業意見與辛苦審查！

摘要

　　人是會創造故事、愛聽故事的物種；質性研究個案故事確實很具魅力，然質性研究並不容易做。本章試從「質性研究者怎樣思考」來解說質性研究的過程，期由思維方式揭開質性研究的神祕面紗，降低從事質性研究的困難。質性研究的過程中會用兩種思維方式：整體直觀與邏輯思考——前者是快思，後者是慢想；無論從研究目的、研究題目、研究設計、資料蒐集、資料分析、研究工具、寫成論文等各面向，均可看到兩種思維。本文首先剖析兩種思維方式；然後以實例說明質性研究者會怎樣運用這兩種思維；接著本文以對照方式，逐一說明研究過程裡的兩種思維。

　　最後結語，說明愛因斯坦運用兩種思維的實例，文末提出對研究新手的建議文末提出六項建議：①質性研究者不要害怕運用直觀，但要獲得經驗證據的支持；②質性研究者要長時間浸淫在研究裡，培養專家直觀；③整體直觀在研究初期與後期運用較多，研究中期則使用邏輯思考較多；④兩種思維者均可善用研究工具／技術；⑤質性研究者的邏輯能力至關重要，著重的是語言邏輯；⑥可於適當研究階段善用AI／電腦，而非整個研究過程。

 前言

一、人是會創造故事、愛聽故事的物種

　　以色列學者Yuval N. Harari在其2012年名著《人類大歷史：從野獸到扮演上帝》（林俊宏譯，2018）中表示：現代人的老祖宗智人（*Homo Sapiens*）是一種會創造故事，且愛聽故事的獨特物種。大約西元七萬年前智人經演化產生了想像力，Harari稱此為人類史上的「認知革命」[2]，他認為這很可能就是智人勝出，成為地球主宰者的主因。智人會用複雜的語言創造、敘說虛構的／想像的故事，傳遞豐富的訊息；這些故事固然有些與

---

[2]　Harari認為人類大歷史被三大革命所推動，即認知革命、農業革命、科學革命。

具體可見的物質世界有關（如：熊來了），但也包含了並非具體可見的、想像出來的內容，例如誰誠實？誰騙人？誰與誰要好？誰與誰交惡？這些關於人品與人際的故事談資，使得具有社會性的智人可以建立大規模的、靈活的社會合作關係，裨益群體的趨吉避凶。

　　Harari認為：智人演化史上出現的這種「認知革命」，最驚人處是智人會以想像／虛構去建構出一群人的共同想像，如「龍是我們的保護神」、「我們是龍的傳人」、「我們龍族的天命，就是要伸張正義」[3]。這其中有許多想像／虛構的觀念，如：神、保護神、傳人、龍族、天命、正義等。這些共同的想像會產生無比的力量，家庭、宗族、部落、社會、行會、企業、國家等社群組織於焉誕生；與之相應／相互影響的各種觀念體系、制度體系、人造物等，也由智人創造出來，這便是人類的文明。

二、質性研究個案故事很具魅力，然研究進行不易

　　的確！人是一種會創造故事，且喜愛故事的物種。黃素菲（2018）引用Theodore Sarbin的話：「故事擁有本體論的地位，我們永遠被故事所圍繞，故事之於人就像大海之於魚」——魚被水圍繞，人被故事圍繞，魚離開水就無法存活，人離開故事就失去意義。可見故事對人之重要！何謂故事？Jovchelovitch與Bauer（2000）表示：故事是一連串的事件與情節，其中包括了行動者、行動、脈絡與時間點；而沒有任何人類的經驗不能以故事來表達。

　　而在質性研究領域，也的確受到「故事轉向」（narrative turn，或譯為敘說轉向）思潮的影響，不少研究者嘗試以故事形式來撰述俗民誌，以小說、自傳等文體，創作試驗性的質性研究著作，打破社會科學與人文學科間的界線（Denzin & Lincoln, 2005）。我在質性研究的課堂裡，確實觀察到：不少博碩士生愛上質性研究，是源於讀了一篇故事形式的質性研究論文，覺得自己深受啟發，頗有共鳴，似乎從故事裡得到一股力量，遂在課堂上眼睛發亮地許下諾言：我也要做質性研究！有些論文故事更與理論

3　這裡舉的例子，是筆者依該書觀點而自行發想的。

做了不錯的對話，讓研究生領略到理論的「無用之大用」。若以Harari的觀點看，教育領域裡的故事與理論，差不多都是人類想像／虛構的觀念所構成；但因人們相信（「相信」的力量不可小覷），教育活動也就被這些觀念推動著，繼續成為人類文明裡重要的制度。

相對於量化研究，質性研究所探究的是少數個案，研究者會在自然情境中以觀察或／和訪談蒐集資料，然後逐步聚焦找到資料主軸，以文字描述這個案究竟發生了什麼，把個案放在脈絡（context）中，鋪陳出情節及其發展；並由理論角度詮釋此故事的意涵，確認／修改／建立理論。個案故事比統計數字更有人味，好的文字還可能產生有機效果，讓讀者在文字裡感受到一種意境，乃至弦外之音。因此，個案故事帶給讀者的收穫，不只是知性上的—知道個案發生什麼、故事有何理論上的意涵；更可能帶出感性上的收穫：感情、感覺、感受、感觸、感慨，甚至感動。量化的統計數字能引發這些感性的反應嗎？也許有，但可能相對少很多。

質性研究很吸引人，質性研究在臺灣教育學門已普遍被接受，但質性研究並不容易做。若以臺灣教育學門出現的第一篇質性研究碩士論文（孫敏芝，1985）算起，迄今36年，超過三分之一世紀，的確也有愈來愈多教育研究者投入質性研究領域。然而大家也會同意：質性研究並不容易做。究其原因，是因質性研究的過程不容易被清晰化為具體步驟，讓人一步步去依循。質性研究相關方法論的書籍都是先強調質與量大不同，列出兩者相異處，然後列出一些「原則性」的提示，指出研究設計、資料蒐集、資料分析、報告撰寫上可參考的原則。這些原則通常顯示質性研究在做法上很有彈性，甚至相當開放，並無固定程序與模式。在這彈性空間裡，意味著：質性研究鼓勵研究者走出既有框架，去做心靈冒險。這彈性[4]與冒險

4　彈性使得質性研究具有模糊的／不確定的特質，而模糊／不確定並非缺點。長久以來，科學家發現：五歲小孩因擁有「模糊比對」能力，所以比電腦更能認出貓、狗……而要教會電腦模擬人腦的思考，必須探究模糊思考的灰色地帶。1980年代初期，J. Pearl（引自甘錫安譯，2019）認為不確定性是AI人工智慧所欠缺的最重要能力，為此他運用機率，設計出處理不確定性的有效工具——貝氏網路（Bayesian network），這是首次讓AI以灰階方式思考的一種工具，至今仍是AI界極為重要的工具。

可能是質性研究的魅力所在，但也是實作困難之所在。

三、本文期幫助新手認識質性研究者怎樣思考

質性研究者是怎樣思考的？本文試圖從源頭（思維方式）來做解說，以期降低質性研究的神祕性，從而降低進行質性研究的難度。本文主要指出研究過程裡，質性探究者可採用的兩類思維方式，或兩種思維在質性研究過程中可能如何運用，將儘量以實例簡要說明。希望本文可幫助研究新手們認識質性研究者的思考方式，進而找到自己在此領域可能的位置，構想自己可能選擇的取向。

下文分三部分，第一部分將先介紹相關文獻，包括兩種思維方式、兩種思維與質性研究的關係，然後以實例說明質性研究者如何進行整體直觀與邏輯思考。第二部分說明研究過程裡的整體直觀與邏輯思考，輔以一些小例子。最後結語，說明愛因斯坦運用兩種思維的實例，文末提出對研究新手的建議。

 相 關 文 獻

一、兩種思維方式

人類思維有兩種方式，一是整體直觀（holistic intuition），二是邏輯思考（logical thinking）。這兩種方式被Kahneman（2011）在其名著《快思慢想》（*Thinking, fast and slow*）中，稱為「系統一」與「系統二」（Type I vs. Type II）。曾志朗在該書中譯本（洪蘭譯，2018）的推薦序（頁8）裡，稱其為「捷徑直覺系統」與「演算法則推論系統」（heuristics vs. algorithm）。而在本文裡，我稱之為「整體直觀」、「邏輯思考」，因為我認為：此名稱直接點出了兩種思維的本質，有助人們理解。

Kahneman（洪蘭譯，2018）認為人類心智生活有快與慢兩種思維系統，快思（fast thinking）是系統一，慢想（slow thinking）是系統二，兩者各有特色、優勢與侷限。快思系統包括各種直覺思考——有專家的直覺，也有所有人都用的捷徑思維（heuristics）；系統一涉及整個自動化知覺與

記憶等心智活動。Kahneman認為系統一可能源自「本我」（id[5]）；此快思系統依賴情感、記憶與經驗，它讓人們在生活與工作裡快速做出判斷，對眼前的情況做出即刻反應。但快思系統容易出錯，會因某些錯覺（如：替代的偏誤、錨點的偏誤、小數原則、月暈效應、後見之明、損失厭惡、樂觀偏見……）而做出誤判。

系統二是慢想系統，擅長邏輯分析，它是有意識的、理性的、有次序的運作；Kahneman認為系統二可能源自「自我」（ego）。當快思系統無法做出判斷，或判斷後無法解決問題時，大腦的慢想系統便會上場，它會啟動注意力（attention），努力（effort）做分析與推理，它會冷靜地參考機率預估可能性，然後做出判斷，可能去節制系統一的衝動，可能去回應情境的要求，或解決問題。

Kahneman是行為經濟學者，2002年獲諾貝爾經濟學獎。他的《快思慢想》希望讓企業家與一般人認識兩種思維的運作、優勢與侷限，能裨益人們做出明智的判斷與決策。他設計了各種精巧的實驗，以論述這兩系統的存在與運作，藉此推翻傳統經濟學理論對人性的主張——人是理性的。感性的系統一與理性的系統二同時存在，都影響著人的心智活動，甚至系統一會因認知偏見與愛走捷徑等特質，而更常優先主導著人們的心智活動。

圖5-1是北京大學林建祥（2003，頁50）提出的「認知循環圖」，用來說明人透過對外在世界的「感性認識」（形象思維）及「理性認識」（邏輯思維），進而進行創造性思維，然後再去影響與改變外在世界。之後，人在已改變的外在世界，再進行感性認識、理性認識、創造性思維等活動，再改變外在世界。如此形成一個認知循環圖。

5　本我（id）、自我（ego）與超我（super ego）是由精神分析學家佛洛伊德（Sigmund Freud, 1856-1939）之結構理論所提出，是他心理動力論中精神的三大部分。佛洛伊德於1923年提出相關概念，以解釋意識和潛意識的形成和相互關係。「本我」代表慾望，屬完全潛意識，不受主觀意識控制，會受意識遏止壓抑；「自我」負責處理現實世界的事情，大部分是有意識的；「超我」是良知或內在的道德判斷，部分是有意識的。（https://zh.wikipedia.org/wiki/本我、自我與超我）

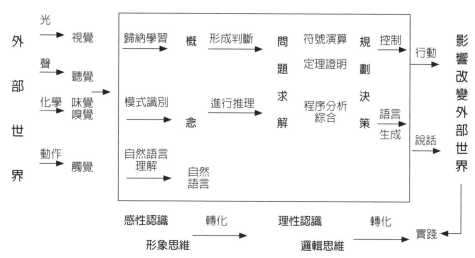

圖5-1　認知循環圖

資料來源：林建祥（2003，頁50）。

我發現圖5-1其實也展現了Kahneman的快思與慢想的兩系統，「感性認識」相當於快思系統，「理性認識」相當於慢想系統。圖5-1除顯示林建祥要表達的認知與外在世界的循環關係外，筆者認爲該圖也顯示兩思維系統間的關係，以及兩種思維的主要功能。

二、質性研究者也用兩種思維

整體直觀與邏輯思考這兩種思維是否也用在質性研究裡？答案當然是肯定的。質性研究者與所有人一樣在心智活動中都是運用這兩種思維。筆者認爲：質性研究相對於量化研究，更常運用整體直觀，但直觀究竟是怎麼回事？質性研究者很難說個清楚，C. Moustakas和B. Douglass爲質性研究者發展了「現象學取向分析」（phenomenological analysis）（參見吳芝儀、李奉儒譯，1995，頁338-342），試著解說整體直觀，但仍相當抽象，下文會做簡述。

事實上認知科學界最初對直觀的興趣就不像對邏輯思考那樣高。林建祥（2003）表示：早期人工智能學科把右腦思維（包括感知與模式識別，即直觀思維）視爲低層次智能，而左腦（邏輯思維）是高層次智能，高

表5-1　學者對兩種思維的措辭之對照表

本文（2020）	整體直觀	邏輯思考
Kahneman（2011） （洪蘭譯，2018）	系統一	系統二
曾志朗（2018）	捷徑直覺系統	演算法則推論系統
林建祥（2003）	感性認識	理性認識
	右腦智能	左腦智能

層次智能才是早期人工智能研究者有興趣模擬實現的，例如：設計電腦去下棋、去做定理的輔助證明等。近年認知科學界才對右腦思維做了更多探究，對它有了較多認識，發現右腦思維其實具有巨大潛力。筆者整理上述幾位學者對兩種思維的措辭，做成對照表（表5-1）。

　　學界迄今對直觀思維難以說個清楚。本文重點並不在解說質性研究中直觀思維是如何運作的，僅指出研究過程裡哪種表現主要運用了直觀，或研究者可如何運用直觀去做探究。相對地，本文也會指出研究過程裡哪種表現主要運用了邏輯思考，或研究者可如何運用邏輯思考來推動研究。

三、質性研究的兩大社群：親文學派與親科學派

　　Lincoln與Denzin（2000）指出：「質性研究」（qualitative research）這一詞彙是1970年代起學界出現的一項改革運動之總稱。Bogdan與Biklen（1982）以"An umbrella term"[6]來解說「質性研究」一詞。意即「質性研究」其實由許多的學門與學派所共用，它猶如一棵大樹或一把大傘，Tesch（1990）與Wolcott（1992）都試著畫出這棵大樹或大傘。儘管這許多派別擁有一些共同特徵，但質性研究領域內的異質性卻也很大，若用光譜來看，質性研究從親文學派到親科學派都有（詳見本書第二章），其間

6　"An umbrella term"可意譯為「一個概括性的詞彙」，或直譯為「一個大傘式的詞彙」，通常是指一個單一通用的類目，用來概括一個相當廣泛的區間，或一組功能／項目。例如：精神病（psychosis）就是個概括的詞彙，它包括九種精神疾病。（https://en.wikipedia.org/wiki/Umbrella_term）

更有科學與文學不同比例組合成的諸多中間派。

　　親文學與親科學的這一說法是筆者轉化自Denzin（1994），他指出：質性研究領域有兩類社群—「硬心腸」與「軟心腸」（tender-minded and tough-minded）[7]，表5-2是Denzin（1994, p.511）整理出兩類社群的特徵。筆者將軟心腸社群改稱爲「親文學派」，將硬心腸社群改稱爲「親科學派」（詳見本書第二章）。如此改由學術領域出發去命名，期藉此幫助人們想像兩社群論文的樣貌，從而領會兩類研究者思維與方法上的差異。

表5-2　兩種質性研究社群

軟心腸	硬心腸
直觀	冷靜踏實的經驗論者
情感	理性的、認知的
結果開放式文本	結果封閉式文本
詮釋猶如藝術	詮釋猶如方法
承認研究者個人偏向	研究者中立
試驗式文本	傳統式文本
反寫實取向（antirealism）文本	寫實取向的文本
反基準的	基準的（foundational）
批判式評論	建立實質理論（substantive theory）[8]
科學反映了權力	好科學規範
多重聲音的文本	單一聲音的文本

資料來源：Denzin（1994, p.511）。

---

[7]　Denzin（1994, p.511）借用William James（1908, 1978, pp.10-13）的「硬心腸」與「軟心腸」（tender-minded and tough-minded）的概念，來幫助我們瞭解目前眾多典範間的對話，這也就是以前用來區分人文學者與科學家的方式。

[8]　「實質理論」（substantive theory）（Glaser & Strauss, 1967, p.79）紮根於探究一特定的實質領域，是在現場原始資料的基礎上建立的理論，適合解釋某特定情境下特定社會現象（如：病房裡的某現象）；日後則可能發展成「形式理論」（formal theory），即成爲系統的觀念體系與邏輯架構，可用來說明、論證，並預測更廣的社會現象的規律。

　　表5-2顯示軟心腸社群傾向採用整體直觀，硬心腸社群傾向採邏輯思考。Denzin（1994）認爲：大致來說，批判的、解放的（emancipatory）、女性主義的、互動的（interactional）、後結構的（post-structural）、後現代的（postmodern）質性研究者屬軟心腸社群；他們更常運用直覺的、感性思維，認爲科學反映了權力，反對用傳統的信效度去評價論文，把詮釋視爲藝術而非方法，文本不採寫實取向，儘量反映多重聲音，論文呈現開放結果。而後實證主義（post-positivism）（如紮根理論者〔grounded theory〕）的質性研究者，可被歸爲硬心腸社群，他們傾向理智冷靜的思維，希望找到規律，建立系統化的科學理論，對非系統理論與非系統實徵著作存疑；願遵循好科學（good science）的規範，使用信度效度等基準（foundational criteria）去評價研究。

　　上述兩社群的分類方式有助於我們在觀念上對質性研究的全貌的認識，但這樣的二分法並不適合用來對某研究、某研究者、某陣營做歸類。可能會有人各取兩社群的一部分特徵去做混搭實踐，例如一項紮根理論研究，將目標設定在建立嚴謹的好科學理論（硬心腸的），蒐集與分析資料時，遵循紮根理論的程序（硬心腸的）；但卻採文學體裁去呈現研究成果（軟心腸的）。

　　早在1980年Geertz（1980, p.165）即觀察到各學門的論文寫作就有跨界混合現象，例如：「看似文學批評的哲學研究……猶如文學著作的科學討論……以方程式和表格構成的歷史研究……像是眞實自白的紀錄影片（documentaries）……猶如俗民誌的寓言。」陳向明也觀察到這種跨界借鑑現象，「各學科運用質性研究策略時，雖各有側重，但這僅是相對而言，目前各學科之間相互借鑑的現象已愈來愈普遍」（陳向明，2002，頁68）。可見只要能裨益探究與表達，跨界借鑑，汲取養分，有創意的適當混搭是很值得鼓勵的。

　　概括而言，兩種思維方式與質性研究的關係有三。第一，與量化研究比較，質性研究運用直觀思維較多。第二，每一質性研究都會兼採直觀與邏輯思考。第三，質性研究中親文學派運用整體直觀較多；親科學派運用邏輯思考較多。

四、整體直觀與邏輯思考：本研究中的意涵

何謂直觀（intuition）？項退結（1976，頁220-222）在其編譯的《西洋哲學辭典》中相當詳盡地介紹直觀，將直觀分爲感覺的直觀與知性的[9]直觀，其意涵較前文提及的諸學者之主張，更符合本文所需，故以下簡要說明此辭典中的解說。

嚴格來說，直觀是對一存在的個別事物所做的直接觀察，而此個別事物亦直接顯示其具體的完整性（即無須其他認識內容做媒介）。直觀有兩種，即感覺的直觀與知性的直觀。感覺的直觀繫於感官，故被侷限於有形的世界現象。廣義言之，想像力也可稱爲直觀，因它雖未必表現出個體之存在，卻完全由感覺的、直觀的因素所構成。基督宗教認爲知性直觀是神才擁有的能力，祂在認識事物時可直觀透視本質核心。存有主義（ontologism[10]）與觀念論（idealism）則認爲人也擁有知性直觀。人擁有的概念性知識就是直觀所得的，因爲無須經由思考過程或推論人就能直接把握其對象，無論該對象是個別的本質內容或關係。如果一個人能不藉推論之助，一眼就看出較廣泛的關聯，此即直觀。假如這樣的展現突然開啟了一個意想不到的可能性，就像是神靈恩賜般地自然產生，此經驗便是靈感（inspiration）。

將上述的直觀意涵，應用於研究探究中，直觀就是指研究者的直接認識、直接體會、直接領悟——研究者未經思考或邏輯思考，就直接對所探究的對象／現象或其間關係，產生一種整體的認識、領悟或洞察。想像力、靈感均是直觀的表現。

---

[9]　項退結（1976，頁221）是用「智性的直觀」，我將其改爲知性的，較易被瞭解。依據維基百科對「智性」的解釋如下（https://zh.wikipedia.org/wiki/智性）：
智性（英語：Nous，希臘語：νοῦς）也譯爲知性、理智、理智直覺，哲學術語。經常被認爲與智能（Intellect）、智力（Intelligence）是同義辭，但是它較常使用在哲學討論中。它被認爲是人類心智中所具備的一種能分辨對與錯的直覺能力，牟宗三將它譯爲**智的直覺**。有人認爲它是一種在人類心智中運作的知覺能力，位階高於感官。

[10]　ontologism有時被譯爲本體論。

何謂邏輯思考？「MBA智庫」的解釋（邏輯思維[11]，2014年6月19日）是：邏輯思考是人腦的一種理性活動，思維主體把感官認識獲得的有關事物的訊息抽象成概念，運用概念進行判斷，並按一定邏輯關係進行推理，從而產生新認識。換言之，邏輯思考要用到概念、判斷、推理等思維形式；以及分析與綜合、分類與比較、歸納與演繹、抽象與概括等方法。而掌握和運用這些思維形式和方法的程度，就是邏輯思考的能力。

邏輯思考的方法共有四組（MBA智庫，2014）：

1. 分析與綜合：分析是在思考中把對象分為數個部分或因素，予以分別考察的邏輯方法。綜合是在思維中把對象的數個部分或因素，結合成一個統一體予以考察的邏輯方法。

2. 分類與比較：根據事物的共同性與差異性可將事物分類，具有相同屬性的事物歸入一類；具不同屬性的事物歸入不同類。比較是比較兩個或兩類事物的相同點和相異點。借用比較往往能增進對事物本質的認識。分類是比較的後繼過程，重要的是分類標準的選擇，若選擇得好還可能發現重要規律。

3. 歸納與演繹：歸納是從個別前提推出一般結論，此前提與結論間的聯繫是或然的。演繹是從一般前提推出個別結論，此前提與結論間的聯繫是必然的。

4. 抽象與概括：抽象就是運用思維的力量，從對象中抽取它本質的屬性，拋開其他非本質的東西。概括是在思維中從單獨對象的屬性推廣到這一類事物的全體的思維方法。抽象與概括跟分析與綜合一樣，都是彼此相互關聯的。

研究者以邏輯思考推動研究與撰寫論文，運用分析與綜合、分類與比較、歸納與演繹、抽象與概括等方法，進行判斷與推論，若運用得當，則這種論文能產生「層層推衍、環環相扣」的效果，會讓閱聽人覺得「言之成理」（make sense）。

需強調的是：儘管質性研究比量化研究更倚重直觀，但質性研究和

---

[11] 「MBA智庫」將logical thinking譯為邏輯思維。

量化研究也有相同處，兩者都要進行邏輯思考（言之成理），且都需要言之鑿鑿的感官證據（sense data）（有憑有據）——邏輯性（logical）與實徵性（empirical）正是科學研究的基本特徵。換言之，質性研究的個案探究，除了以感官資料說故事，也要做邏輯思考，否則就只是虛構的小說（fiction）。誠如Miles與Huberman（1994）所言：質性研究所描述的故事乃有其分析性目的與詮釋性目的，故事包含了構念（constructs）、主旨／主題（themes）在內。例如在Miles與Huberman（1994）合作的質性研究裡，他們會整理出大事紀，資料分析階段會浮現出變項，他們會將變項和大事紀在抽象概念層次上連接起來；他倆表示：說故事時，如果不借用變項，這段故事便無法充分告訴我們其中的意涵與更寬廣的重要性。

 ## 參　以實例體驗兩種思維

由以上說明可知，整體直觀與邏輯思考各有所長，相對而言，直觀思維長於連結與綜合，邏輯思考長於演算與分析。現舉一質性資料分析的實例，來體驗一下直觀整體與邏輯分析的作用。方框1列出六個「臺灣檳榔攤名」，這是筆者十多年前在北二高的桃園匝道路邊看見而記錄下來的，假定這是某研究者蒐集到的田野資料，想藉此探究臺灣的俗民文化。這些招牌名稱都是文字，屬質性資料。

某次上課我將這些文字資料給研究生們看，跟他們說：假如你想要研

方框1
整體直觀_實例：「臺灣檳榔攤招牌」

● 北二高匝道（從桃園到臺北）看見的檳榔攤名：
　騷貨、眉飛色舞、水噹噹、意難忘、小可愛、水玲瓏……

● 看到這些，請用一個詞描述這地方：臺灣是個　　　　　　　　　的地方。
　•臺灣是個　　春色無邊　　的地方。
　•臺灣是個　　春色撩人　　的地方。
　•臺灣是個　　五光十色　　的地方。

究臺灣的俗民文化，某日你蒐集並記錄下這六個檳榔招牌名；當你看著自己筆記上的這六個名稱，你問自己：臺灣是個＿＿＿＿＿＿的地方？你腦中會浮現什麼詞彙？換言之，你會怎樣描述這個地方？接著我將學生的即刻的回覆，臚列在方框1裡。這是學生們運用直觀將第一印象引出，以直觀看出似乎合理的東西，建立一個初步的意義。

　　然後，我與學生試著為這六個檳榔攤名編碼，編碼結果如方框2所示。這些代碼顯示：每一檳榔攤名中都隱含／明示了「美色」在內（方框2灰色塊處），難怪直觀中會出現「春色無邊」、「春色撩人」、「五光十色」等印象。此過程其實運用了邏輯分析，將每一招牌名的意涵逐一分析出來；然後清點總數，全部六個檳榔攤名稱都有一共同特徵：美色。這顯示最初的整體直觀，經過邏輯分析後是受到支持的，當初的印象是合理的。

　　Miles與Huberman（1994）曾討論質性研究者如何引出研究結論，臚列了13種技術。筆者（張芬芬，2002a）曾介紹這些技術，並輔以臺灣的實例。表5-3是依據Miles與Huberman的解說，所整理出的13種技術之清單，顯示了這些技術可回應兩類研究目的：描述類、解釋類。而我發現這兩類又各可細分為兩種子目的，描述類：描述整體／相同處、描述特點／相異處；解釋類：概念解釋／命題解釋部分、理論解釋整體。

方框2 邏輯分析＿實例：「臺灣檳榔攤招牌」		
行號／段號	檳榔攤名	代碼
段01	騷貨	放蕩女子、有姿色
段02	眉飛色舞	興致好、有美色
段03	水噹噹	女子、有美貌、具美色
段04	意難忘	忘不了、有熱情／美色
段05	小可愛	女孩、女孩內衣、具美色
段06	水玲瓏	女子、身材好、有美色

表5-3　引出結論的技術、目的及其思維方式

思維方式	技術	分析的目的		
整體直觀	①找出主旨	看出發生了哪方面的事情	看出整體的狀況，那裡有些什麼	描述性目的
	②看出似乎合理的東西	看出狀似合理的東西，建立初步的、直覺的意義		
	③彙集（命名）	將同類東西集中，並為類別命名		
	④做譬喻	將整組資料做一比喻，使資料各片段更具統整性		
邏輯思考	⑤清點	清點總數，看出整體實況與趨勢，且讓研究者誠實面對資料	辨別差異性	
	⑥做對照／比較	與其他類似者做比較，以找出特色與意義		
	⑦分解變項	將某些變項分割開來，以便使關鍵處更為明晰		
	⑧將個殊統整成為普遍	將「較初級的事實資料」提升為「較普遍的類目」	以更抽象的方式去看事物及其關係	解釋性目的
	⑨提煉出因素	類似於量化研究中的因素分析，將所探究的許多變項化為較少的一組變項		
直觀＋邏輯	⑩找出變項間的關係	建立變項間的關係		
	⑪發現中介變項	發現在自變項與依變項之間，干擾兩者關係的其他因素，或真正重要的影響因素		
	⑫建立一條合理的證據鏈	建立事件鏈，找出成串的證據，以便對一組資料產生統整的理解	產生整體的解釋	
	⑬創造概念上／理論上的一致性	建立概念上／理論上一致性，運用文獻中相關構念，與該研究中建立的構念相比		

資料來源：改繪自張芬芬（2002a，頁117）。

　　筆者發現也可由思維方式來看這13種技術，會發現前4種主要運用直觀[12]，中間五種用的是邏輯思考，後四種則兼用直觀與推理（見表5-3最

---

[12]　③彙集（命名）依據Miles與Huberman（1994）的解說，是將同類東西集中，並為類別命名。筆者認為「將同類東西集中」運用的是邏輯思考，「為類別命名」則偏向直觀思維。

左欄）[13]。若以「臺灣檳榔攤名」實例來看，細究我在課堂所用的直觀，是表5-3的「②看出似乎合理的東西」（看出狀似合理的東西，建立初步的、直覺的意義）。後來我和學生做的邏輯分析，則是表5-3的「⑨提煉出因素」（將每一招牌名的關鍵因素提取出來）、「⑤清點」（全部六個檳榔攤名稱都顯示的共同特徵：美色）。

　　整體直觀適用於研究老手、研究小、資料少、洞視強的研究者。但無論如何，一項質性研究不可能只運用直觀，邏輯思考更為重要（至少同樣重要）。因為質性研究屬科學研究，對於求真者而言，最終目標仍期望建立科學理論。而所謂科學理論就是將資料系統化分析後，所得到的原理原則，藉此可以簡馭繁地去解釋萬事萬物，滿足人與生俱來地對事物之意義與因果的好奇。準此，質性研究者需兼用整體直觀與邏輯思考來進行探究。為了確認直觀所得，以期建立科學理論，有必要運用邏輯思考技術，表5-3的⑤⑥⑦⑧⑨⑩⑪⑫⑬都是很好的方法。

 ## 肆　質性研究中的兩種思維方式

　　質性研究過程中同時存在兩種思維方式。無論從研究目的、研究題目、研究設計、資料蒐集、資料分析、研究工具、寫成論文等各面向，都可看到兩種思維。以下簡要以對照表呈現兩者差異，並試以小例子做解說。要強調的是，此處用對照表做二分處理，是為了在觀念上較為清晰。固然有些研究者明顯傾向某一思維，然實作上兩者並非截然對立（全有全無、非此即彼），研究者可以兩者兼取：可兩者均衡、可此多彼少、亦可此少彼多。

一、質性研究目的：兩種思維方式

　　研究目的方面，傾向整體直觀的質性研究會著重描述（describe）與探索（explore），而傾向邏輯思考的研究則會著重解釋（explain）與預

---

[13] 筆者為何如此歸類？欲深入瞭解這13種技術，詳見張芬芬（2002a）。

測（predict），甚至建立／驗證（verify）理論（見表5-4）。事實上，描述、探索、解釋、預測，這幾種目的其實均屬「求眞」型的研究，爲的是要驗證／修改／建立理論，此即西方學術傳統上科學研究一向來抱持的研究目的，當出現新的社會現象（如：宅男宅女現象），社會學者有責任建立理論解釋它。迨至後現代（約可以1990年爲起點，這是Denzin與Linclon〔2005〕的觀點），有些質性研究者已超越求眞的單一目的，期能兼顧求善求美；甚至求治療。（詳見本書第三章）

描述型的質性研究，可增進人們的理解，知道這部落／族群／個案發生了什麼（What's going on here？），探索過去未曾有的學術領域。早期文化人類學者到部落／貧民區，探究他者（others）異文化，即以增進理解爲目的，進而探索出新的學術領域。例如：Claude Lévi-Strauss（1908-2009）1938年對巴西Nambikwara印地安人的家庭與社會生活進行田野調查，他在熱帶雨林原始部落裡，看見人類社會的原初型態，而於1948年完成《親屬的基本結構》（*The Elementary Structures of Kinship*），增進了西方人對巴西印第安人親屬觀的認識，進而建立了結構人類學（structural anthropology）（Lévi-Strauss，2007年8月17日）。後來人類學家回到本土文化做研究，本土也有許多個案／族群值得探究，以增進人們的認識，如：三班制勞工、八家將少年、快閃族……。在增進理解的同時，後現代的有些質性研究者還思考如何幫助弱勢者增權賦能（empower）──這種研究即兼顧了求眞與求善。

表5-4　質性研究目的：兩種思維方式

	整體直觀	邏輯思考
研究目的	描述、探索 What's going on here？ 增權益能（empower）	解釋、預測 解釋新現象 如「宅男宅女現象」
	增進理解（瞭解他者） 理論實踐（解放弱者）	驗證／修改理論 建立理論
	求眞 求善、求美、求治療	求眞

二、質性研究題目：兩種思維方式

　　對於同一故事或個案，不同思維者在題目上會有不同措辭（見表5-5）。例如：對於法國電影《放牛班的春天》[14]這個故事，傾向整體直觀的質性研究者可能將它命名爲「愛從音樂來」、「高牆上的小手」；而傾向邏輯思考的研究者則會命名爲「組織合唱團在班級經營上的成效之行動研究」、「一名代課老師的敘說研究」。

　　「愛從音樂來」、「高牆上的小手」的措辭，是文學風格的，採用的是圖像語言（figurative language[15]）、譬喻式語言（metaphorical language）。「組織合唱團在班級經營上的成效之行動研究」、「一名代課老師的敘說研究」，則是科學風格的，採用的是變項語言（variable language）、命題語言（propositional language）。科學論文的題目通常會包括三成分：研究對象（班級、代課老師）、研究變項／現象（組織合唱團、班級經營成效）、研究方法（行動研究、敘說研究）。當然也有質性研究論文的題目，兼採科學與文學風格，一主一輔，構成整個題目。

---

[14] 維基百科這樣介紹《放牛班的春天》（https://zh.wikipedia.org/wiki/放牛班的春天）。《放牛班的春天》（法語：*Les Choristes*）是一部2004年法國導演克里斯托夫・巴拉蒂所執導的電影，該片是1945年法國電影《一籠夜鶯》（*La cage aux rossignols*）的翻拍電影。電影歌頌了教師人性化的教育方法，表達出音樂是傳達情感和感化的一種好方式，同時也揭示了失去父母的孩子們內心的痛苦。
　　至於本文提及的「愛從音樂來」、「高牆上的小手」是筆者在博士班課堂上，讓學生欣賞該影片後，向學生徵求來的兩個名字。

[15] figurative language圖像語言，又譯爲比喻性語言、象徵語言。這種圖像語言會引發閱聽者的圖像記憶，透過人們共有的圖像記憶去想像對方表達的究竟是什麼；換言之，圖像語言／象徵語言讓我們把不易說清楚的東西，用較具象的東西做比喻，有助人們理解。（http://my-inmost-being.blogspot.com/2019/07/figurative-language.html）

表5-5　質性研究題目：兩種思維方式

	整體直觀	邏輯思考
研究題目	【放牛班的春天】 愛從音樂來 高牆上的小手	組織合唱團在班級經營上的成效之行動研究 一名小小小小……代課老師的敘說研究
語言形式	圖像語言 譬喻式語言	命題式語言 變項式語言

三、質性研究設計：兩種思維方式

在研究設計方面（見表5-6），傾向整體直觀的質性研究者會採用探索型設計（exploratory design），繪製「探索型概念架構圖」（見圖5-2）。圖5-2（The Network, Inc., 1979；轉引自張芬芬譯，2006，頁41；2008，頁27）係依據對學校改革的常識性認識去畫的（而不是依據理論去畫），做為探索大方向的指引——尤其在研究初期；該圖告訴研究者要研究哪些人與活動，未被列入的人與活動則不探究；而雙箭頭則顯示是開放性地探究雙向的可能關係，而非已指出某方向的單向關係。基本上該圖概括顯示要做大範圍的探索（但也非無所不包），而不像驗證型概念架構那樣具體、詳盡且已有來自理論的預設。

至於傾向邏輯思考的研究則可採驗證型設計（comfirmatory design），可繪製「確認型概念架構圖」（參見圖5-3）。圖5-3（The Network, Inc., 1979；轉引自張芬芬譯，2006，頁42；2008，頁28）與圖5-2一樣也是探究教育革新，但圖5-3已較少雙向箭頭，而有許多基於理論而畫出的單向箭頭：預設了何者可能影響何者（因果關係），換言之，預設了預測變項與結果變項，這些就是研究者要去確認的重點——尤其在研究初期。這種驗證型研究設計，已依先前理論選擇性地決定資料蒐集的範圍，無須包山包海地去蒐集。

表5-6 質性研究設計：兩種思維方式

	整體直觀	邏輯思考
研究設計	探索型 概念架構圖	確認型 概念架構圖
進入現場	跟著感覺走 【找到竅門 打通關節】	預先規劃 發出公文

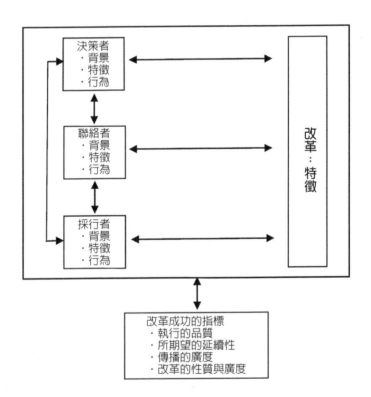

圖5-2 探索型概念架構圖：「教育改革之推廣研究」

資料來源：The Network, Inc.（1979）（引自張芬芬譯，2006，頁41；2008，頁27）。

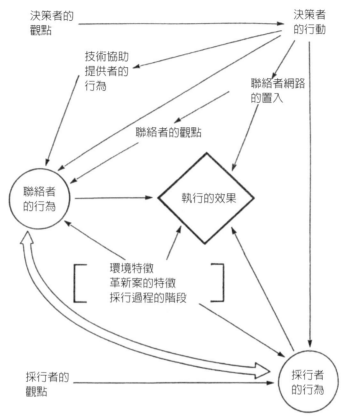

圖5-3　確認型概念架構圖：「教育改革之推廣研究」

資料來源：The Network, Inc.（1979）（轉引自張芬芬譯，2006，頁41；2008，頁27）。

　　進入現場的方式兩種思維者也可能不同，相對而言，傾向整體直觀的研究者主要跟著感覺走，到現場四處蹓躂，以直覺尋找竅門打通關節；而傾向邏輯思考的研究則可能會預先做系統性的規劃、找到官方的守門者（gatekeeper），取得同意，發出公文，進入現場。

四、質性資料蒐集：兩種思維方式

　　在資料蒐集方面（見表5-7），傾向整體直觀的質性觀察與訪談者，會努力與研究對象建立共融的（rapport）關係，儘量維持自然互動，調動自己的全身心去投入，兼用思考（thinking）、感覺（feeling）、行動

（acting）去求知，尤其善用同理的理解（empathetically understanding），對研究對象能進行換位思考，感其所感，且知其所感[16]。尊重受訪者自然的發言，掌握其思路和語脈，聽出幽微處，甚至聽出心底的聲音，留意自己的感覺，以共情態度去互動、提問、傾聽、回應（詳見陳向明，2003，第10-13章）。但仍要維持自己思慮的清明，情理並用，聽出話語中的端倪；甚至在只有一次發問機會時，能綜觀全局，提出一語中的的問題（實例參見吳芝儀、李奉儒譯，1995，頁271）。

表5-7　質性資料蒐集：兩種思維方式

	整體直觀	邏輯思考
準備	全身心投入 跟著感覺走	「資料規劃表」
觀察	看出眉目【幽微處】	半結構式觀察
訪談	聽見心底的聲音 共情地傾聽 聽出端倪 【一語中的提問】	半結構式訪談 【訪談大綱】

　　傾向邏輯思考的質性研究者則可能有系統地規劃資料蒐集工作，具體填寫「資料規劃表」（表5-8是一實例）。先填入「我為何需要知道這個」，即達成哪項研究目的；然後填入其他各欄下的空格，據此去蒐集資料，當然其中仍保持增減彈性。可能採取半結構式的觀察與訪談，著重訪談大綱的預先撰擬。

五、質性資料分析：兩種思維方式

　　在資料分析方面，傾向整體直觀的質性分析者會採取沉浸式／結晶式的（Immersion/Crystallization Analysis Style）分析法，亦即現象學取向分

---

[16] 同理心對所有質性研究者都很重要，此處陳述的是相對而言，直觀強者比邏輯強者，在研究中會運用更深的同理心。

表5-8　資料規劃表——眷村子弟發展成就之個案研究

我需要知道什麼（what）	我為何需要知道這個（why）【即達成哪項研究目的】	怎樣的資料可以解答這個問題（which）	我可以在哪裡找到這份資料（where）	我要找誰才能取得這份資料（who）	預定達成的時間（when）
·眷村文化環境的形成與特色	·瞭解眷村子弟成長發展的背景	·地理環境資料 ·歷史環境資料 ·人文環境資料	·個案成長之眷村實地訪查 ·圖書館 ·網路查詢	·眷村住戶訪查 ·圖書館 ·網路	2003年7月至2004年1月
·兩個案的發展現況：學歷、職位	·以社經地位的公式評估兩個案的發展成就之水準高低	·社會學裡社經地位的計算公式 ·個案訪談稿	·社會學理論的書籍 ·個別本人	·阿各 ·阿可	2003年7月
·兩個案的學校教育歷程、重要事件及其影響	·評估學校教育對個人發展的影響	·個案訪談稿、學校生活照片、畢業紀念冊與文件（成績單、作業作品） ·個案老師與同學訪談稿	·個別本人 ·個案就讀學校 ·個案老師與同學	·阿各 ·阿可 ·兩個案的老師與同學	2003年8月至2004年2月
·兩個案的家庭教育狀況、重要事件及其影響	·評估家庭教育對個人的影響	·個案訪談稿 ·家庭生活照片 ·個案雙親與手足訪談稿	·個別本人 ·個案老家 ·個案雙親與手足	·阿各 ·阿可 ·兩個案雙親與手足	2003年9月至2004年3月
·兩個案的交友狀況、重要事件情形及其影響	·評估同儕對個人發展的影響	·個案訪談稿 ·社交活動照片、信件 ·個案朋友與同事訪談稿	·個別本人 ·個案朋友與同事	·阿各 ·阿可 ·個案朋友與同事	2003年11月至2004年4月

資料來源：此表內容改寫自安天祥（2004）碩士論文原始資料。研究題目：竹籬笆裡也有春天——兩名眷村子弟發展成就之個案研究。

此表格式改繪自Maxwell（1996, pp.82-83）。

表5-9　質性資料分析：兩種思維方式

	整體直觀	邏輯思考
資料分析	結晶式分析 【現象學式分析】 煉丹者／省思者	編輯式分析 【紮根理論法】 編輯者

析，分析者猶如煉丹者。相對而言，傾向邏輯思考的質性分析者則可能採取編輯式分析法，亦即紮根理論（grounded theory）的分析，分析者猶如編輯者。（表5-9）

資料分析的類型，除上述結晶式、編輯式兩種外，依據Miller與Crabtree（1992）的分類，還有準統計式（Quasi-Statistical Analysis）、模版式（Template Analysis Style）[17]。張芬芬（2010）由整個模式看，從資料分析的三層面去做四模式比較，三層面包括：類目預定程度、程序標準化程度、判斷傾向邏輯或直觀的程度，得到圖5-4。（詳見本書第六章）

質性資料分析	準統計式	模版式	編輯式	結晶式	
分析類目：預定的	◄———	———	———	———►	逐漸浮現
分析程序：標準化	◄———	———	———	———►	非標準化
分析判斷：邏輯思考	◄———	———	———	———►	整體直觀

圖5-4　質性資料分析的四種模式之比較

資料來源：改繪自張芬芬（2010，頁95）。

簡單說，愈傾向邏輯思考型的研究者愈會採用預定程度高的分析類目（category），且分析程序更爲標準化／具體可說的。相對而言，愈傾向整體直觀型的研究者愈會採用預定程度低的分析類目（甚至完全不預定），且分析程序更不標準化。

有關煉丹者的結晶式分析法，又稱現象學取向分析，由C. Moustakas

[17] 對Miller與Crabtree（1992）四模式的解說，詳見胡幼慧、姚美華（1996）、張芬芬（2010）。（詳見本書第六章）

和B. Douglass發展出來，M. Q. Patton的解說（參見吳芝儀、李奉儒譯，1995，頁338-342），值得在此簡述。現象學取向分析強調應掌握「存而不論」（Epochē）、「放入括弧」（bracket）的精神，進行直接經驗、直接認識，以獲得純粹意識內的存有。通俗地說，研究者應拿掉有色眼鏡，去除預見／先見／成見，從零開始去探索資料裡的意涵，讓資料的意涵自然浮現在研究者的意識中，提取出研究者與研究對象，乃至協同研究者等人，對該現象所共有的本質性認識。

　　C. Moustakas提出以下五階段（吳芝儀、李奉儒譯，1995，341-342）來說明現象學取向的質性資料分析。沉浸（immersion）→醞釀（incubation）→闡明（illumination）→表述（explication）→創造性的綜合（creative synthesis）。用通俗一點的話說，就是研究者運用整體直觀，像是個**探索者**或**省思者**，長期浸淫在文字資料中以求融會貫通，獲得領悟，提煉結晶，顯示文本中的關聯性，最後提出詮釋報告。

　　至於傾向邏輯思考的質性分析者則可能採取編輯式分析法，亦即紮根理論分析，分析者猶如編輯者，讀者可詳閱紮根理論著作。也可參考張芬芬（2010）介紹各派共通可用的「資料分析五階梯」：文字化→概念化→命題化→圖表化→理論化。（詳見本書第六章）

六、質性研究工具：兩種思維方式

　　質性研究可用的研究工具甚多，Miles與Huberman（1994）曾針對質性資料分析進行調查，得到126位學者的回應，獲知其觀點與實例（包括社會科學各學門），兩人並深究研究方法論經典著作，再輔以十餘年間兩人合作的五項大型教育研究，分門別類地提出六十多種資料分析的技術，每項均搭配實例及其工具，寫成一本豐富且實用的資源書《質性研究資料分析》（張芬芬譯，2006，2008）[18]。

---

[18] 該書譯本【繁體版】張芬芬（譯）（2006）。**質性研究資料分析（修訂版）**。臺北：雙葉書廊。
【簡體版】張芬芬（譯）（2008）。**質性資料的分析：方法與實踐**。四川：重慶大學出版社。本章為方便兩版讀者查找譯書，故在需要處，將兩版的頁數均寫出。

　　若由兩種思維角度去看Miles與Huberman（1994）介紹的研究工具，相對而言，其中有些工具運用直觀思維較多，有些運用邏輯思考較多（見表5-10）。當然這是相對而言的，許多工具／工作須用兩種思維。例如：較多運用整體直觀的工作是圖示化，撰寫「精華小品」（vignette），撰寫「備忘錄」、「接觸摘要單」項目一與三、撰寫文件摘要、「個案分析紀錄」等；因為直觀長於整體的綜合，上述相關工作偏向對資料做整體的綜觀。相對地，較多運用邏輯思考的工作則是在繪製表格、編碼單、資料清點單、檢核表、「接觸摘要單」項目二、四、五。因邏輯思考長於分析，上述相關工作偏向將資料做分子化處理。

表5-10　質性研究工具：兩種思維方式

	整體直觀	邏輯思考
資料展示	圖示化	表格化
分析輔助	·精華小品 ·備忘錄 【福至心靈 　靈光乍現】	·編碼單 ·資料清點單 ·檢核表
	·〔接觸摘要單〕項目一三 　（找出命題） 　（第一印象） ·〔文件摘要〕 ·〔個案分析會議〕	·〔接觸摘要單〕項目二四五 　（找到哪方面的資料）

　　思考與表達有關，圖表是很好的表達工具，且可以產生「一目了然」的視覺效果。直觀者傾向用圖示，邏輯思考者傾向用表格展示資料。表格是由橫列（row）與直欄（column）所構成，有許多細格（cells）需填入資料，研究者需先構想出表頭（包括橫列、直欄的表頭）要放入的詞彙／概念，然後以表頭為探究的層面，在細格裡填入合適的文字或符號——這其實就是進行系統化的分析，屬於邏輯思考的運作。相對而言，圖示的自由度極大，由研究者將腦中的想法圖形化，這是整體直觀思維的展現。

　　順便簡述圖表的重要性。傳統的質性研究報告通常採詳析式文本（extended text）做分析、寫報告，而少以圖表做資料展現（data display），這種詳析式文本的缺點包括：成篇累牘的資料，研究者不易直接引出有效的結論；長篇大論，也難讓讀者掌握重點。其實質性研究也可像量化研究一樣運用圖表。Miles與Huberman（1994）大力推薦採圖表來處理質性資料，用了五章篇幅（該書第五到九章）各種實例，闡釋如何以圖表做資料分析。他們認為：圖表不只呈現了分析的結果，也可作為進一步分析的工具，例如可由描述現況的表格中，進一步分析出因果關係。換言之，圖表是展示工具，更是思考工具，圖表可展現更具說服力的結論，且可引導質性研究者進行更深層的思考，從中發現更深入的訊息。

　　以下簡介「接觸摘要單」，以說明兩種思維如何運作；其他工具於本文結語再述。表5-11是「接觸摘要單」的實例，其中第一、三項運用直觀填寫，第二、四、五項運用邏輯思考填寫。這份表單是研究者在接觸（觀察／訪談）研究對象後，寫完札記／訪談紀錄尚未為訪談資料編碼時所填寫的。填寫「接觸摘要單」前先將多頁札記瀏覽過，然後循著五大項問題逐一填寫。第一項問題以直觀思維將整個接觸的第一印象引出，第三項問題以直觀去發現非預期的感受／認識。至於邏輯思考方面，第二項問題是以邏輯思考系統地回答該研究原本預定的問題，第四項是以邏輯思考去解釋該次接觸所見的可能原因，第五項則以邏輯思考去規劃未來蒐集資料的重點。

　　填好的「接觸摘要單」之用途很多，Miles與Huberman（1994）認為包括六項：①為下次接觸寫出指引計畫。②為資料編碼，提示新代碼或修正代碼。③如果田野研究者是多人時，此表可產生協調作用。④當你再去看札記時，此表可再引導你回到該次拜訪中。⑤裨益進一步的資料分析（多次接觸所形成的這種摘要表，本身就可以拿來編碼與分析）；如果能將摘要表鍵入電腦，使用時就更方便了。⑥可把摘要影印附在原來的札記中；也可和扮演批評者的朋友討論此摘要；並將摘要彙集於一個檔案裡。

表5-11　接觸摘要記錄單實例：<u>與聖天女之邂逅</u>

接觸類型：線上互動	地點：虛擬的RO世界「伊斯魯得島」
接觸日期：2003.10.23.	填表人：林彥君（研究者）
填表日期：2003.11.01.	
事件名稱：虛擬信任1	

事件簡介：

　　我與玩家<u>聖天女</u>搭訕，邀請一同作戰。<u>聖天女</u>是RO高手，但他的「聖天女」這個帳號是新練的，等級不高。他先以等級高的帳號登入，然後請我保管一些道具，再以聖天女帳號登入，然後要我還給他這些道具。因為他唯有透過第三者（指我）才能交換道具，所以他只好信任研究者不會違約。研究者依約還他道具，並詢問是否曾懷疑道具可能被盜走，<u>聖天女</u>回答：「有一點」。

一、此次接觸讓你印象最深的是什麼？【以直觀引出第一印象】

　　1.線上遊戲中，玩家間的交易十分頻繁。

　　2.邀請玩家一同作戰比單獨作戰有趣得多。

　　3.線上遊戲中的樂趣，來自遊戲本身以及與玩家之間的互動。

二、就每一研究問題來看，此次接觸到的資料【以邏輯系統性地回答預定的問題】

研究問題	資料
1-1青少年於網路遊戲裡，在信任他人方面有怎樣的表現？	◎ 我初次遇見玩家<u>聖天女</u>，邀他一同作戰。依規定聖天女必須透過第三者（指我）才能交換道具，所以他只好信任研究者不會違約。研究者依約還他道具，並詢問是否曾懷疑道具可能被盜走，<u>聖天女</u>回答：「有一點」。
1-2……	

三、此次接觸有任何意外撞擊你的東西嗎？【以直觀發現非預期的感受／認識】

　　1.在<u>虛擬</u>世界裡，我獲得他人的信任時，竟有<u>真實</u>的愉快感覺。

　　2.遊戲雖然有趣，玩久會膩，而玩家間互動的樂趣，可能才是支持玩家繼續遊戲的誘因。

四、此次接觸提示了哪些新假設、推測或預感？【以邏輯思考去解釋可能的原因】

　　1.愛玩線上遊戲的青少年，可能比我想像的更為謹慎，會擔心受到他人欺詐。

　　2.玩家<u>聖天女</u>可能是一個不錯的研究對象，我和他的第一接觸彼此都有好印象。

五、下次拜訪時，你應該考慮哪些事項？【以邏輯思考規劃未來蒐集資料的重點】

　　1.虛擬世界裡，信任這個主題十分有意義，可以多找些實例。

　　2.我在此次接觸中受到信任，下回與玩家的接觸我要表現信任玩家，以觀察玩家受信任後的反應。

資料來源：改寫自林彥君（2005）碩士論文之原始資料。論文題目「青少年網路遊戲中倫理表現的質性研究」。

此表格式來源Miles & Huberman（1994）（引自張芬芬譯，2006，頁115；2008，頁75）。

七、寫成論文：兩種思維方式

在撰寫論文方面（見表5-12），傾向整體直觀者會採「個案取向」，採用故事（narrative）形式，引文的單位採「語段取向」（syntagmatic），論文呈現會採「情境取向」（situation-oriented）／「過程取向」（process-oriented）——爲個案梳理出一條故事線，顯示系列的發展過程，一個個情境貫穿其中。文體較傾向「記敘文（融入抒情文）＋論說文」，敘說裡帶有感情；除故事外，甚至也有人採詩作形式，著重讓文字產生有機力量，讓讀者聽見弦外之音、體會意境的悠遠，可能採取開放式結尾。除故事描述外，故事仍需詮釋，以顯示意涵與理論對話。詮釋可能融入故事裡，亦即採亦述亦評的方式；也可先講完故事，再做詮釋分析[19]。

表5-12　質性研究論文的撰寫：兩種思維方式

	整體直觀	邏輯思考
撰寫架構	個案取向	變項取向
引文的單位	語段取向 syntagmatic	詞類取向 paradigmatic
論文呈現	情境取向／過程取向	類目／類屬取向
文體 【端出牛肉】 【發現名堂】	記敘文（含抒情）＋論說文	記敘文＋論說文
	故事＋論文 詩作、譬喻	論文（融入故事）
	文字有機力量 （弦外之音、意境悠遠）	綱舉目張 （明指意義）
	開放式結尾	封閉式結尾

---

[19] 傾向整體直觀者所寫之質性研究論文，可參考以下論文：

　倪美貞（2001）碩士論文「移民：一個國小女教師主體探索的故事」。

　蔡永強（2003）碩士論文「山海的女兒——五名原住民女性教育菁英的生命史研究」。

　徐曼眞（2006）碩士論文「遠渡重洋『六月雪』——四位外籍媽媽在臺生活適應之生命史研究」。

　　相對地，較傾向邏輯思考者會採取「變項取向」（variable-oriented），引文的單位會採取「詞類取向」（paradigmatic），論文呈現會採「類屬／類目取向」（category-oriented），文體較傾向「記敘文＋論說文」，採理性冷靜的措辭，著重讓文章結構嚴謹，採取封閉式結尾[20]。

　　直觀思維強者傾向採故事形式，邏輯思考強者傾向用詞類取向，為何會用這兩種方式表達呢？這其實與記憶提取所採之思考模式有關，Fuhrman與Wyer（1988）指出：人們從記憶中提取資訊的模式有多種，最主要的兩種就是**詞類式**（paradigmatic）與**故事式**（narrative）。一般人平時將所思所憶表達出來時，就會藉著命題或故事；如果研究者報告研究發現時，採這兩種方式，將更容易引起注意力，更好記，且更容易納入讀者先前的概念圖裡。

　　直觀思維強的質性研究者也會運用文學上各種譬喻（metaphor）手法，讓質性研究也能兼及美感，產生更豐富的意涵，也吸引更多讀者，讓論文發揮更大的影響力，此即兼顧求真與求美的質性研究。Miles與Huberman（1994）指出質性研究者曾運用一些譬喻法，如：諷刺法（irony）（由對立者的立場來陳述，有時是站在相矛盾的一方，有時是站在似非而是的立場）、提喻法（synecdoche）（將示例與更大的概念連結起來）、轉喻法（metonymy）（以一部分或多部分代表全部，參見Morgan, 1983）。Noblit（1989, April）認為在進行詮釋時，還可以廣泛地使用其他多種文學的方式，包括：悲劇、喜劇、諷刺文學、笑鬧劇與寓言等等。

　　兩種思維傾向者可能採不同取向去撰寫論文，但若能兼取二者則更好。Atkinson（1991）及Miles與Huberman均如此主張。Miles與Huberman（1994）表示：好的質性研究（甚至好的質性研究論文）需將兩種世界觀做互動式結合。對這些世界觀，不同學者所運用的詞彙不同，Miles與Huberman（1994）將它們整理如表5-13。

---

[20] 傾向邏輯思考者所寫之質性研究論文，可參考黃鴻文（2003）「國民中學學生文化之民族誌研究」。

表5-13　方法論學者對兩種世界觀的措辭

世界觀		學者
變項導向	個案導向	C. C. Ragin, 1987.
類目化（categorize）	脈絡化（contextualize）	J. A. Maxwell & B. A. Miller, 1992.
分析性	綜合性	O. Werner & G. M. Schoepfle, 1987.
文化客位的（etic）	文化主位的（emic）	T. N. Headland, K. L. Pike, & M. Harris, 1990.
變異理論	過程理論	L. B. Mohr, 1982.

資料來源：整理自Miles & Huberman（1994）（引自張芬芬譯，2006，頁634；2008，頁429）。

　　筆者認爲兩種思維也與這兩種世界觀相呼應，與整體直觀思維呼應的世界觀是：個案導向、脈絡化、綜合性、文化主位的、過程理論。而與整體邏輯思考思維呼應的世界觀是：變項導向、類目化、分析性、文化客位的、變異理論。

　　Miles與Huberman（1994）表示：說故事時，若不借用變項，這段故事便無法充分告訴我們其中的意義與更寬廣的重要性；相對地，若探究變項卻未配上故事，則會顯得太抽象的、欠缺說服力——雖然在報告量化研究結果時，變項可爲我們解釋某些嚴謹的規則。Miles與Huberman（1994）強調：在尚未看到填答者所表達的開放性資料前，其實無法眞正瞭解數字。至於兩者有無合適比例？Lofland（1974）認爲故事大約可占50%至70%，概念性內容則可占30%至40%。筆者認爲：變項猶如研究骨架，故事猶如血肉筋脈，骨架與血肉筋脈各有功能，相輔相成，都很重要；而故事與概念性內容之比例大約7：3或6：4。

 伍　結語

一、愛因斯坦的快思慢想

　　前文述及質性研究者可運用直觀與邏輯兩種思維，事實上，全世界最偉大的理論物理學家愛因斯坦（Albert Einstein, 1879-1955）也是這樣思

考的。1905年他發表的「狹義相對論」，革命性地挑戰牛頓的古典力學，讓世人改以全新的一種動態方式去認識宇宙。他是怎樣寫出這篇論文的？當時他是怎樣思考的？愛因斯坦在後來的回憶中（郭兆林譯，2018），提到自己從小就常做白日夢──所謂的「思想實驗」，想像自己騎著光束飛馳在宇宙裡，腦中思索著宇宙各種現象，數字、代號、方程式等在空中飛舞，他在其中尋覓線索，希望能用一道方程式，簡單而精準地表達宇宙中的物理現象。

愛因斯坦傳記（郭兆林譯，2018）提到：1905年春天愛因斯坦還是瑞士專利局的基層職員，他日夜思索著古典力學與電磁場間扞格的問題。某日他搭上電車又陷入思考實驗中──騎著光束在宇宙中飛馳，當他回頭望見伯恩大鐘塔的鐘面時，突然一個念頭竄入腦中，他腦中出現大風暴……他找到答案了！頓時他領悟到：空間與時間之間可能有一種內在關聯；回家後他狂熱鑽研每個相關的數學公式，在妻子米列娃（Mileva Marić, 1875-1948）協助核算、檢查、打印後，完成歷史上最重要的科學論文之一〈論運動物體的電動力學〉（On the Electrodynamics of Moving Bodies）（即「狹義相對論」）；1915年提出完整「廣義相對論」；1922年美國天文學家W. W. Campbell（1862-1938）以拍攝到的日全蝕照片，證實了愛因斯坦的「廣義相對論」。

由思維方式看上述故事，1905年愛因斯坦即時掌握住飛入腦中的直觀（狹義相對論），隨即以邏輯演算推論寫出論文；1907年精益求精，加入「重力／加速度」變項，以邏輯思考擴展成「廣義相對論」初稿，1915年提出完整「廣義相對論」，1922年天文學家Campbell以所觀測的經驗證據，確認「廣義相對論」的正確性。由此可說，愛因斯坦以兩種思維揭開宇宙的奧祕。愛因斯坦的故事是不是充滿啟示呢？

二、給研究新手的建議

其實我們質性研究者也可像愛因斯坦那樣思考，以下是筆者對研究新手的幾項提醒。

㈠質性研究者不要害怕運用直觀，但要獲得經驗證據的支持

質性研究者不要害怕直觀，與研究相關的直觀經常是長時間沉浸在資料後，出現的靈光乍現、福至心靈，千萬不要輕易放掉如此寶貴的東西，要盡快寫在研究備忘錄裡。當然更重要的是，這種靈感必須要進一步做邏輯思考，且要有堅實的經驗證據去支持，如此才能寫入正式論文中；若有協同研究者一起檢視經驗證據、進行邏輯思考，則研究發現將更能讓人信服。

愛因斯坦大膽運用直觀進行心靈冒險，之後以經驗證據進行邏輯思考，去驗證／修改直觀所得，我們質性研究者也可像他那樣思考。當然也需誠實面對正確的反證據，去推翻直觀所得[21]。如何面對／善用反面證據？許多學者（Maxwell, 1996; Lincoln & Guba, 1985; Miles & Huberman, 1994）均提出處理的技術，於此不贅述。

㈡質性研究者要長時間浸淫在研究裡，培養專家直觀

愛因斯坦的直觀是一種朝思暮想、魂縈夢繫後產生的直覺，這與一般抄捷徑的直觀不同，筆者認為它屬於專家直觀。借用Malcolm Gladwell（廖月娟譯，2015）「一萬小時定律」來看：人們眼中的天才之所以非凡卓越，並非天資超人一等，而是付出了持續不斷地努力。一萬小時的錘鍊，是任何人從平凡變成超凡的必要條件。要成為某領域的專家，需要一萬小時，按比例計算就是五年：每天工作八小時，一週工作五天，這意味著成為某領域的專家至少需要五年。

更精準地說，要培養專家直覺，要以一萬小時進行有效學習，這是一種刻意練習、即時回饋的錘鍊方式。筆者所謂的「朝思暮想、魂縈夢繫」，也就是建議研究新手要以全身心長期投入研究，有紀律地錘鍊自己，培養出正確且深刻的問題意識，非常熟悉自己的研究資料，如此才可

---

[21] 愛因斯坦的確面臨過1918年天文學家Campbell拍攝的日全蝕照片，疑似反面證據，而備受質疑。之後Campbell改良了天文攝影器材，1922年拍攝到更精準的日全蝕照片，證實了愛因斯坦的廣義相對論。

能出現專家的直覺。

(三) 整體直觀在研究初期與後期運用較多，研究中期則使用邏輯思考較多

整體直觀在研究初期與後期運用較多，研究中期則使用邏輯思考較多。研究初期運用直觀的時機包括：研究方向的尋找，研究後期運用直觀的時機包括：資料主軸的確定、故事線的擬定、研究結果大綱的構想、研究題目措辭的構想等。若細究研究初期與後期的這些工作性質，可發現與研究整體較為相關，整體類的工作適合先以直觀凌空俯視，可用的技術包括（見本文表5-3）①找出主旨、②看出似乎合理的東西、③彙集（集中後又命名）、④做譬喻。

相對來說，局部類的工作則適合以邏輯思考去處理，這類工作在研究中期較多。基本原則是，可以先用直觀獲得初步印象／認識後，必須再以開放態度去找出正反面證據，然後運用邏輯演繹或歸納的方式去做確認，可用的技術包括（詳見表5-3）：③彙集（僅集中，未命名）、⑤清點、⑥做對照／比較、⑦分解變項、⑧將個殊統整成為普遍、⑨提煉因素、⑩找出變項間的關係、⑪發現中介變項、⑫建立一條合理的證據鏈、⑬創造概念上／理論上的一致性等。其中⑩⑪⑫⑬可兼用直觀與邏輯思考。

(四) 兩種思維者均可善用研究工具／技術

前文提及Miles與Huberman（1994）第四章介紹不少好用的工具／技術，無論是直觀強或邏輯強的質性研究者都適合使用。以下依照研究進行的順序，依序簡介幾種好用的研究工具（詳見Miles & Huberman, 1994, 第四章）。

「接觸摘要單」是將一短時間內的資料做成一份摘要的簡單方法，「文件摘要單」用於閱讀重要而複雜的文件，將重點摘要出來。「個案分析會議問題單」用於個案分析會議，先準備好此表單，然後以小組（例如由指導教授和研究生組成）會議進行，檢視該個案資料目前蒐集的情形；一人擔任記錄者，作隨堂紀錄，逐一回答問題單上的問題。「暫時個案摘要」是在研究進行約三分之一時，寫出已知的及待知的資料摘要；若是跨

個案研究，可先訂出一個共同綱要，然後寫出每一個案的摘要；也可不依個案來寫，而依個別研究問題來寫摘要；也可不寫成書面摘要，而由口頭問答方式來提出摘要。「個案分析會議」和「暫時個案摘要」均可幫助研究者理出頭緒。

「精華小品」是寫出一段時間內（如一天、一事件）最精要的焦點故事；可由研究者寫，亦可先請研究對象寫，再經研究者整理；一般在期中寫，研究已漸浮現眉目了，但也有人在研究結論出來時撰寫，作為報告中一章節。例如：周佳君（1996）的〈逛街機器：一個紡織廠女工的一天〉，以生活紀實方式寫下自己擔任紡織廠女工的一天，來顯示三班制對工人生理、心理、人際關係等的負面影響，讓讀者對工廠生活有一整體的認識。

「預建式個案輪廓／綱要」是一種經濟的方式，可快速整合個案資料：若研究時間有限、場地熟悉、經驗豐富時，可採預建輪廓的方式，依輪廓蒐集資料；其危險是可能出現選擇性知覺、主觀、偏見。改善之道是選多個案、多場地、多報導人、三角測量法、第三者稽核（audit）、自行調整個案綱要。「資料清點單」目的在檢視每一研究問題，是否均向研究對象蒐集了；表格的一個向度是研究問題，另一向度是研究對象／地點。

㈤質性研究者的邏輯能力至關重要，著重的是語言邏輯

語言邏輯的難度並不亞於數理邏輯，因此我們必須放棄一個想法——以為「統計學不好的人就去做質性研究吧」，這可是一個大大誤謬的觀念。質性研究者主要處理的是文字（而非數字），論文主要用文字表達（而非數字）。研究者要正確掌握研究對象的思路和語脈，將成篇累牘的原始文字資料理出頭緒，撰寫成的文字論文要能讓人看得懂，自然要具備「思之成理、言之成理」的能力，換言之，質性研究者的語言邏輯必須清晰而嚴謹。當然語言邏輯也可經磨練而進步，如果一個研究生歷經小中大學眾多用中文學習的課程之廣義的語文教育薰陶，且每天浸淫在全中文的生活環境，語言邏輯仍然不佳，卻又那麼想從事質性研究，怎麼辦呢？那就看研究生如何自發地、刻意地提升語言邏輯能力了，當然論文指導教授

的引導也至關重要。

㈥可於適當研究階段善用AI／電腦，而非整個研究過程

電腦長於搜尋、彙集、清點，尤其適合處理量化的、大量的資料，擅長單一領域的某一技能（如：下棋、人臉辨識、語音辨識，也會烹調、寫詩、寫書法……），能依設計者設定的目標去尋找答案／達成任務[22]。相對地，目前的人工智慧（Artificial Intelligence，簡稱AI，或譯為人工智能）還不具意識／自我意識（self-consciousness），不具情感，不會自提問題／目標，不具普遍的日常生活常識，不懂人類的幽默感，不具趣味性，沒有自發的好奇心，也還不會自行跨域思考／行動[23]。

筆者認為，目前的AI還不具有人腦的「整體直觀」能力，因為直觀需要領悟力／洞察力，AI靠的是邏輯演算，它還沒有突破框架、跳躍而出的領悟力／洞察力。再者，專家的直觀更需豐富且靈活的知識基礎做前提，如博學多聞後的跨域連結（AI尚無這種跨域的寬廣度）、深思熟慮後的融會貫通（AI尚無這種有機的靈活度）。迄今電腦仍無法自行正確、精準、精彩地將質性資料轉型[24]（如：將文字轉型為概念、命題與理論，這些仍需人腦想出後，設定在電腦裡）。總之，與量化研究比較時，質性研究更具開放性與複雜性，而目前AI能處理的資料是相對封閉的、相對單一領域的。質性研究過程中需要整體直觀進行模型辨識與綜合判斷

---

[22] 依據維基百科的解釋（https://zh.wikipedia.org/wiki/通用人工智能），只能處理特定問題的AI，稱為「弱人工智能」（narrow AI/weak AI或applied AI/artificial narrow intelligence, ANI），資訊科技目前在這方面的應用已日趨成熟。相對而言，具有人類完整認知能力的AI，稱為「強人工智能」（strong AI），資訊界尚在努力研發中；強人工智慧也稱「通用人工智慧」（artificial general intelligence, AGI），具備執行人類一般智慧行為的能力；強人工智慧可將弱人工智能，跟意識、感性、知識和自覺等人類的特徵互相連結。

[23] 此處所述AI還不具備的能力，僅是就目前發展成果來談，未來很可能突破瓶頸，讓AI擁有這些能力。但科學家要考慮的並不僅限於如何讓AI無限強大，擁有人類的所有能力，甚至無限超越人類；其中還有科技運用的眾多倫理問題，以及人機關係的複雜議題。

[24] 有關質性資料層層轉型的詳細解說，參見本書第六章。

時，不適合運用電腦；若在進行邏輯思考、彙集、清點、與計算時，則可多多發揮電腦的功能。且讓電腦成爲研究者的「好幫手」！而不是將研究者的思考切割成片段的「害人精」！

　　前已述及，整體直觀與邏輯思考之間並非截然二分，質性研究需要兼用兩者，以收相輔相成之效，直觀可幫助邏輯思考找到焦點與方向，邏輯思考可爲直觀提供確鑿的證據、產生有血有肉的實體。再者，既然質性研究是一種科學的方法，努力將步驟講清楚也是必要的——雖然要將它完全系統化是不可能的，也並無此必要。這些年來，也有不少學者致力於此方向，從Glaser、Strauss與Corbin（1967），到Miles與Huberman（1994）都是借肩膀給我們的這類巨人；而爲質性資料分析設計電腦程式的人，更是運用邏輯思考達到「系統化」的澈底實踐者。但質性研究之所以是質性研究，絕對不能將目前仍看似神祕、卻相當寶貴的直觀認知方式去除掉。教育人、華人都是較長於整體直觀的族群，我們應善用這種優勢智能，補強自己的弱勢智能。

第六章

質性資料分析的五步驟：
在抽象階梯上爬升[1]

1　本文改寫自：張芬芬（2010）。質性資料分析的五步驟：在抽象階梯上爬升。初等教育學刊，35，頁87-120。感謝該文審查者的專業意見與辛苦審查！

摘要

本章嘗試爲質性研究的資料分析提出一個模式，並以實例說明，且指出它在應用面與學術面的意涵。質性資料分析是將蒐集到的文字資料，萃取出精華，建立爲理論的過程，因爲文字資料比數字資料複雜／豐富許多，要整理爲系統化的理論，過程相當繁複，有必要找一個較簡單的模式來解說。筆者認爲Carney（1990）的分析階梯圖深具啟發性，他是由資料轉型（data transformation）的觀點看分析活動。筆者將Carney的階梯略做調整，並再概念化，嘗試提出更易理解與記憶的五階論：文字化、概念化、命題化、圖表化、理論化，期藉此說明分析者在觀念上的努力方向，強調資料分析就是在抽象階梯上爬升，從而將資料轉型；本文並以實例解說每一階梯。

 前言

一、愛智者的困惑與探索

做研究是一種知性的探索，對愛智者而言，求知具有無比的吸引力。求知的終極目標何在？如何才能達成該目標？是否有一道求知階梯可讓愛智者拾級而上？這些知識論與方法論的問題困惑著古今中外的愛智者。這困惑者包括歌德（Johann Wolfgang von Goethe, 1749-1832）筆下的浮士德博士（Dr. Faust），也包括二十一世紀的質性研究者。本文是筆者思索質性研究知識論與方法論多年的心得，期待它具有學術性與實用性。

浮士德是德國民間傳說裡十六世紀的傳奇人物，他困惑：求知的意義何在？如何才能獲取存有的最高知識？某夜他斷然把自己的靈魂賣給魔鬼，換取青春、愛情、與權力，期盼探究生存的意義，獲知存有的最高知識……。歌德依此傳說，以60年光陰完成巨著《浮士德》，強調人類在不斷追求中雖可能犯錯、犯罪，但終能走向光明、體現眞理；歌德對浮士德那種永不知足的探究精神給予最高禮讚。

就是這種起於困惑，而永不知足的探究精神，成爲推動科學研究不斷

向前的強大動力。在西方，這股科學研究的動力將人類歷史，由神權時代推向理性時代，以科學知識啟迪受到長久桎梏，乃至矇蔽的人類理性，擺脫神權的籠罩，展開近三百年來科技發展的大躍進。這種永不知足的探究精神，在東方一樣發揮著它迷人的魅力，西元前六世紀的孔老夫子早就這樣描繪自己：「發憤忘食，樂以忘憂，不知老之將至也」；他也描繪了他衷心的期盼：「朝聞道，夕死可也」。可見中西方知識分子一樣為求知著迷，為求知而困惑。對愛智者言，若說「問世間知是何物，直教人生死相許」，這樣的表達可能並不為過。

　　求知是如此迷人！對質性研究者言，尤覺心有戚戚焉。因為質性研究論文主要以文字構成（而非數字），文字除可讓讀者有知性的收穫外，最為特殊處是：好的質性研究論文還能產生有機的效果，能在感性上激發讀者豐沛的情感——生動傳神的文字勾勒出一幅幅圖像，讓人彷彿身歷其境，人、地、時、事、物，歷歷在目；層層鋪陳的章節，讓人與之共情共鳴；精采高妙的詮釋，讓人茅塞頓開；一氣呵成地讀完後，尚覺餘波盪漾，有股見賢思齊、願意跟著去做質性研究的衝動——事實上，的確有不少研究生是在讀過一篇佳構後，被胸臆充溢的滿滿情緒所驅動，願意全身心地投入質性研究的求知活動中，St. Pierre即曾提及這樣的經驗（Richardson & St. Pierre, 2005）。

　　待真正投入質性研究後，這股求知的熱情卻未必能支撐研究者愉快且順利地完成論文，困惑愈來愈多，因為這種研究所需要的知能真的不少。基本上質性研究是文藝與科學的邂逅處，好的質性研究者必須文藝才情與科學素養兼備，才能在邂逅處綻放出心智的火花，進而點燃讀者的心智火花。優越的文藝才情，會讓質性研究者擁有良好的直觀、統觀、同理、共振、洞見、創意，與駕馭文字的能力，寫出具有高可讀性、共鳴感、解釋力、啟發性的論文；而良好的科學素養，則會讓質性研究者有好的邏輯組織能力，將龐雜無比的田野資料剪裁成章，進而寫成嚴謹的科學論文——脈絡分明、綱舉目張、舉證確鑿、立論紮實、結論信實。

二、質性資料分析有無終南捷徑

　　持平而論，固然優越的文藝才情不易獲致，良好的科學素養同樣也需費時培養。質性資料分析是研究過程裡的基本步驟，通常也是研究者最爲困惑、最覺「神祕」的部分，過程中尤其需要展現良好的科學素養，按部就班地將文字資料分門別類、去蕪存菁、抽絲剝繭，逐步提升資料的抽象層級，牽引出有憑有據的研究結論。質性資料應該怎樣予以分析？不少學者對此提出了主張，但仍不夠清晰，分析者通常還是陷溺在文字海洋裡茫然不知所終，懷疑自己是否運用了正確的分析方法。筆者認爲：這其中的主要問題不在於方法是否正確，而在於觀念是否清晰；析言之，分析者應在觀念上建立清晰的方向感，知道自己正在一道抽象階梯上爬升。本文試著說明這道階梯，且分解出五個梯級，此乃將Carney（1990）的觀點予以再概念化而得。步驟是：一文字化，二概念化，三命題化，四圖表化，五理論化，每階段並以實例說明。

　　《大學》有云：「物有本末，事有終始，知所先後，則近道矣。」學術研究正是想以簡御繁，期盼爲這個花花世界芸芸眾生尋得根本的意義與律則。本文冀指出質性資料分析的先後之道，從而掌握這個世界的先後之道。此想法與楊深坑（2002，頁17）引用《易經》「易簡而天下之理得矣」來解釋科學研究之旨趣的觀點是一致的。

　　本文在研究方法上，係對「研究法」本身的理論與技術兩層面，進行哲學性後設分析與省思。所分析文獻包括國內外質性研究法之專書與論文；再益以筆者從事質性研究及指導論文等實務經驗，理論與實務交相驗證，逐步發展而成本文。筆者期以此「抽象五階梯」芻議就教學界，至盼本文具實用與學術價值，能紓解研究新手摸索階段無跡可循之苦，並激發讀者思考其中的學術意涵。

貳　質性資料分析的模式

一、資料分析的定位與定義

為指出資料分析運用的時機，先簡單說明整個科學研究的過程，以顯示資料分析的位置與意涵。

科學研究是研究者蒐集感官資料（sense data），做為證據，進行推理後，解答研究問題的過程。通常研究步驟有五，如圖6-1所示，一選擇研究問題，二設計方法，包括選擇研究對象，擬定資料蒐集的方法，三實際蒐集資料（如：進行觀察、訪談），四分析所獲資料，五提出結論回答問題。雖然質性研究在**實際**進行探究時，並不像量化研究那樣，可將五步驟區隔得那樣清晰，往往是在數個步驟間往返或循環進行[2]，但在**觀念**上將研究過程理解為：一項有先有後、循序漸進的系統活動。這種按部就班的理解，可讓研究新手更能摸著頭緒，仍有其優點，也有其合理性。

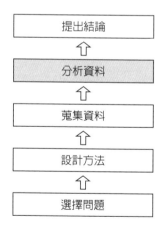

圖6-1　科學研究五步驟

圖6-1明顯標示「資料分析」位於步驟四，指研究者將蒐集到的原始資料去蕪存菁、分門別類、引出意義的過程，經此過程原始資料方能成為

2　質性研究者怎樣在多步驟間循環往返，參見陳向明（2002），Maxwell（1996）。

證據，解答研究問題。質性研究者在自然情境裡觀察、訪談、蒐集實物（即第三步驟），然後將所見所聞整理為文字資料[3]，進而分門別類、提取意義，用以回答研究問題；這一去蕪存菁的任務，就是質性研究者要進行的第四步驟。

二、資料分析的四種模式

有關資料分析，不少學者提出一些做法，Miller和Crabtree（1992, pp.17-21）將各家做法整理為四類：準統計式、模版式、編輯式、融入／結晶式。茲簡要說明此四模式[4]（參見圖6-2）。

(一)準統計式

準統計式（Quasi-Statistical Analysis）基本上是一種內容分析法（content analysis），先將登錄簿準備好，其中包含分類系統，然後將文字資料（即待分析的文字材料，或稱為「文本」〔text〕）中的某特定「字詞」找出，在登錄簿上畫記，然後進行統計，以顯示文本中的關聯性，再回到文本中去驗證，最後提出報告。教科書的內容分析研究，許多就是採用這種準統計模式。

(二)模版式

模版式（Template Analysis Style）是由研究者先準備一份模版（template），即預建的分類系統，然後半開放地對文字資料進行歸類，有需要時再調整原分類系統，之後以詮釋方式（非統計方式）說明文字資料中的關聯性，再回到文字資料中去驗證，最後提出報告。據筆者長期觀察：此

---

[3] 質性研究中，蒐集與產生的資料以文字為主，但也不排斥量化資料。現在也納入愈來愈多影音資料，ATLAS.ti就是一種適合處理影音資料的電腦程式（參見林本炫，2004），國內也有以影音來呈現研究成果的影像社會學、影像俗民誌（如：胡台麗的《石頭夢》，2005）。本文為簡化主題，僅探究文字資料的處理。

[4] Miller與Crabtree在1992年第一版中提出四種模式，在1999年第二版則刪掉第一種「準統計式」。我認為就分析文字資料來說，「準統計式」的確是一種可採用的方法；而且，若能和其他三種模式並列比較，更能讓人明瞭分析文字資料的各種取向，故本文仍介紹第一版的內容。

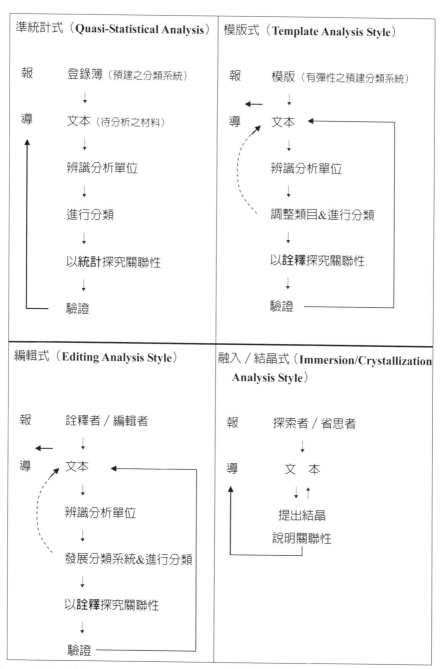

圖6-2　質性資料分析的四種模式

資料來源：Miller & Crabtree（1992, p.18）；胡幼慧、姚美華（1996，頁156）。

模式是國內質性研究者**實際**上普遍採用的方式，雖然研究者並未如此稱呼自己的分析方式。

(三)**編輯式**

編輯式（Editing Analysis Style）之主觀性、直觀性比前兩者強，非標準化程度也更高。研究者就像一個**編輯者**般處理文本：剪裁、組織、再組織。先閱讀文本，辨識分析單位，逐步發展出有意義的分類系統，然後以詮釋方式（非統計方式）說明文本中的關聯性，回到文本驗證後，最後提出報告。Strauss與Corbin（1998）的紮根理論法可歸屬於此模式，它是一種未預設分類系統的方法。國內雖有些論文宣稱採用的是紮根理論法，但卻有預設的分類系統，其實是名實不符的。

(四)**融入／結晶分析式**

融入／結晶分析式（Immersion/Crystallization Analysis Style）的主觀性、直覺性、非標準化程度都最高，現象學取向分析屬於此模式。研究者像是個**探索者**或省思者，長期浸淫在文字資料中以求融會貫通，獲得領悟，提煉結晶，顯示文本中的關聯性，最後提出報告。

筆者對Miller與Crabtree之分類，再做後設分析，發現其所採規準是：預定性、標準化程度、邏輯思考／整體直覺。**預定性**是指分析者所採的類目系統是否預先建立，「準統計式」是採預定好的、固定的類目系統；「模版式」雖預定了類目系統，但具有彈性，可以調整；「編輯式」沒有預定類目系統，而是在分析文本中逐漸浮現的；「結晶式」也未預建類目系統，而是長期浸淫在文本中領悟得到的結晶[5]。**標準化**是對分析的程序而言，四種模式中「準統計式」的分析程序之標準化最高；「模版式」與「編輯式」居中；「結晶式」標準化程度最低。**邏輯思考／整體直觀**是針對做分析判斷時，研究者究竟是傾向於邏輯思考或整體直觀。所謂整體直觀是指：認知者未經思考過程或邏輯思考，便直接對認知對象產生了整體

---

5 由此可知，Miller與Crabtre（1992）在為四模式命名時，主要考量的是：分析所採的**類目系統**是怎樣得來的：由模版來？由編輯來？由結晶來？

性的理解（項退結，1976，頁221）。這與邏輯思考層層推理、環環相扣的方式是很不一樣的；四種模式在此方面的排列順序，與前兩規準完全一致，筆者將之整理爲圖6-3。

質性資料分析	準統計式	模版式	編輯式	結晶式	
分析類目：預定的	◄──────────────────────────────►				逐漸浮現
分析程序：標準化	◄──────────────────────────────►				非標準化
分析判斷：邏輯思考	◄──────────────────────────────►				整體直觀

圖6-3　質性資料分析的四種模式之比較

　　分析者要採哪一模式？Miller與Crabtree（1999, p.24）認爲主要依據：①研究問題與目的；②與研究問題相關之已知知識與浮現的知識是多或少；③蒐集資料的方法；④研究報告的讀者。析言之，若研究目的在：增進對研究對象主體的理解、探索新領域、產生新洞視／新假設；或已知的知識不多，或已採參與法蒐集資料，或研究者的思考偏向有彈性的、富創意的、悟性高的；如果屬上述這些狀況，該研究就愈適合採用詮釋取向的分析模式，即編輯式、結晶式；反之，若已知知識較多、讀者多爲實務者、研究目的在測試理論、研究者的思考偏向有固定架構的，在這種種情況下，則適合採準統計模式、模版式。但即使在同一研究裡，也可採用多種模式，例如研究初期先用結晶式，逐步形成分類系統，然後進行資料的詮釋；研究中後期再運用一固定分類系統，採準統計模式進行資料分析。

　　Miller和Crabtree整理的這四類模式，呈現了模式間的異同。四者在「預定性」、「標準化」、「邏輯思考／整體直覺」等方面有其差異，這些差異處其實饒富意涵，可提供質性資料分析者寶貴的啟示，哪些呢？筆者認爲至少有三項：一是分析所需的**類目系統**是有彈性的，可預建、可半預建、可不預建。二是分析的**程序**可標準化、可半標準化，也可採比較無明顯程序的鬆散方式。三是分析做**判斷**時，有些派別傾向於採用整體直觀式，著重以領悟或洞視辨識資料中的類目、進行歸類、認出關聯性；有些派別做上述判斷時，則更傾向採用較嚴謹的邏輯思考。

這三啟示可釐清國內研究生某些誤解，誤解一是以爲質性研究分析一定要探紮根理論法，其實它只是可用的方法之一。誤解二是以爲直觀是科學研究中應儘量避免的，但其實每一研究都會用到直觀，只是多寡不同[6]；分析資料時有創意的想法，往往來自於直觀，而非邏輯思考；當然直觀不可避免，也應善用，但絕不能濫用，直觀所得必須經得起後續的邏輯思考之考驗（下文將以實例解說），甚至需要再蒐集經驗資料，以驗證之。

三、資料分析的共同六步驟

我們再進一步思考：既然同屬於質性研究，有無共用的分析步驟？M. Miles與A. Huberman（張芬芬譯，2006，頁19-20；2008，頁13）[7]歸納出共用六步驟，它是一套相當古典的做法：

- 將代碼標示在札記上，札記由觀察或晤談而來。
- 在札記邊緣寫省思或評註。
- 將這些材料分類、篩選，以找出相似的片語、變項間的關聯、組型（pattern）、主旨（theme[8]）、組間的差異，及共同順序等。
- 把這些組型、過程、共同性、差異性抽繹出；下一輪資料蒐集時，把這些想法帶到現場去引導資料的蒐集。
- 慢慢思量一小組通則，這組通則能含括資料庫中的一致性。
- 用一組已定型的知識體系，去考驗那組通則，該知識體係採構念（constructs）或理論的形式來呈現的。

6　即使自然科學研究裡，研究者也會出現直觀的認知，如：突然領悟到變項間可能的關係。

7　該書中譯本【繁體版】張芬芬（譯）（2006）。**質性研究資料分析（修訂版）**。臺北：雙葉書廊。
　【簡體版】張芬芬（譯）（2008）。**質性資料的分析：方法與實踐**。四川：重慶大學出版社。本章爲方便兩版讀者查找譯書，故在需要處，將兩版的頁數均寫出。

8　theme有時被譯爲「主題」，但在此處譯爲「主旨」較爲貼切，它是指分析者在一段文字資料中所找到的**主要意思**，主要以命題型式來表達，顯示了**兩個概念以上的關聯性**（如：「國道標語比鄉道標語多」）；或說明了一個概念的狀態（如：「中國大陸的標語主要是政令性的」）。若將theme譯爲主題，易被誤解爲研究題目，或以爲主題是指一個「概念」（concept），以致影響了資料分析時的思考。

參　質性資料分析的五步驟

一、抽象五階梯

　　Miles與Huberman歸納的這套步驟，主要把分析者要做的工作逐步列出，所有派別的分析者大致均可採用。但仍有其缺點，六步驟並未形成一完整圖像，解說比較零散。相形之下，Carney（1990）提出的「分析性抽象階梯」（圖6-4），就更具整體性，形成一完整圖像。Carney是由資料轉型（data transformation）的觀點來看分析過程，他認為做分析即不斷提升抽象層級。步驟如下：

・準備一份文字資料。

・為文本編碼，貼上類目（category）。

・找出主旨與趨勢。

・檢測靈感與發現，即前一步驟找到的主旨與趨勢。

・勾勒一深層結構，把資料統整，放入此深層解釋架構中。

　　Carney（1990）由「資料轉化」角度提出「提升抽象層級」的觀點，筆者認為對分析者深具意義。它可讓分析者在**概念**上知道目前自己所處階段，並瞭解前進的方向，而不至於迷失在繁多的技術運用中，甚至陷溺在文字海洋裡。質性研究者都知道，實際分析資料時，操作相當繁雜，以著名的「紮根理論法」來說，主要分三階段編碼[9]，而每階段又細分為許多步驟，但實際分析資料時，所進行的分析活動比Strauss與Corbin（1998）書中列出的更多[10]；而Miles與Huberman的《質性研究資料分析》（張芬芬譯，2006，2008）雖以完備與實用著稱，書中介紹了數十種分析技術／

---

[9]　即開放編碼、關聯編碼、核心編碼（Strauss & Corbin, 1998）。

[10]　紮根理論法受到的批評不少，其中較為重要者包括（Denzin, 1994, p.508）：①未歸屬於經驗世界的概念實在太多，分析者很可能會在編碼過程中迷失方向。②理論所涉及的事實（facts）原本就是負載理論的，所以紮根理論者只不過是讓理論去發現自己，讓理論自己找到根據。③紮根理論太強調理論，包括運用以往的研究去引導研究，及讓以前的理論更為厚實（參見張芬芬，2002b；頁316-317）。

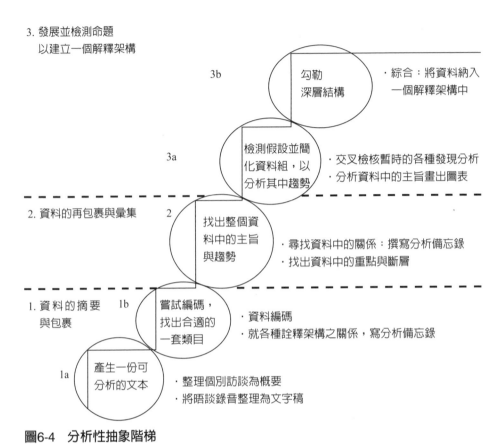

圖6-4　分析性抽象階梯

資料來源：Carney（1990, p.128）。

工具，若分析者未在觀念層級建立整體認識，使用該書時，很容易陷溺在文字海洋中。

　　對Carney的「抽象五階梯」，筆者認為可略做調整後進一步再概念化，而成為圖6-5：一階文字化，二階概念化，三階命題化，四階圖表化，五階理論化。如此命名更簡明，層次更清晰，還可形成一更完整的圖像。對質性研究學習者而言，尤具意義的是，此五階梯清楚提醒研究者科學研究的進程——要提升抽象層級，往建立理論的目標邁進。也提醒研究者：資料分析不僅是技術問題，更是觀念問題及抽象思考的能力問題。

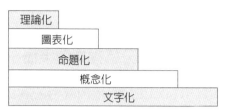

圖6-5　質性資料分析的五步驟

二、電腦程式的功能與侷限

　　這樣的五步驟與電腦分析質性資料所根據的邏輯也是一致的，林本炫（2006）分析了質性資料分析軟體的數種類型，確認這些軟體的基本分析過程，符合I. Dey提出的分析三步驟：描述→分類→連結。而本文所提的五階梯也符合這三步驟的邏輯。「文字化」是在進行「描述」，「概念化」是在進行「分類」，而「命題化」、「圖表化」、「理論化」都是在進行「連結」活動。由此推知：本文所提五階段都有電腦軟體可**協助**進行[11]。

　　值得說明的，若嚴格檢視目前軟體發展狀況，真正的「人工智慧」並未產生（林本炫，2006）。簡言之，電腦程式可進行的「連結」，仍限於機械式的基本連結，例如：「由某些文字相互接近，來顯示其關聯性」（Weitzman, 2000, p.806）。有關電腦的侷限與功能，Weitzman（2000, p.806）說得頗清楚：「電腦永遠不會為你『做』理論建構的工作……但它可協助你進行心智的努力，讓你更容易地、更連貫地思考資料的意義。」具體地說，目前的電腦並不會如人腦般進行**融會貫通**式的思考，不會自行「領悟」到檔案中未出現過的詞彙，及其隱含的概念[12]；簡言之，電腦不會進行有機式的連結，或超越連結。真正精采、絕妙的好命題、好

---

[11]　國內已逐漸普遍的質性資料分析程式，如：ATLAS.ti（林本炫，2004）、Nvivo（林本炫，2006），皆有助於本文所提五步驟的進行。

[12]　電腦不會自行領悟到文本資料裡沒有出現的概念，因此，資料分析者必須為資料進行「概念化」工作，告訴電腦：資料中隱含的概念。此即進行「編碼」。

圖表與好理論，還是要靠好的人腦。

三、資料分析猶如種果樹

　　為讓五階段的資料分析法更容易形成鮮活的圖像，可藉「種果樹」之譬喻（metaphor）來幫助理解（表6-1），第一階段是「文字化」，文字就像**葉片**，研究者要蒐集或產生文字，讓它們成篇累牘，就像園丁要育苗長葉。第二階段是「概念化」，概念就像**花**，研究者要讓一段段的文字化為花朵，即對一段段文字賦予概念，再依概念的性質分門別類，形成概念系統，原本的文字資料也就相應地形成了系統；此階段研究者的任務是要思索文字的涵義，提取出精彩的意義之「**花**」，就像園丁要灌溉開花。第三階段是「命題化」，命題就像**枝幹**，研究者要對資料求同存異，發展出好命題，反映出資料的一致性，就像園丁要壯大枝幹，園丁抽取出一條枝枒，便能拉出一串花朵。第四階段是「圖表化」，圖表就像**樹**，研究者要讓資料綱舉目張，就像園丁要讓將這株植物開展成大樹。第五階段是「理論化」，理論就像**果實**，研究者要讓資料以簡御繁，以理論中精要的原理原則，去解釋大千世界的各種現象，就像園丁期待果樹結實纍纍。

表6-1　質性資料分析的五階段：資料分析猶如種果樹

階段	譬喻	任務	
文字化	**葉**	育苗長葉	成篇累牘
概念化	**花**	灌溉開花	分門別類
命題化	**幹**	發展枝幹	求同存異
圖表化	**樹**	展開大樹	綱舉目張
理論化	**果**	結成果實	以簡御繁

階段一「文字化」：育苗長葉

一、文字化的涵義

　　「文字化」就是蒐集文字或產生文字。基本上質性研究蒐集與產生的資料（data），主要就是文字，即所謂「軟資料」（soft data）。蒐集與產生文字的方式有三：觀察、訪談及文件分析，舉凡觀察札記／田野札記、訪談紀錄、文件摘要等，主要均以文字組成。

　　進行教育研究時，有許多現成的文字資料可供使用，如：課程方案、教學活動單、學習單、教學日誌、學生習作、聯絡簿、情緒日記等。另外，師生投入網路活動者愈來愈多，在合法前提下，網路上有許多現成的文字資料可供蒐集，分析出有意義的結果。例如：網路留言版、聊天室、討論區、部落格、email內容。

　　除現成文字資料外，質性研究者最常使用觀察與訪談來產生文字資料，產生這類文字資料所需的詳略程度，依研究類型不同，而有不同的需求。筆者歸納發現：一般而言，語言學、心理學等傾向於微觀的質性研究，較需整理錄影、錄音的逐字稿，人類學、社會學等較鉅觀的質性研究，則可將所聞所見整理為概要來使用，無須花費大量時間整理逐字稿。

　　文字化的工作有繁有簡，逐字稿屬於繁瑣詳盡的文字化工作，但若你的研究無須整理詳盡的逐字稿，則可整理成較精簡、濃縮的文字資料，如：田野札記／觀察札記，供下一階段編碼之用。Milles與Huberman設計的「接觸摘要單」（張芬芬譯，2006，頁113；2008，頁74）、「文件摘要單」（張芬芬譯，2006，頁118；2008，頁77），也屬這類精要的文字資料，可直接用來編碼；為整理精要的文件，Milles與Huberman建議也可召開「個案分析會議」（頁163-8），整理成的會議紀錄也屬精簡的文件。

　　相對而言，「文字化」與後面四步驟有一基本差異，「文字化」主要

是一種資料整理的工作[13]，後四階段才進入資料詮釋（interpretation）的階段，讓資料獲得意義。

二、實例

◎文字化：實例解說

　　假定一名研究者在中國大陸旅行，進行田野觀察，看到各地出現的標語甚為特別，他隨手記錄在札記裡。一段時日後，累積了如下的文字資料（表6-2），這算是進行了一項「文字化」的工作。該研究者腦中浮現的研究問題可能是：中國大陸為何出現這麼多標語？標語的內容有哪些？標語出現在哪些地點？是誰立的？效果如何？……。

　　為方便說明本模式每步驟實作的方式，並顯示資料分析的完整過程，下文將藉這段文字做為分析材料。

表6-2　「文字化」實例：大陸標語

■ 在河南的國道上看見的：「搶劫警車是違法的」
■ 在河南的國道上還看到絕對經典的一條：「一人結紮，全家光榮」
■ 這是在貴州看到的，也挺經典的：「放火燒山，牢底坐穿」
■ 在鐵路上看到的：「橫臥鐵軌，不死也要負上法律責任」
■ 在淅源到理杭的路上，經過一個不知名的小村莊，偶見路邊的農舍上，用白漆刷著這一條標語：「國家興旺，匹夫有責；計劃生育，丈夫有責」。
■ 北京某遠郊縣：「少生孩子多種樹，少養孩子多養豬」
■ 在山東看到的標語：「光纜不含銅，偷盜要判刑」
■ 安徽政府要求歸還農業貸款的標語：「人死債不爛，父債子來還」
■ 湖南某縣的生育計畫標語：「誰不實行計劃生育，就叫他家破人亡」
■ 河北某縣的生育計畫：「寧可家破，不可國亡」
■ 河南某縣：「寧添十座墳，不添一個人」

---

[13] 若更細緻地思考，研究者在文字化階段整理資料時，將所見所聞化為文字前，仍會在腦中潛在地進行著意義詮釋的工作，雖然現象學一再提醒應對所描述現象保持原汁原味，將自己的前見、成見放入括弧、暫時懸置；但以後現代觀點來看，任何描繪都含有研究者的價值判斷，研究者所能做的是盡量清楚覺察、記錄、報導自己在文字化階段所持的判斷規準，不要讓未經覺察的價值觀潛入文字化的工作中。

伍　階梯二「概念化」：灌溉開花

一、概念化的涵義

　　「概念」（concept）是構成理論的基本單位，在研究領域裡，概念代表著各種現象的抽象元素。例如：青少年犯罪理論中的基本概念包括：青少年、犯罪、同儕團體等（J. Turner, 1989, p.5；引自Babbie, 1998, p.52）。

　　在質性資料分析中，概念化就是將某個「概念」賦予給某段文字資料，亦即進行「編碼」（coding）。「編碼」是將一個「代碼」（code）貼在一段文字上，而這個代碼在觀念世界裡就是一個「概念」。例如：將「在河南的國道上還看到絕對經典的一條：『一人結紮，全家光榮』」編碼為「節育」，其中「節育」是一個代碼，也是一個概念；它之所以是個**代碼**，是因它被用來代替「在河南……」這段文字，就符號轉換層面上看，它是一代碼；它之所以是一**概念**，是因「節育」在觀念世界裡有它抽象的意涵，所以就抽象意涵來看，它是一概念。

　　為什麼要將概念賦予給資料呢？這是為了要找到**意義**，概念是擁有意涵的東西，當某段文字被貼上一個概念後，這段文字便擁有了這個概念的意涵。為什麼研究者要讓資料擁有意義？存在主義可回答這一問題：因為人是意義的追尋者。人有一種自然的心理傾向，遇到任何事物，都會自然提問：「這是什麼意思？」而社會科學研究者的基本任務，是要為社會現象提出詮釋（interpretation），即對社會現象說出一套合理的意義（make sense）。

　　質性研究大師Denzin（1994）表示：因為社會現象不會說話，必須經過詮釋，才會擁有意義。更細緻來看，記錄社會現象的文字資料也不會自己說出意義，必須由研究者賦予它意義，當研究者進行編碼時，將一個個概念貼在一段段文字上，這些文字就獲得了意義。以這一個個概念為基礎，可進一步地進行「命題化」、「理論化」的工作，最後編織成一

張「意義之網」[14]，滿足人們對意義追求的自然傾向。之後，人們面對該社會現象時，便可用這張意義之網去理解，心中對意義的追求因而獲得了滿足。這就是為何質性研究的目的之一在：增進人們對社會現象之**理解**（Bogdan & Biklen, 1998, pp. 50-51）；因為質性研究者提出了意義的詮釋，這意義有助於人們對現象的理解，尤其是對一些新現象，或較為陌生的群體的理解，質性研究者可告訴大家：這裡發生著什麼（What's happening here?）。

概念就像「花」，研究者要思索一段段文字之意義，從學術語言中找出合適的「概念」貼在一段段文字上，就像園丁要灌溉開花。「花朵」在本質上已不同於「葉片」，這是**質變**的過程，是研究者走入抽象世界、觀念世界的開始。基本上階梯一的文字化，是對具體世界做一紀錄，「相對真實地」或「逼近真實地」去描繪，所反映的是具體的研究對象／現象，那些文字只算是原始資料（raw data）。而「概念化」是將原始資料予以**轉型**（transform），原本具體指涉某人事物的文字，轉化為抽象的概念。

二、概念化的步驟

Miles與Huberman（張芬芬譯，2006，頁126；2008，頁83）將A. Strauss與J. Corbin的編碼程序整理如下。此程序類似於前述的「編輯式」資料分析模式（Miller & Crabtree, 1992）。「生命史研究法」（Runyan, 1982）是國內日受重視的一種研究法，若細究此法，可發現其所採基本步驟也有類似之思維邏輯，以下一併說明，以期更具體思考這些步驟。

---

[14] 此處所稱的「意義之網」與人類學大師Geertz所說的「意義之網」（web of meanings）不太一樣，Geertz較傾向於將「意義之網」視為先於研究者而獨立存在的，乃是局內人文化裡已經出現的東西，研究者要努力以文化主位的（emic）觀點，將此已有的意義之網梳理出來。本文則較接受Denzin建構主義的觀點，傾向於將「所形塑的意義」視為研究者與研究對象互動，所共同建構出來的結果。雖然編碼時，是由研究者將具有意義的概念貼在文字上，但文字是研究者與研究對象互動出來的，而且經編碼寫出的報告也應送請研究對象檢核，所以研究報告最後編織的「意義之網」是互動出來的結果，不是研究前預先存在的。

- 編流水號：讀札記，並為**行數／段數**編流水號。
- 初步編碼：在段落旁／下，寫下想到的代碼。Miles與Huberman稱此為**描述性代碼**；Strauss與Corbin（1998）稱此為開放性代碼。生命史研究者於此時會找出文本中的重要事件或頓悟事件，並為事件寫下代碼。
- 整理代碼清單：累積代碼而成**代碼清單**。生命史研究累積的代碼清單，可成為重要事件清單或年表。
- 建立初步代碼系統：看代碼清單，將代碼分類分層，形成類別與層級。
- 尋找**主旨代碼**：看初步代碼系統，找出更抽象的代碼，Miles與Huberman稱此為主旨代碼。Strauss與Corbin稱此為核心代碼、主軸編碼。生命史研究者此時可能尋找生命的核心議題，或故事主軸。
- 建立更統整的代碼系統：以主旨代碼為主軸，形成更統整的**代碼系統**。
- 繼續運用、修改，直到代碼系統合用。

三、實例

◎「概念化」（一）初步編碼：實例解說

　　為具體說明「概念化」如何進行，再以大陸標語來解說。研究者依以上程序，首先進行初步編碼：先閱讀該文字資料，再為行號／段號寫下流水號；接著在段落附近，寫下想到的代碼，於是出現表6-3的結果。每人產生的代號因個人背景、學術興趣等不同，寫下的代碼會有所差異。表6-3是我所做的初步編碼。可能有人寫下的代碼是：河南、貴州、國道、鐵路等。此皆合理的代碼。

表6-3 「初步編碼」實例：大陸標語

行號／段號	編號：編頁次、段號、資料代碼本頁流水號：20100401文01	
	大陸標語	代碼
段01	■ 在河南的國道上看見的：「搶劫警車是違法的」	提醒、守法
段02	■ 在河南的國道上還看到絕對經典的一條：「一人結紮，全家光榮」	鼓勵、節育
段03	■ 這是在貴州看到的，也挺經典的：「放火燒山，牢底坐穿」	提醒、守法
段04	■ 在鐵路上看到的：「橫臥鐵軌，不死也要負上法律責任」	提醒、守法
段05	■ 在淅源到理杭的路上，經過一個不知名的小村莊，偶見路邊的農舍上，用白漆刷著這一條標語：「國家興旺，匹夫有責；計劃生育，丈夫有責」。	鼓勵、節育
段06	■ 北京某遠郊縣：「少生孩子多種樹，少養孩子多養豬」	提醒、節育
段07	■ 在山東看到的標語：「光纜不含銅，偷盜要判刑」	提醒、守法
段08	■ 安徽政府要求歸還農業貸款的標語：「人死債不爛，父債子來還」	提醒、守法
段09	■ 湖南某縣的生育計畫標語：「誰不實行計劃生育，就叫他家破人亡」	提醒、節育
段10	■ 河北某縣的生育計畫：「寧可家破，不可國亡」	提醒、節育
段11	■ 河南某縣：「寧添十座墳，不添一個人」	提醒、節育

◎「概念化」（二）整理代碼清單：實例解說

累積代碼成為「代碼清單」（參見表6-4）。

表6-4 「代碼清單」實例：大陸標語

```
            清單

    守法

    鼓勵

    節育

    提醒

    ……
```

◎「概念化」（三）形成代碼系統：實例解說

．檢視「代碼清單」。

．將代碼分類、分層，抓出類別與層級。

．形成「代碼系統」：累積類別與層級，而成系統（參見圖6-6）。

圖6-6　「代碼系統」實例：大陸標語

◎「概念化」（四）尋找主旨代碼：實例解說

．找到主旨代碼：細究代碼系統，形成更抽象的代碼，即主旨代碼。本實例找到的主軸代碼是「標語治國」，此乃以直觀**領悟**到這些標語的**功能**：哦！原來標語是**用來**傳達政令、管理國家的。

．建立更統整的代碼系統：以主旨代碼為主軸，形成更統整的代碼系統（參見圖6-7）。

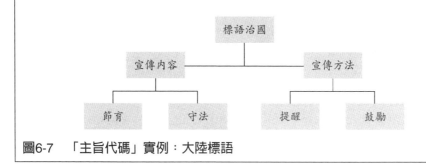

圖6-7　「主旨代碼」實例：大陸標語

四、代碼的來源

　　有關代碼的來源，如前所述可以是預建的、半預建的，也可是完全開放式的。國內採半預建者應該最多，屬於Miller與Crabtree（1992）所謂的「模版式」分析。假定以黃鴻文（2003）的《國民中學學生文化之民族誌

研究》來看，該研究目的之一在探究：國中生在學校生活裡習得哪些觀念體系？據此，資料分析時可預建一項主代碼：「觀念體系」，然後再由資料中逐漸浮現了一些子代碼，如：「時間系統」、「教師系統」、「科目系統」等。簡言之，主代碼來自研究目的，子代碼來自現場資料。本文前面對大陸標語的進行的初步編碼，採用的則是完全開放型，即完全從資料閱讀中浮現。

不少學者將代碼的**面向**予以分類，分析者也可參考這些類別尋找合適的代碼。幾位學者的分類如下：

- Lofland與Lofland（1995）：動作、活動、意義、參與、人際關係、場所。
- Bogdan與Biklen（1998）：場所、情境定義、觀點、過程、活動、事件、策略、關係與社會結構、方法。
- Strauss與Corbin（1998）：條件、互動、策略與技巧、結果。

陳向明（2002，頁377）另從語言學角度，提出分析者可能就以下面向尋找代碼：語言、話語、語意、語境、語用、主題、內容、符號學。

筆者認為對研究新手來說，採半預建式編碼將較易著手，即先以研究目的建立主代碼（如：宣傳方法、宣傳內容），再讓子代碼從資料中浮現（如：節育、守法）。

五、代碼系統

有人可能疑惑：天馬行空似地思考，寫下的代碼一定會形成系統嗎？一定能找出主旨代碼嗎？答案是肯定的。I. Kant（1724-1804）將人類認識外物時的基本思維格式，分為12**範疇**（categories）[15]，換言之，人類思維的基本格式不出12範疇之外。當然Kant的12範疇屬於認識論的探索，係對

---

[15] Kant列出的12範疇包括四類（傳統先，1977，頁216）。份量的：全稱的、特稱的、單稱的。性質的：肯定的、否定的、未定的。關係的：定言的、假言的、選言的。樣態的：蓋然的、實然的、必然的。順便一提，category在哲學領域譯為範疇，在質性資料分析時，則多譯為類目或類屬。

知識中的**判斷**做一分類（傅統先，1977，頁216）；而質性研究者關心的面向並不在認識論，自不必受限於Kant的分類。再試想日常生活的用語何其繁多，但由詞彙的詞性去看，不外乎名詞、動詞、形容詞、副詞……。再看世界各民族的語言何其眾多，但仍不出幾種基本語法。總之，分析者無論寫下怎樣的代號，要將代號歸類，形成系統，找到主旨代碼都是可做到的。

　　「概念化」的工作是五階段中最為繁瑣的，此時，製作「代碼索引卡」、「代碼定義單」，撰寫「分析備忘錄」，召開「個案分析會議」，將有助於完成概念化工作。有關細節與注意事項，可參閱張芬芬譯（2006，頁109-173：2008，頁71-116）。

 ## 階梯三「命題化」：展開枝幹

一、命題化的涵義

　　「命題化」階段是要找出**整個資料中的主旨與趨勢**，用命題的形式呈現此主旨或趨勢。此命題即是暫時的**研究假設**，有待進一步去驗證。何謂命題？以下是《哲學大辭典》（馮契主編，1992，頁102）的解說：

> 　　在普通邏輯中，命題是指一個表達判斷的語句，即一個具有真假意義的語句。如：「水銀是液體」、「水銀不是液體」，前者是真的，後者是假的；二者均表達了一種判斷……命題通常是陳述句，而疑問句、感嘆句、祈使句都不是命題。

　　研究假設、研究結論在形式上都是命題，而理論就是命題所組成的。例如Gardner（1993）提出的「多元智能理論」（multiple intelligences），包括許多命題，以下是一部分：

個人的各種智能之間是彼此獨立的。
每個人擁有自己獨特的智能組合。

每個人都具有發展各種智能的潛力。

以上實例可清楚顯示理論與命題的關係。

二、實例

> ◎命題化：實例解說
>
> 　　我們可從前一概念化階段整理而得的圖6-6與圖6-7，延伸出三命題：
> ・命題1：中國大陸以標語進行政令宣導。
> ・命題2：中國大陸政令宣導的主要內容是節育、守法。
> ・命題3：中國大陸政令宣導的主要方法是鼓勵、提醒。

　　命題是怎樣出現的？前述的「概念化」階段已經做了一些準備，基本上命題是由概念組成的，例如：「實習老師是理論無用論者」，此命題中的「實習教師」、「理論無用論者」都是概念。前面「概念化」的每一動作都有助於命題的出現，「貼代碼」、「代碼清單」、「初步代碼系統」、「主旨代碼」、「更統整的代碼系統」等都有助於命題的成型。命題可由邏輯思考產生（如：命題2與3[16]），也可由整體直觀產生（如：命題1[17]）。而整體直觀可能是有意識去進行的，也可能是無意間湧現的靈感與頓悟。劉大椿（2006，頁205）指出：當研究者對一個領域非常熟悉，這種直觀的領悟是比較容易出現的。這也是現象學取向的資料分析法，為何強調長期浸淫在資料中（Manen, 1997, pp.43-60; Patton, 1990, pp.407-410）。生活中常有這樣的經驗：當你朝思暮想、魂縈夢繫的都是研究資料時，便會有福至心靈、靈光乍現的時刻，突然間一個很棒的命題便出現了。可見全身心地投入研究，確是好論文的必要條件。

---

[16] 命題2與命題3係**歸納**前面各編碼而得，故屬**邏輯推理**產生的。

[17] 命題1乃綜觀所有標語後直接**領悟**到：原來標語的**功能**在於政令宣導呀！故屬直觀產生的。對直觀所得者，尤需以經驗資料來**驗證**，檢核方式與表6-5所做是一樣的。

階梯四「圖表化」：展開大樹

一、圖表化的涵義

圖表是經過整理的一種具有條理的東西，它可讓研究者仔細比對，找出相同與相異處，進一步指出漏洞、類型、主旨，看出趨勢等。圖表可發揮輔助思考的功能，對紮根理論熟悉者一定知道：分析過程裡要採「不斷比較法」（Strauss & Corbin, 1998）；而無論是比較的過程中或比較的結果，都很適合採用圖表。

也許有人會奇怪：質性研究需要運用圖表嗎？圖表難道不是量化研究採用的嗎？事實上圖表並非量化研究專有，雖然質性研究論文要比量化研究論文運用更多文字做解說，但在分析資料與呈現資料方面，圖表的確也是質性研究者的好工具，有助於提取文字中的精華。Miles與Huberman極力推薦質性研究者多運用圖表，他們認為圖表展示具有四種功能（張芬芬譯，2006，頁196-199；2008，頁131-132）：一可在同一頁面展現出資料與分析，產生一目了然的效果；二讓研究者看出何處需再進一步分析；三易於比較不同的資料組；四可直接把資料分析所得的圖表放在報告中，提升研究結論的確實性，說服人更相信研究結論。簡言之，圖表有助於一目了然、推進分析、便於對照、提高信賴感。這樣多優點的工具，質性研究者豈可放棄？

事實上，前面的概念化階段很已明顯運用圖表來輔助思考與操作[18]。而「命題化」之後在此所做的「圖表化」，更是一成效顯著的步驟，此時整理圖表是要測試／驗證初步發現的命題是否合用。此相當於Carney（1990）抽象階梯中的步驟3a：「繪成圖表，檢測靈感與發現」（參見圖6-4）。

若測試不合用，可再以圖表整理資料，尋找資料的缺漏處、新重點、新關係，以調整初步的命題，或建立新命題。

---

[18]　本文使用不少圖表以期產生一目了然的溝通效果，若去除這些圖表，而僅以文字說明，讀者可試想其溝通效果是否較差。

　　將資料整理為圖表，可突顯清晰的焦點，產生一目了然的效果：讓人在一個頁面上一眼看到一組完整的資料，進而有系統地回答心中的問題（例如：命題1是否成立？）。此處的實例是透過表格看出漏洞，進而將命題修改得更為精確，並限定資料蒐集的範圍。

二、實例

◎圖表化：實例解說

表6-5　「圖表化」實例：大陸標語

命題1：「中國大陸以標語進行政令宣導」			
段01	在河南的國道上看見的：「搶劫警車是違法的」	＋	
段02	……	＋	
……	……		
段11	河南某縣：「寧添十座墳，不添一個人」。	＋	
段12	湖南電視台附近標語：用手機票選出你心目中的「超女」。	－	企業以廣告廣招生意

　　現仍以中國大陸標語為例，說明：怎樣用圖表做資料分析。此時要藉表格來檢核前一步驟找到的初步命題，是否適用於每一標語，以確認該命題是否成立，或需怎樣修改。我們應為每一命題繪製一檢核表。茲以命題1為例：「中國大陸以標語進行政令宣導」。表6-5是為此命題繪製的檢核表，分析者若認為命題1適用於段01，則標示為「＋」，以此類推。假定段12是「湖南電視台附近標語：用手機票選出你心目中的『超女』」，命題1顯然並不適用於此廣告，因此標示「－」。

　　若遇不適用狀況，即遭遇負面案例，此時可兼採兩方式處理，一是修改命題，二是回頭思考：原本資料蒐集的範圍是否設定得不夠明確。處理一是將命題1改為：「中國大陸官方以標語進行政令宣導」，這樣便可把企業豎立的商業廣告排除在外，因為企業不是官方；進而再將「段12」刪除，不納入該研究中。處理二是回頭將資料蒐集的範圍設定得更清晰：「本研究所稱道路旁的標語，不包括商業廣告」。

三、圖表要用「分析性文字」來解說

　　值得說明的是：圖表不應單獨放在論文中，必須搭配「分析性文字」，用「分析性文字」解說圖表，從而形塑出意義，研究結論常常就隱藏在「分析性文字」中。「分析性文字」有助於圖表中意涵的表達，而完善的圖表也有助於「分析性文字」的撰寫速度。Miles與Huberman（張芬芬譯，2006，頁211；2008，頁141）表示：如果研究者未以圖表整理資料，而想為數百頁的札記，撰寫分析性文字，這將是極痛苦之事。反之，好的圖表資料填入的是研究者頗有信心的資料，這可讓研究者撰寫分析文字時較為輕鬆、快速，且會寫出更具生產性的文字，即這段文字可引出下一輪的分析活動，例：進一步做比較、整合出複合式的有機體等。

　　如何運用圖表展示資料？Tufte（1990）這位圖表專家提出一簡單規則：要清晰，再加些細節。換言之，圖表要簡明，但不能遮蔽了理解。Miles與Huberman並以專門章節細說究竟（張芬芬譯，2006，2008，第五章第一節、第九章）。

 ## 階梯五「理論化」：結成果實

一、理論化的涵義

　　理論是指對一套事實或規律所做的系統化解釋（Babbie, 1998, p.52）。此定義隱含著：理論是被建構出來的，而不是被發現的。

　　質性研究受人類學影響甚大，人類學者Geertz（1973）表示：人類學的探究模式就是俗民誌（ethnography），俗民誌就是厚實描述（thick description），而厚實描述之目的在解開糾結在一起的意義之網（web of meanings），此意義之網就是文化。換言之，每一文化裡的人們在生活中以言以行以思想編織起一張意義之網，研究者要探究此文化，就是要解開這張意義之網，梳理出其間的條理，幫助讀者理解網中的意義。

　　若將Geertz的觀點繼續延伸，研究者的任務就是要建構理論，用理論解開「文化的意義之網」，而研究者建構的理論可說是另一張「意義之

網」，這是「抽象的意義之網」。科學研究的終極目的就是在編織起這張
「抽象的意義之網」，以理論解釋萬事萬物。這「天下之理」就是古往今
來多少愛智者殫精竭慮想要獲得的東西。

　　果真有「天下之理」嗎？時序走入後現代，後現代主義者認為已經
沒有這種「放諸四海而皆準」的大理論了，學者能夠建構的僅是些小理論
──適用於某時空下的小理論。此時更出現一些非常不同於傳統科學研究
的風貌，有些質性研究者已宣稱不再追求理論性的研究目的，即「理論
化」不再是其目標，他們可能轉而「求善求美」（張芬芬，2007，頁36-
37），甚至以研究「求治療」（Ellis & Bochner, 2000）。然而，並非所有
質性研究者均選擇遠離「求真」（建立理論）之路，仍有許許多多質性研
究者以「建立理論」為其目標，至少是可與「求善求美求治療」兼顧的
目標。

　　至於理論大小的問題，郝柏林（2003，頁123）從邏輯學提出想法：
邏輯學中有一定律：概念之「外延」與「內涵」成反比。換言之，理論體
系愈大（外延大），其內涵反而愈小，更無益於具體的科學知識。筆者發
現此亦可延伸至質性研究領域，相對於量化研究，質性研究的研究對象之
數量通常只有少數幾人，所能建立的理論之外延比較小，但內涵反而更豐
富，更有助於具體的科學知識。因此由後現代觀點來看，質性研究者最終
建立的理論，小則小矣，但這種「小而實」的理論其實更貼近現實生活，
更能打動人心、啟迪民智。

　　如何判斷理論的優劣？依據紮根理論的觀點（Strauss & Corbin, 1998,
p.258），判斷的規準在於：該理論所涉及概念的範圍、密度（density）、
諸概念間的關聯、諸概念間系統性的關係，及此理論之具體性（specific-
ity）與普遍性（generality）。為此，紮根理論取向的研究報告應提供諸多
的訊息（Denzin, 1994, p.508），包括樣本（含理論上的變異情況）、核心
類目、關鍵事件、示例、研究假設，及負面案例；論文也應顯示：這些理
論係在怎樣的研究過程中逐漸浮現且被找到的。

二、實例

◎理論化：實例解說

　　研究者邁向抽象階梯的最高階──「理論化」時，要做的工作就是：勾勒出一個深層的解釋架構，這一架構能夠讓分析者將手中的田野資料統整起來，放入此架構中做解釋。以大陸標語為例，此時的研究者要尋找一深層架構，來解釋所蒐集到的資料。他可建立新理論，或驗證／修改舊理論。

　　在建立新理論方面，分析者可建立「標語治國論」。筆者假想這一理論可包括以下內涵[19]：為何要用標語治國？國家在何種發展階段需要用標語治國？怎樣用標語治國？標語訴求的內容有哪些？標語訴求的方式（語氣）有哪些？效果好的標語豎立在哪些地方？……。分析者藉此「標語治國論」來統整所蒐集到的田野資料，包括前述的各種標語，及其他更多運用訪談、觀察、文件分析所得的資料。

　　建立理論固然是研究者的終極目標，但這並非一蹴可及，質性研究者若無法建立新理論，還是可驗證舊理論，或修改舊理論。例如：政治學理論中「政治社會化」、「政治符號」等均可提供一個解釋架構，說明：某類國家之政治發展到某階段，政府會運用某類政治符號（如：政令口號）教化人民，達成政令宣導的目標。

三、質性研究要建立理論嗎

　　也許有人會問：**求眞**的質性研究者都要以建立**高抽象**的理論爲終點嗎？就一人一研究看，的確未必如此；但就長遠的學術目標看，的確是如此的，這也是筆者的立場。一人一研究建立的理論仍只是一種小理論，適用於特定時空下的特定對象，無法直接類推到其他對象，但日後仍可增加

---

[19] 筆者並不具政治學背景，此處兩段所述純粹是爲解說理念方便，所做的理論建構方面的假想。可能政治學中早有更成熟的相關理論了。

研究對象，甚至進行量化調查，以確認當初的研究結論所適用的範圍。歸納來看，一人所做的一項質性研究所建立的理論是一種「資料中呈現的理論」（此乃紮根理論強調的特點）；是一種「暫時的理論」，尚在理論化過程之中；是一種「實質理論」（substantive theory）（Glaser & Strauss, 1967, p.79），換言之，它是在原始資料的基礎上建立的理論，適合解釋特定情境下特定社會現象；日後則可能發展成「形式理論」（formal theory），即成為系統的觀念體系與邏輯架構，可用來說明、論證，並預測相關社會現象的規律。

表6-6　質性資料分析五階段：具體工作

文字化	・整理逐字稿 ・寫下概要重點
概念化	・資料編碼：將概念賦與資料 ・寫分析備忘錄：尋找主旨代碼、形成合適的分類系統
命題化	・寫分析備忘錄：探究資料中的關係，抓住靈感 ・資料的再包裹與彙集：發現整個資料中的主旨與趨勢 ・形成命題：將靈感與發現列為初步結果，即研究假設
圖表化	・就資料中的重要命題繪為圖表，驗證是否成立 ・以圖表繼續分析資料，尋找資料裡的關係、重點、缺漏處
理論化	・提出／驗證理論：將資料整合在一個解釋架構中

　　以上解說了質性研究者在抽象階梯上要爬升的五個梯級，表6-6條列了五階段須完成的具體任務。「文字化」要整理逐字稿，或寫下重點概要。「概念化」要將資料編碼，找到分類系統與主旨代碼。「命題化」是要提出命題，做為待考驗的假設，這可透過備忘錄的撰寫來發現資料中的關係，也可將資料重新包裹，從中發現資料中的主旨與趨勢。「圖表化」是就所發現的命題繪為圖表，驗證該命題是否成立；且可繪製更多圖表來分析資料，尋找更多關係、重點與缺漏處。「理論化」則是提出／驗證理論，做為解釋架構，將資料整合在一起。

結 語

　　現已說明了質性資料分析的五階梯。且莫急著走下階梯，有些意涵還需要凌空來看，以下分由應用面與學術面來說明。

一、應用面

㈠覺察自己在抽象階梯上的位階

　　這五階論可對分析者產生觀念上的提醒，知道自己要攀爬一道抽象化的階梯。但實際操作時，分析者常常需要來回往返，不斷上下，而無論分析者怎樣往返，心中要清晰覺察自己在抽象階梯上的位階，且最後不要忘記：要往理論化的最高層邁進。本文為便於說明，但受限於篇幅，所選實例相當簡單，所做分析亦呈直線歷程。實際研究中的資料分析，並不會如此直線，必須要不斷往返，意義之網才會逐漸浮現。

㈡提升抽象思考能力

　　既從事學術研究活動，就必須承認抽象思考能力的重要性，質性研究者雖是在自然情境接觸具體的人地時事物，但終究要從實徵資料中抽繹出抽象的概念，且應提出好的感知性概念（sensitizing concept），如此才能建構出好理論。準此，研究者要有敏銳的理論觸覺（theoretical sensitivity），博覽相關理論，甚至增進跨學門的素養，這是增進理論觸覺的不二法門。

㈢勤寫研究備忘錄

　　質性研究者雖要在田野現場勞力，更要為分析而勞心。勞心要有所成，必須勤寫研究備忘錄，這種備忘錄是為增進分析品質所寫的理論方面的想法（Bogdan & Biklen, 1998, pp.122-123；張芬芬譯，2006，頁155-161；2008，頁103-106），其中融入了田野所見與文獻閱讀的心得，書寫過程中更可能激發出乍現的靈感。有時靈感不期然地來拜訪，此時一定要即刻記下，寫成備忘錄。

㈣要結構化又不能太結構化

質性資料分析很難，若能有一套結構清晰的模式可供遵循不是很好嗎？西方眾多學術耕耘者何以至今沒訂出一套**標準化**的步驟？一來質性研究派別／典範眾多，從親科學派到親文學派，乃至兼取兩者特色的派別都有，實在找不到一套共通的、標準化的且具體的步驟，更別提要讓各派都能接受了。二來質性研究之所以有別於量化研究，就在於它具有明顯的文藝氣質：對突發的驚異之事保持開放，鼓勵研究者做推測，相當倚重研究者的直觀，樂意對模糊處暫不下判斷；這些特質導致它在研究設計、蒐集資料與分析資料，乃至撰寫報告的階段中，都沒有結構清晰的步驟。但正因這種藝術特質，使得質性研究成為量化研究之外，可貴的另一種選擇。如果去除了質性研究的藝術性格，質性研究也就不成為質性研究了。三因太結構化的步驟有其缺點，它可能使分析者固著僵化，無視於浮現的新事實，侷限了眼界與思考。準此，質性方法論的研究者，都只提出略具結構性的分析步驟，但無法太過詳盡與具體。

本文搭建的這一模式，有哪些學術上的意涵呢？以下試著為此五階論做一後設分析。

二、學術面

㈠此視角：由目標去命名指出大方向

質性資料分析一直是個惱人的問題，Carney（1990）、Miller與Crab-tree（1992, 1999）、Miles與Huberman（1994）、Strauss與Corbin（1998）都整理了一些步驟，但他們都是從資料**處理的技術**之視角去稱呼其步驟，這樣的命名使人較不易掌握住大方向，加以質性資料實在龐雜無比，很容易就讓分析者茫然失序、不知所終。本文所提五階論，改由**目標**角度為每步驟命名，第一步驟「文字化」，目標要產生「文字」；第二步驟「概念化」，目標要產生「概念」；第三步驟「命題化」，目標要產生「命題」；第四步驟「圖表化」，目標要產生「圖表」；第五步驟「理論化」，目標要產生「理論」。相較之下，如此的命名，指出了目標之所

在，對分析者具有方向指引的效果。因為質性資料的分析實在繁複，此時與其指出技術，不如指出目標。

(二)此起點：顯示研究者將投入一連串文字符碼活動中

本文提出的五階論，由文字→概念→命題→圖表→理論，起點是文字化，意味著：質性研究要投入的是以文字構成的一連串符碼活動。正如Gardner（1993, p.488）指出的：「人異於動物處，在於人的智能具有潛力，可投入各式符碼活動——辨識符碼、創造符碼，投入各式有意義的符號系統。此符碼系統乃人類在意義世界裡，所發展出的最重要部分。」人類用各種符碼來呈現自己所創造的文明（如：以音符系統呈現所創造的樂曲、以數字與符號系統記錄所寫出的公式），迄今而言，文字這種符碼系統是人類文明最主要的貯存處，因為人類創造出的思想，主要以文字記錄於典籍中。傳統上，質性研究者就是要處理文字，從事質性資料分析，就是要投入文字這種符碼活動中，從文字裡辨識意義，創造意義，本模式的終點——理論化，就是質性研究者以文字編織起的意義系統。準此，以H. Gardner的多元智能理論來看，好的質性研究者應具備優異的語文智能。

(三)此譬喻：提取主要特徵以裨益表達與理解

本文刻意為五階論尋找一譬喻，目的在裨益表達與理解。譬喻法乃借用熟悉之物，幫助人們以直觀認識陌生之物；譬喻在形成科學觀念上，尤能發揮建構的功能（Lakoff & Johnson, 1980）。筆者發現：相較於西方人，華人的思考更傾向以譬喻來做整體直觀式的表達與學習，象形文[20]、詩詞、八股文、成語、諺語、俚語等一起造就了我們整個民族這樣的認知傾向。因此，本文藉種果樹為譬喻，說明質性資料分析的五步驟。熟悉物是葉→花→枝幹→大樹→果實；陌生物是文字→概念→命題→圖表→理論。借用處包括：長成果實的順序、栽培者各階段的任務。此外，也藉此形成一動態發展的完整圖像，讓人容易記憶。而譬喻法通常是提取兩物的

---

[20] 相對於全世界其他民族的拼音文字而言，我們的漢字每一個字都是一個圖像，認識漢字傾向於採用整體直觀的方式。

部分特徵做對照，並非意味兩物的所有性質都一樣。

相對於科學論文而言，文學創作更常使用譬喻式表達，科學論文多探命題式表達。二十世紀末的質性研究寫作裡，科學語言與文學語言的疆界已日漸模糊（Richardson & St. Pierre, 2005），本文雖非實徵研究論文，也試用譬喻法來撰述。

㈣此活動：每階段不斷「轉型」

本五階論強調研究者在各階段之間要做的分析活動，乃是將資料「轉型」。所謂轉型的「型」（form），是一種「格式」（format, configuration）；此格式類似J. Piaget認知發展理論中的認知「構造」（structure），或「基模（schema）（張春興，1991，頁488），前後階段的格式並非量的差異，乃是質的差異：文字的性質不同於概念，概念的性質不同於命題，命題的性質不同於圖表，圖表的性質不同於理論。研究者在此過程中有必要清晰認識到：自己正在做資料轉型的工作，隨著每進階的發展，資料的數量愈來愈精簡，概念愈來愈精準，意義愈來愈豐厚，理論的密度也就愈來愈高了。

㈤此高度：凌空看見森林全貌

若跳出來看，這五階的順序中隱含著：文字構成概念、概念構成命題、命題構成理論，而圖表則是幫助形成命題、檢查命題、彙集命題的橋梁。這一順序：文字→概念→命題→理論，對學術工作者言，其實根本就是卑之無高論的基本觀念。但對陷溺在文字海洋中的質性研究新手而言，可能會是一項重要的方向指引。研究者可能手捧「紮根理論」名著，以為按部就班去分析資料就可建立理論，於是孜孜矻矻焚膏繼晷埋頭編碼，可能發現資料編碼無止無盡，根本理不出頭緒；也有人不採紮根理論取向，而採現象學取向的資料分析，整個人沉浸在田野資料裡，等待靈感浮現，但可能靈感一直不來拜訪。怎麼回事呢？這是因為太過投入，高度不高，聽聽這句話「只有站得高，事物才顯得簡單……原始人心目中的複雜事物，現代人看來未必複雜」（郝柏林，2002，頁102）。本文搭起這道抽象階梯，認為研究者可踏在這階梯上看資料分析活動，期藉此讓研究者站

得更高，看出資料中的來龍去脈，看見資料中的大圖像，從而掌握資料中的全信息（holograph）。

(六) 此縱深：指出你我所處學統脈絡

本文刻意拉長歷史縱深，從浮士德談起，並連結到孔子。其意在指出你我與古代愛智者一樣，都在求知的路途上努力求「道」。聖經《約翰福音》：「太初有道，道與神在，神就是道」[21]，這是神權思想中人類必須藉天啟（revelation）才可得的「道」；科學研究者則以理性求「道」，即萬事萬物的原理原則，將原理原則系統地整理起來，即是「理論」，它正是本文五階論的終點。這種從歷史說起的撰述方式，想喚起質性研究者的歷史感，體認到自己身處的脈絡是一**學統**，一個綿延數千年的學術傳統。今天我們質性研究者求知的目標，與孔子，與浮士德，殊無二致。

---

[21] 這段文字引自基督教的聖經版本。天主教的譯文如下：「在起初已有聖言，聖言與天主同在，聖言就是天主。」（若望福音1：1）

第三篇

應用篇

第七章

行動研究的知識論與實作：世界是互動出來的[1]

1　本文改寫自：張芬芬（2001a）。研究者必須中立客觀嗎？行動研究的知識論與幾個
關鍵問題，載於課程與教學學會主編，行動研究與課程教學革新（頁1-32）。臺北：
揚智。感謝該文審查者的專業意見與辛苦審查！

摘要

　　本章重點包括兩部分，一是說明行動研究的知識論，用學界常質疑的知識論問題為主軸，逐一說明行動研究的觀點，二是提出行動研究關切的幾項實作問題。行動研究的知識論，討論了以下九項問題：①認知的主體與客體具有自主性嗎？②實在界是客觀的還是主觀的？③知識有哪些類別？④經驗知識對人的研究有何重要性？⑤行動研究如何看待主觀性？⑥研究的最終目的是什麼？⑦如何保證研究的效度？⑧用什麼標準來評斷行動研究報告？⑨如何看待樣本代表性與結果類推的問題？主要認為：我們所處的社會世界，是由人們參與、互動所形成的；人是其行為的作者；經驗知識、行動知識、表達性知識與命題知識都是知識。

　　至於行動研究的實作面，討論的問題是：①怎樣的心智發展者適合從事協同行動研究？②行動研究領導者宜具怎樣的能力？③學者帶領行動研究的矛盾何在？歸納來看，這部分強調：行動研究的領導者要能與成員進行發展性對話，在和諧中不斷進步；領導者應展現開明領導、人格感召領導、轉型領導，具備激勵能力、政治技巧、溝通能力；而行動研究的成員應具備較成熟的自我發展與省思能力。辦理行動研究的研習活動，可致力於增進參與者的這些能力。

 前言

一、啟蒙運動的貢獻與限制

　　十八世紀開始的啟蒙運動（Enlightenment）大大改變了這個世界（項退結編譯，1976）[2]，它高舉理性（reason）的大旗，打敗了傳教士的經院哲學（scholasticism），與民間充塞瀰漫的迷信，逐漸將人類（至少是西方世界）從神權的宰制中，解放出來。啟蒙運動大將們的夢想是：人類

2　本段所述啟蒙運動的特徵與影響，主要參考自項退結編譯（1976）的《西洋哲學辭典》，其中的「啟蒙運動」（頁135-36）、「自然神論」（頁113-114）等詞條。

要擺脫神權的枷鎖，人類要用人類共有的理性，去探索這個世界，用理性建構客觀的自然科學，建立普遍的道德倫理、法律制度，還要發展獨立的藝術，不再是伺候上帝的奴婢；甚至主張用理性宗教、自然宗教，取替天啟宗教（Apocalyptic religion），擺脫超大的教會權威，以及宗教分裂所帶來的無盡紛爭，乃至迫害，讓人類做這個世界的主人。果然啟蒙思潮強調的理性，帶來近三世紀科技文明的高度發展，改善了人類的物質生活，這是啟蒙運動對人類莫大的貢獻。而此時期相伴產生的資本主義、現代法律、現代政治體系與科層體制（bureaucracy），也將人類社會朝著理性化的方向大力推進。

但是當人們學著拿著理性的透鏡，去看這個世界的一切時，這面理性的透鏡也窄化了人們的視野，至少受到正統科學世界觀（orthodox scientific worldview）影響的人們，漸漸理所當然地認為：透過理性看見的世界，才是真實的、可信的；而其他透過天啟、直觀、想像、感情、實踐行動，所獲得的「東西」，並不是科學知識。

之後再受到十九世紀實證主義（positivism）的影響，學者們更期望以自然科學為派典，將教育學在內的人文科學，都能予以科學化，於是人們更進一步認為：透過實證方法（positivistic method）去探究，蒐集、分析感官資料（sense data），以觀察性語言來表達，所建立的普效性原理原則，才是科學知識。這一觀念迅速發展，成為社會科學界普遍接受的信念，亦即成為社會科學中的正統。此時理性原有的價值引導功能逐漸被淡忘，乃至拋棄，理性的工具功能則被過度強化（參見陳伯璋，1986，頁1-2），亦即「工具理性」（instrumental rationality）凌駕「價值理性」（value rationality），這應該不是當初啟蒙思想大師們所期望的。

綜觀人類歷史，每一主流思潮興盛到了極致，雖然可能達成了當初倡議的部分理想，但往往也因某部分主張被過度提倡，以致形成另一新的極端，然後出現極端化後的弊端，進而帶來新一波的反制思潮。本章介紹的知識論（epistemology），正是對啟蒙運動以來逐漸窄化、僵化的一套觀念體系（即所謂的正統科學觀），學界試圖做出的另一次啟蒙與解放。

二、正統科學觀認定的研究：隔離的真理

更詳細地說，所謂正統科學觀主張的研究，就是要探究一個在研究者之外、獨立自存的實在界（reality）（參見張芬芬，2002b），研究者需選擇具有代表性的樣本，而爲了保證研究的客觀性，研究者應與研究對象（包括被研究的現象）隔離，如此，研究者、研究工具才不會影響研究對象，研究者也不會干擾研究情境，而最後提出的研究結果，還要能類推於其他對象或情境；且這次研究結束後，該研究者或其他研究者用同樣工具，還能複製出同樣的結果。這樣才是具有內、外在效度（internal validity, external validity）的研究，如此才能發現實在界的規律性，這樣所建立的理論，才是科學知識。這也正是國內社會科學界仍普遍接受的正統科學觀，更進一步地說，這也是論文口試時，不少口試教授們評論論文時所抱持的標準。

正統科學觀認爲誰能產生知識呢？正統科學觀把求知的權力，交給少數菁英，因爲要進行上述那種科學研究，需要擅長抽象思考，知悉學術語言，熟諳研究程序，還要會操作、解讀數字與公式，最後才能生產出一套具有類推性的原理原則。原理原則的確具有描述、解釋、預測實在界的價值，但研究過程中強調與研究對象隔離的做法，以及著重學術語言的使用，也使它產生負面的影響。因爲對絕大多數的實務工作者而言，以隔絕方式產生的原理原則所構成的理論，和自己實作中的行爲並不太相干，至少實務工作者多半並未知覺到理論的啟發性，亦即理論與實作是有其距離的，而學術語言的抽象性，與伴隨的冷靜感，則更爲擴大了這段距離[3]。

G. Bateson稱呼這樣的科學方法產生的研究成果，是一種「隔離的眞理」（separate truth）（引自Reason, 1994）。因爲爲了保證研究產生的知識是客觀的，這種正統的科學觀規定：研究者應該清楚地與研究對象隔離

---

[3] 這樣隔離現象，在臺灣似乎更爲嚴重。相對而言，臺灣是個移民社會，其學術也有相當強烈的移植性，而有些學者與實務工作者／公眾對話時，還會有意無意地夾雜著洋文或學術用語，這一習慣可能更爲加大了學術研究與一般人的距離。

開來。亦即研究者不應介入研究的現象，或對象，這樣才能把那個既存的實在界發現出來。這樣的研究方法得出的結論，即使果然是真理，更貼切的稱呼應該是一種「隔離的真理」。

三、新世界觀的成形：參與的世界觀

現在上述那種正統科學觀似乎已走向下坡，另一種新的世界觀已逐漸成形，Reason（1994）稱它爲「參與的世界觀」（participative world-view）。當然任何思潮的出現並非突然湧現，更非一人一派的主張使然，這種「參與的世界觀」其實受到諸多諸多思潮的影響，其中至少包括：整體與系統思考（holistic and systematic thinking）（Skolimowski, 1992）、女性主義（feminism）（Reinharz, 1992）、解放主義教育（liberationist educa-tion）（Freire, 1970; Rogers, 1969），以及Habermas（1972）的延展知識論（extended epistemology）。

這種「參與的世界觀」之核心概念是「參與」（participation），相對於過去那種世界觀，新世界觀強調認知的整體性（holistic）、真相的多元性（pluralist）、研究者與研究對象的平等性（egalitarian）。新世界觀認爲：人類經由參與，共同創造（co-create）了人類的世界，透過的是人們的經驗、想像與直覺、思想與行動（Heron, 1992）。正如Skolimowski（1992）指出的：「我們總是參與我們所描繪的事件」（p.20）。因此，我們要研究的世界，其實是一種互動的產物，一方是我們個體的與集體的心靈，另一方即是宇宙最初未定形的既有（giveness）。

四、「參與式研究」與「行動探究」

這種參與世界觀支持著一種新的研究取向，這一取向可統稱爲「參與式研究」（participative inquiry）（Reason, 1994），其研究方法的核心策略就是參與，過去強調科學研究者不介入研究現象，或不干預研究對象的觀點，被參與的概念所取代。這一取向應用於各個領域，不同學者又益以不同哲學觀點，發展出不同的研究重點，而且還對自己所用的方法又

冠以不同的名稱[4]，包括協同探究（cooperative inquiry）、參與式行動研究（participatory action research，可參見陳惠邦介紹的「解放行動研究」，2001）、行動探究（action inquiry）、鑑賞探究（appreciative inquiry）、研究夥伴制（research partnerships）等（Reason, 1994）。另外還有一些學派雖未創造新的名稱來稱呼其方法，但實際上運用了這種參與取向的研究法，應用人類學（applied anthropology）、批判俗民誌（critical ethnography）（Quantz, 1992），以及實務工作者進行的質性研究等，都屬於這一類。

國內近年來正在倡導教師進行「行動研究」（action research），所謂的「教師即研究者」（參見歐用生，1994），這一觀念已快速被臺灣教師接觸到，乃至努力學習實踐著。統觀國內學者所推廣的行動研究，雖引介了歐美各個不同派別的觀點，但大約仍不出陳伯璋（1986）所歸納的「行動研究」三特色：研究者與行動者合一[5]，研究問題與行動問題合一，研究目的與行動目的合一。若以此三特色來界定行動研究，再與上述「參與式研究」相比較，其實二者的精神與內涵是相當一致的，只不過「行動研究」的命名，著重研究者的角色、問題來源與實質目的；而「參與式研究」一詞的命名，著重處有三：一是研究者對研究對象（或現象）的參與（若曰介入）；二是研究者對社會實況的參與（或曰改革）；三是顯示了

4　同樣一種研究取向，國外常見五花八門的學派名稱，雖然其重點不盡相同，但精神上相近或相同處頗多。本章依行動研究之特色，引用多派文獻，雖然那些學者並不盡自稱為「行動研究者」，但筆者細究其觀點，若以「研究者與行動者合一，研究問題與行動問題合一，研究目的與行動目的合一」為行動研究的意涵（參見陳伯璋，1986），筆者認為他們均可屬於行動研究。而本章盡量使用他們自稱的門派，以免讓讀者將本文所提所有學者，混為一派，因為這些門派之間雖有所同，但也確有其異，本文不想用一個「行動研究」概稱所有學者，以免混淆視聽，形成錯誤認知。

5　筆者認為，「研究者與行動者合一」有兩種形式，一是研究者與行動者就是同一／同一群人，亦即由實務工作者自己來做研究；二是由研究者與行動者合作來做研究，在臺灣常見的組成，是由學者或研究生擔任主要研究者（或召集人），由實務人員擔任協同研究人員。

這類研究的本體論（ontology）——我們要研究的這個世界，其實是經由我們的參與所形成的。

　　爲了更能達到與讀者溝通的目的，本章仍採用國內已漸漸熟悉的詞彙「行動研究」，來解說相關問題。本章重點包括兩部分，一是說明行動研究的知識論基礎，用學界常提出質疑的知識論[6]問題爲主軸，逐一說明行動研究的觀點，二是提出較理想的行動研究應關切的幾項實作問題。

 ## 行動研究的知識論

一、認知的主體與客體具有自主性嗎？

• 認知的主體與客體均具某種程度的自主性，人是其行動的作者

　　John Heron是行動研究的提倡者，他在1971年首次提出「協同探究」（cooperative inquiry）一詞（Reason & Heron, 1986）。這種研究取向主要承襲人文主義心理學（humanistic psychology）的看法，認爲人可以在協助下選擇自己的生活，亦即人具有某種程度的自我決定性（Maslow, 1968; Rogers, 1961）。他們反對人是受生活制約的個體（這是行爲主義心理學者的主張），也不贊成人是早年受嚴格社會習俗壓抑的個體（這是精神分析學派的主張）。他們主張：若在一個群體中能有眞正開放的溝通，則有助於使人成爲自由、自主的個體。

　　Heron（1992）認爲：正因爲人具有自我決定的能力，所以正統科學研究法不適合研究人。正統的科學研究法在思考、決定研究問題、研究設

6　嚴格來說，以下所談的部分內容，並非完全屬於知識論的範圍，如：「人的自主性」涉及倫理學（ethnics）、宇宙論（cosmology）等，「實在界」的問題涉及本體論，但爲避免文章過於支離，仍以知識問題爲核心，將全部問題貫穿起來。再者，「行動研究」一詞本來就是眾多學者、學派共用的名詞，各學者、學派主張不盡相同，也未必對每一知識論問題提出看法，所以本文只能就相關學者已提出的觀點予以說明，若各學派有明顯差異處，本文亦分別說明。至於細微差異處，則無力處理。

計、控制研究過程，與導出研究結論時，把人這個研究對象（human sub-jects）排除於外，亦即不允許研究對象做一個自我決定者，把研究對象與研究過程隔絕，也把研究對象與從研究結果產出的知識兩相隔絕，這樣的隔絕，使得這種宣稱是研究人的正統科學方法，不再有效了——研究結果通常無法發揮實際效用。

過去的正統科學不適合研究人，那麼要用什麼方法研究人呢？Reason與Heron（Reason & Heron, 1986; Reason, 1994）認為「協同探究」才是合適的方法，以傳統科學研究的語言來說，亦即是由研究者與研究對象合作，來探究問題。因為人是某種程度的自我決定者，也就是指：人是其行動的作者（author of action）。易言之，人的意圖與目的（intention and pur-pose）（這是他心智上的選擇，他的決定）是他的行為之原因（cause）。我們應該將研究對象當作是一個自我決定者，來研究他，因此我們所要研究的人之行為與經驗，必須很明顯地，乃由他自己來做決定。準此，在「協同探究」裡所有參與研究的人都是共同研究人員（co-researchers），整個研究的過程都應由所有研究人員來思考與決定，從研究主題的決定到研究結論的提出。所有人員也都是共同的研究對象（co-subjects），亦即過去所稱的研究者，應該也是大家的研究對象，一起參與被研究的活動。

二、實在界是客觀的還是主觀的？

• 實在界是主觀與客觀辯證下的結果

實在界（reality）是研究者要研究的對象，「參與式研究」者接受Paulo Freire的主張，認為實在界既有主觀成分，亦有客觀成分，是主、客觀辯證下的結果。實在界的建構，不僅經過心，且經過慎思的行動。Freire（1982, p.30）說：

> 對許多社會科學家而言，具體的實在界（the concrete reality）就是一串特定事實（facts）的清單，這些事實就是他們想要捕捉的，例如：水的出現與否、此區域裡腐蝕的問題。對我而言，具體的實在界不只是這些相隔絕的事實（facts）。在我看來，如果以辯證的方式來思考，具體的實在

界不止是由這些具體的事實與有形的事物所構成，還包括了與它相關的人如何知覺（perceive）它。因此對我而言，在最終的分析裡，具體的實在界就是主觀與客觀的連結，拿走主觀，是沒有客觀的。

我們必須學會辯證式的思考，把實在界看作是一過程，它常常是經由一種自我矛盾（self-contradictory）發展後才出現（常常是逐漸變成如此的）：探究此一實在界，這既不是主觀的，也不是客觀的；這個實在界既是整個獨立於我，又是整個取決於我（Reason, 1994）。

另外行動研究強調行動（action）對實在界的重要性，他們認為：實在界的建構並不止是經過「心」（mind），而是外顯可見的（manifest），乃透過個人與團體深思熟慮的行動（reflective action）而建構出來的（Reason, 1994）。因此一些行動研究者特別著重行動的探究，且有人希望藉此建立一種行動科學，下面將再予說明。

三、知識有哪些類別？

• 命題知識、經驗知識、實作知識、表達性知識

行動研究將以往知識的領域更為擴展，Heron（1981）認為知識應包括三類[7]：第一類是命題知識（propositional knowledge）：是「關於」某事物（"about" something）的知識，乃以陳述（statements）與理論的方式來呈現的。這也是以往正統科學觀所主張的知識。

二是經驗知識（experiential knowledge）：這是與人、地、事直接面對面接觸而得的知識，行動研究非常重視此類知識的價值。尤其是帶有解放使命的「參與式行動研究」一派更是推崇受壓迫族群的經驗知識。

Heron（1981）提出的第三類知識是實作知識（practical knowledge），這是有關某些事物「如何做成」的知識。這種知識是以一種技能（skill）或能力（competence）的形式展現出來。

---

[7] Heron（1981）原來提出的三種知識，依序是經驗知識、實作知識與命題知識，本研究為顧及文脈順暢，將命題知識提至第一類先作說明。

1992年Heron又提出了第四種知識：表達性知識（presentational knowledge），這是由經驗知識發展爲命題知識的一個橋梁，通常是以影像、夢想、故事，或創造性的想像等方式來呈現，表達性知識把我們未明說的經驗知識（tacit experiential knowledge，或譯爲默會的經驗知識）轉化爲一些模式（patterns），發展這種表達性知識很重要，但也經常被忽視。「協同探究法」強調經驗知識、表達知識、命題知識與實作知識之間的互動。成虹飛（2001）嘗試以各種展現方式，呈現行動研究的成果，正是一項值得讚賞的嘗試，讀者可由其中領會表達性知識的多元性，顛覆以往研究報告的刻板形式。

由上述知識類別的擴張中，已隱藏著求知的方式不只是思考（thinking），Tandon（1989）即明確指出三種廣義的求知方式，包括思考（thinking）、感受（feeling）與行動（acting）三種，行動研究即運用了這三種方式來求知。方志華（2001，頁26）研究Nel Noddings的關懷倫理學（ethics of care），認爲：「研究者應在教育論述中注入主觀的感受，讓讀者可由其中感染到啟發，和獲得勇氣。讀者除要瞭解解決問題的技術，更要去感受研究中實踐者的用心，與創造的精神。」本質上，這都是同意：研究報告不應只呈現「思考」的結果，更應呈現研究過程中研究人員「感受」與「行動」的學習所得，成虹飛（1996）的「以行動研究做爲師資培育模式的策略與省思：一所師院生的例子」，正是一篇這樣的研究成果。

四、經驗知識對人的研究有何重要性？

• 命題知識應源於與研究對象會商過的經驗知識與實作知識

Reason（1994）認爲：在探究人的研究裡，命題知識是在研究結論中被提出來，而它需要植基於且源自於該研究的研究對象所具有的經驗知識與實作知識。如果這些命題完全由「沒有經歷過所研究之經驗」的人員產生出來，而且對這些研究對象的經驗知識與實作知識未做會商，就逕自提出一些命題知識，那麼這些研究發現既非直接反映研究者的經驗，亦非研究對象的經驗。而過去主張研究者不介入的科學研究，就是這種無效的研

究發現。

　　經驗知識既是如此重要，經驗對行動研究來說，自然是極其重要的，對「協同探究法」來說，經驗是這種研究法的檢驗規準（touchstone），此處所謂經驗，意味著個人對他的世界所作現象學方面的區辨（phenomenological discrimination）（Heron, 1992）。另外的「參與式行動研究」則認為：經由真實的經驗，我們直觀地瞭解到某事物的本質，我們把這直觀所得當作是實在界，去感受它、享受它、瞭解它。而著重「行動探究」的研究者，也試圖超越傳統研究過於知性化的取向，努力把求知與行動真正落實在經驗體中（the body of experience）——而這些經驗乃源自於我們的感官（Reason, 1994）。

五、行動研究如何看待主觀性？

　　既然參與式研究重視經驗性求知（experiential knowing），必定會有人質疑經驗求知中帶有研究者主觀的成分，如何處理主觀的問題呢？Reason與Rown（1981, chap.10）的看法可分為以下三點：

1. 研究其實常常是具有個人的、政治的、心靈的意義。知識常常來自於一種觀點，瞭解是為了某種目的。

2. 在研究方法方面，可採用行動（action）與省思（reflection）的循環與再循環，亦即採用程序效度（validity of procedure）。

3. 藉上述方式，研究者可以批判性地透視自己的主觀。研究者可以說得出自己所持的立場（perspective），進而開始看透自己個人的與階級的偏見，所造成的扭曲。所以研究的過程必然也伴隨著協同研究人員們的個人發展，讓他們從一個較不具省思性的主觀，走向一種批判性的主觀（critical subjectivity）。

㈠許多學門的發展出於主觀的理想

　　筆者認為以上的第一項理由其實意味著：每一研究都出自於主觀，主觀未必是件壞事。我們就每篇論文的研究動機與研究建議來看，其中顯現的研究使命感即是一種主觀的表現（參見本書第三章）。以美國社會學芝

加哥學派的發展為例（Vidich & Lyman, 2000），十九世紀時芝加哥大學第一代領導人Albion W. Small，即認為他們獻身的這個學門，就是要努力宣揚美國的天命，亦即成為上帝之國。他主張美國應該是一個統整基督兄弟的邦國，獻身於一個與上帝的盟約，藉此盟約所有美國人要共享正確的價值觀。Small想以社會學方法將清教徒的價值觀與道德，傳給芝加哥那些新移入的種族、人種，與異教區域的住民。後來許多重要的經典研究都是出於這種宗教使命感。而由人類學的發展史來看，有些學者同樣有濃厚的基督宗教的使命感在後面推動著（Vidich & Lyman, 2000）。簡言之，許多學門的發展的確出於主觀的理想。

(二)正統科學也隱藏著主觀性

吸收批判理論發展而成的「參與式行動研究」更主張：過去的正統研究只屬於少數菁英，鞏固的是主流團體的利益，維護的是現有的權力結構，這其中意味著：過去聲稱自己是客觀的那些研究，其實也隱藏著主觀性。這是指研究動機與建議中隱藏的主觀性，亦即上述Reason等人所稱的第一項理由：「知識常常來自於一種觀點，瞭解是為了某種目的」。這是在每篇研究在動機與建議中必然有的主觀性。

(三)所有行動研究者都是主觀介入研究情境的

其實一般正統科學觀質疑的主觀性，主要是指：研究過程中研究者是否謹守客觀立場，不去影響研究對象？有些行動研究者（多半屬於「參與式行動研究」派）認為根本沒有必要顧忌這方面的主觀介入，因為他們主張：做研究的目的，就是要解放弱勢者，提升他們的能力，這是研究者主觀理想的介入。另外一些不帶有解放使命的行動研究者，雖然不是積極引導研究對象，但仍然以參與為手段──自然參與研究情境，自然參與實在界的建構，並不避諱與研究對象的互動，所以就介入性來看研究者的主觀性時，所有行動研究者都是主觀介入的，而這正是行動研究的特色。

(四)在蒐集與分析資料中保持客觀性

另外正統科學關心的主觀性，還有一個重要層次是指：蒐集與分析

資料時的主觀問題，亦即他們認為蒐集與分析資料的過程，不應受到研究者成見、偏見的影響，而有所偏袒。這一層倒是獲得一些行動研究者的贊同，例如前述的「合作研究」者（Reason與Heron均屬之），就希望能在蒐集與分析資料中保持客觀性，他們所用的方法即是「行動」與「省思」的循環與再循環，希望透過透澈的省思，找出研究中的盲點、偏差（包括受情感影響的主觀），這就是用程序來保證研究的效度。

㈤由「不具省思性的主觀者」，變為「批判性的主觀者」

上述這種協同探究非常強調省思，研究人員在經歷這類研究過程後，必伴隨著省思能力的提升，清楚地知道自己研究的立場，即使是有所偏私、偏袒的立場，也是研究者自知甚詳的，所以這一思慮透澈的研究者已不同於「不具省思性的主觀者」，Reason（1994）稱此為「批判性的主觀者」。如果研究者的主觀，是這種批判性的主觀，這正是提倡省思的人士，所樂見的主觀。

六、研究的最終目的是什麼？

㈠解放、增能弱勢者

研究的目的何在？過去的正統科學觀認為：在建立理論，這種理論是可以描述、解釋與預測實在界的。這一觀點受到「參與式行動研究」的挑戰，他們承襲著批判理論的傳統，從權力的觀點去看知識，他們批判正統科學觀，認為那些研究其實是將意識形態（ideology）與知識論相結合，將知識與權力相結合；為的是要為主流階級服務，這樣的研究並不需要和一般民眾對話，因為它不對這些人知覺到的實在界有興趣，它只會在他們身上強加上主流階級知覺到的實在界。亦即過去那些非參與的研究，主要是為主流文化服務，憑藉的是壟斷知識的發展與運用，研究的對象雖然可能是弱勢團體，但所產生的知識卻不利於弱勢團體；所以此非參與研究乃是剝削的。而現在是走入人群，發展真正的大眾科學的時候了（Fals-Borda, 1982; Fals-Borda & Rahman, 1991）。

既要建立大眾科學，研究的主要任務便在解放（liberate）與彰權益能

（empower），一方面要藉著成人教育、社會運動，以及行動研究，產生對一般民眾（尤其是弱勢者）有用的知識與行動。另一方面藉著建構與採用該族群的知識，能在更深的層次上增強人們的能力：讓他們看透過去菁英研究爲了主流者的利益，而壟斷知識的生產與運用，這就是自覺（consciousness-raising或conscientization）之意，由Freire（1970）所創，即指經由集體的自我探究與省思，而自我覺察（self-awareness）的過程。

　　因爲「參與式行動研究」強調增能（empower），所以特別著重研究中研究者與研究對象（即全體研究人員）的合作與對話，要在此過程中增強、觸發、增加弱勢者的自尊，發展出社群連帶責任感（community solidarity）。如de Roux（1991, p.44）所指出的，「運用此法，一在理性層次上，必須釋放出人們被壓抑的知識，解放被窒息的思考與聲音，刺激其創造力，發展其分析與批判力。二在感情（emotion）上，必須釋放感覺（feelings），撤除參與者內心的圍牆，解放行動的能量。」

㈡建立行動科學，以促進有效的行動，增進社會正義

　　前段所談是「參與式行動研究者」的主張，他們主要是由權力的角度，去批判正統科學觀，而希望改變過去研究的目的，期藉研究過程增進弱勢群體的權益。另有一些行動研究者，則從行動的角度批判正統科學觀，這一派被稱爲「行動科學」（Action Science），或「行動探究」（Action Inquiry）派。其主將包括W. R. Torbert、C. Argris、D. A. Schön，他們引用許多人的著作（Reason, 1994），如：J. Dewey 1929年對知識與行動隔離的批評；J. MacMurray 1957年行動優先於省思；J. Habermas 1972年提出的批判科學（critical science）；N. Maxwell於1984年提出的智慧哲學（philosophy of wisdom），以解決人們實作上關心的問題；以及Skoli-mowski（1992）生活的過程即是一求知過程的主張。雖然「行動科學」派最終的目的仍是在改造社會，使它更有效能、更爲正義，這和「參與式行動研究」學者的主張相似，但「行動科學」派，所採用的途徑並不相同，他們期望以「行動探究」建立起「行動科學」，這是一種能促進有效與正義行動的知識。Torbert（1981, p.145）表示：

　　雖然在分析時，研究與行動可以被區分開來，但它們其實是糾結在實作（practice）中的……知識常常是在行動中獲得，也為行動而產生……準此，追究社會科學的效度（validity）問題，其實即在追究：如何發展出一種真正含有豐富訊息的行動（well-informationed action），而不是要發展出一種有關行動的思慮科學（reflective science），亦即我們應該要發展一種行動科學（action science）。

Torbert（1991, p.211）強調：

　　行動探究是在日常生活中進行的一種科學研究……行動探究與正統科學不同處在於：行為探究重視的是原始資料（primary data），而不是二手的、被記錄下來的訊息（recorded information），原始資料是在「線上」（on-line）遭遇到的，以及「在知覺與行動中的」。行動探究是行動之中的一部分，亦即是行動中「意識」（consciousness）的那一部分。

　　總之，以上兩派都認為研究的目的，並不在建立理論，而是為了改造這個世界，不過兩派採取的途徑不同，「參與式行動研究」是要喚醒大眾的自覺，增進他們的能力；「行動探究」則希望建立「行動科學」，裨益有效與正義的行動。簡言之，行動研究者已不重視科學的求真目的，而更願意獻身求善的目的。

七、如何保證研究的效度？

• 具省思力的研究人員的集體經驗，保證了研究的效度

　　即使這個待發現的實在界並非一個獨立自存的東西，而是研究者與研究對象互動的結果，但做研究總是要問：這個研究發現是否確實、正確？這就是正統科學中所謂的效度（validity），提倡「協同探究」的Reason與Rowan（1981，chap.10）認為：「協同探究」中，具省思力的研究人員的集體經驗，即保證了研究的效度。亦即在合作過程中，所有研究人員（包括了過去所稱的研究者與研究對象）會有一種與經驗的集體邂逅（a collaborative encounter with experience），這種邂逅過程就是此「協同探究法」的檢測標準，因為研究討論中所提的每一個的實作技能或理論命題，可以說都是來自於集體的經驗，且與集體經驗相符合。所以這種效度反過來倚靠的是合作研究人員的判斷力，Reason與Rowan（1981）強調這種判斷是一種高品質的、批判性的、自我覺察的、具區辨力的、具影響力的判斷。筆者認為：其實他們這種效度，類似於一般俗稱的「專家效度」。只是現在行動研究中的專家，不只是經過學院訓練的教授們，而且也包括參與研究、經過成長的的實務工作者。

八、用什麼標準來評斷行動研究報告？

• 行動研究報告應依其強調的特質來評鑑

雖然「協同探究」學者提出上述的效度概念，認為可以用「集體的經驗邂逅」來保證研究的確實性，亦即他們仍然同意用效度來評斷研究報告，但並非所有行動研究者都同意這一標準的。例如：批判理論取向的學者認為，評鑑的標準應該是：行動、實踐（praxis），與該研究發現所具有的歷史定位性（historical situatedness）（Denzin & Lincoln, 1994; Kincheloe & McLaren, 1994）。

另外後現代（postmodern）與後結構（poststructural）取向的學者，則主張應該要以感情性（emotionality）、主體性的理解（subjective understanding）、對話文本（dialogic texts），以及與研究對象建立的長期、信任的關係等，做為評鑑報告的標準。還有建構主義（constructivism）學者，主張用「值得信賴性」（trustworthiness）與實效性，做為評鑑標準（Denzin & Lincoln, 1994）。

筆者認為：以上種種顯示的是，愈來愈多學者主張：行動研究的品質好壞，不應再決定於正統科學觀所謂的「效度」觀念，我們應該依據「行動研究」所揭櫫的特質，來評鑑它的報告品質，例如：和諧平等的研究關係、發展性的對話、真誠的合作、轉型式的領導、透澈的自我覺察，以及促進社會正義的行動等等。

九、如何看待樣本代表性與結果類推的問題？

㈠代表性與推論性的關係

樣本代表性（representativeness）、與研究結果的類推性（generalizability），是正統科學觀重視的問題。而這兩者是有關係的，因為研究樣本必須具備代表性——能正確代表母群體的特徵，所得的研究結果才會具有類推性——研究結論適用於整個母群體，亦即具有「外在效度」（external validity）。現在很多行動研究者，尤其是要以行動研究獲取學位的研究生，仍然擔心會被質疑這一問題。

㈡研究者若能發現典型樣本的共有特質，其研究結論仍具有推論性

行動研究的研究對象具有代表性嗎？如果以「經由隨機抽樣，才能獲得有代表性的樣本」的標準來看，行動研究的研究對象是不具有代表性的，因為這些對象幾乎都是立意取樣的——隨著研究者實務工作的範圍而被限定的少數個案。但果真沒有代表性嗎？文化人類學者C. Geertz（1926-2006）所謂：「不從個案下手，是無法上達真理的」（Wolcott, 1988, p.203），以認知心理學大師J. Piaget（1896-1980）為例，他所發展出的認知發展階段說，最初不正是以自己的孩子為研究對象，所建立起來的？這樣的理論不是適用於所有正常的人類嗎？S. Freud（1856-1939）的精神分析理論也是由少數精神病患中，探究出來的。這其中的關鍵是：如果這一個案是一典型樣本，具有母群體的特質；而研究者的興趣也在探究這共有特質，再加上研究者有能力發現這共有特質，這樣由個案研究下手，的確是可以獲得具推論性的結論的。

㈢行動研究就算不能類推至所有人，也仍能類推至一部分人

另外，我們就算不能獲得類推至所有人（或場所）的結論，也仍然能類推至一部分——與此研究對象有共同特徵的人（或場所）身上。人類學家米德（Margaret Mead）的說法是一針見血的，她認為：問題不是「這一個案具有代表性嗎？」而是「這一個案代表那一類？」（Wolcott, 1988, p.203）代表哪一類呢？此即有待研究者對個案的普遍性與獨特性，做厚實描述（thick description）了。因為行動研究就是在本土文化進行的，經此厚實描述，同樣身處此本土的讀者（讀者也同是本土文化的參與者），若對研究結果產生共鳴，認為與自己的經驗頗為符合，也就顯示此研究結果能類推至這一讀者了（筆者認為：這也是一種「參與者查核」），此亦即是將研究結論交由公眾去評斷了，雖然研究的是少數個案，但與此個案同類的讀者，仍然會肯定結果的類推性的。

㈣知識的普效性主張其實是歐洲本位的霸權觀念

有關推論的觀念，還涉及知識論的問題——果然有普遍有效的理論存在嗎？理論應該要具有普遍有效性嗎？正統科學觀的答案是肯定的，但後現代的批判理論學者（Kincheloe & McLaren, 1994）則提出挑戰，他們認為並無普效性的理論存在，理論不應被要求具有普效性。過去認為：學術研究應該找出普遍法則，其實是一種歐洲本位的（eurocentric）觀念，亦即他們所稱的具普效性的理論，其實都是歐美學者建構的，其中隱藏著白種人（主要指男性）的優越感，認為其他社會的人也都應該以此為標準，未達此標準的，即屬於落後的。例如：以政治民主、經濟自由、文化進步為所有社會的發展標準，這其中的「民主」、「自由經濟」、「進步」等概念，其實是在西方文化脈絡中所發展出來的，其他非西方社會原有文化未必即是贊同上述觀念，也未必適合移植運用。如：進步一定好嗎？印度文化並不以為如此，華人文化也並不贊成竭澤而漁、宰制自然與其他物種的科學進步觀，所以用西方標準去評斷非西方文化，其實反映的是西方霸權心態。過去以為具普效性的理論，也需我們批判性地確證（verify）或否證（falsify）。

後現代強調多元文化的觀念，認為其他異己文化不是客體（object），而是「他者」（other），人我並非主客對立，而是與「我」平等的「他」，是應彼此尊重的主體。相對地，由每一文化脈絡中建構出的研究結果，都有其價值，過去所謂具有普效性的「大敘事」（grand narratives）反映的是西方霸權思維，區域研究建構出來的「小敘事」（small narratives）一樣有效。

參　行動研究的實作問題

一、怎樣的心智發展者適合從事協同行動研究？

㈠教師的自我覺察與省思能力，關乎行動研究的品質

所有的行動研究者都要介入研究情境或研究處理（或稱「行動改善方案」），這一介入無論是讓它自然發展或積極引導，研究者的參與所產生的影響力究竟如何，這便需要研究者清楚覺察。更有些行動研究就是在探究自己的行動（如：前述的「行動探究」），此時研究人員的自我覺察能力便更形重要，因為他是球員兼裁判。而前文多次提及，研究人員要有透澈的自我覺察、省思與批判能力，才能保證研究的客觀性與效度。前文也已指出：人具有某種程度的自我決定的能力，但這需要協助，這是在一個民主溝通的團體中，可以漸漸引發出的能力。

Torbert（1991）也指出：要完成好的行動探究非常困難。Torbert建議：一個人要能表現出有效行動前，必須非常清楚地覺察自我發展（self-development）的程度，亦即知道自己的心智發展程度，這樣才有可能建立起行動科學，裨益有效、正義的行動。Torbert在討論個人發展的問題時，他引用了傳統上研究覺察（awareness）的統整性，及有關自我（ego）發展的現代理論，尤其是J. Loevinger與R. Kegan的成人心智發展階段的理論（參見表7-1）。

Torbert（1991）認為：人要發展到第六階段的策士（strategist）階段開始（見表7-1），才會領會到還有其他管控方式存在；才會瞭解人的知覺乃受預設（assumptions）所塑造（包括自己的知覺在內），而那些預設是可檢視、可改變的。具備這樣的特質者才可能完成良好的協同探究——可在協同探究中不斷省思自己行動中的行為（behavior-in-action），同時邀請其他成員也這樣做，一起往「共好」邁進。簡言之，自我發展、覺察焦點與控制系統都要發展到較成熟階段，才能集體完成高品質的省思研究。

表7-1　成人心智發展階段中的控制系統

階段	Torbert	Kegan	Loevinger	控制系統 （Governing Frames）	覺察的焦點 （Focus of Awareness）
1	衝動	衝動的	衝動的	衝動控制本能	
2	機會主義者	擁護的	機遇的	需求、興趣控制衝動	外在世界、結果
3	世故者	人際的	順應的	期望控制興趣	社會期望的行為
4	技術員	（過渡）	（過渡）	技術的內部邏輯 控制期望	內在邏輯、思維
5	達標者	體制的	勤懇的	環境體系的成功 控制技術邏輯	計畫、實作與結果之間 的互動
6	策士 （strategist）	（過渡）	自主的	原則控制體系	體系環境隨時間發展出 的綜合理論
7	魔法師	（過渡）	（過渡）	過程之覺察控制原則 （過程即原則／行動 的互動）	在永恆的此刻，覺察、 思維、行動、與外在環 境等四者間的互動
8	機智幽默者	個體間的	統整的	對各體系間發展之覺 察控制過程	在Kairatic歷史中，自 我與其他體系間的互動

資料來源：Reason（1994, p.331）。

　　教學視導學者Glickman、Gordon與Ross-Gordon（2007）也從成人成長看教師發展，圖7-1是他們提出的「教師心智發展三階段」，顯示在**關注點**上，最成熟的教師關注的是學生的收穫，及教師對自己的評量；與前階段在乎自己的工作表現、在乎他人是否覺得我適切是不同的。在自我發展上，最成熟的教師具有自主性；這與前階段擔心自我生存與表現的合宜性，總是順從團體或他人成規，是不同的。在**道德判斷**上，最成熟的教師是以原則判斷是非對錯、當為與不當為；這和前二階段的「避罰」與「遵循成規」是不同的。在**認知與概念發展**上，最成熟的教師可從事高抽象的思考，超越前期的具體思考與形式思考。

低發展階段	中發展階段	高發展階段
認知		
0------------------->------------0------------>------------0		
具體的	形式的	後形式的
概念		
0------------------->------------0------------>------------0		
低（具體的）	中（中抽象）	高（高抽象）
道德		
0------------------->------------0------------>------------0		
避免懲罰	遵循成規	後成規
自我		
0------------------->------------0------------>------------0		
害怕	順從	自主
意識層級		
0------------------->------------0------------>------------0		
固定類別 （具體的）	交叉類別 （抽象的）	系統的／超系統的 （複雜的）
教學關注		
0------------------->------------0------------>------------0		
自我適切度	工作影響	對學生的影響

圖7-1　教師與成人的階段發展

資料來源：Glickman, C., Gordon, S. & Ross-Gordon, J. (2007). *Supervision and Instructional Leadership: A developmental Approach.* (7th ed.) Boston, MA: Allyn & Bacon. p.67.

　　教師的認知與概念發展，和抽象思考有關。Glickman（1990）對此的描述，頗易瞭解，值得介紹（表7-2）。Glickman認為最成熟教師面對問題時，會統整多方訊息，融會自己的知識與經驗，想出多種處理方式，評估後選擇最合宜的一種去行動。這與中低抽象思考者的表現不同；中低抽象思考者遭遇問題時，無法由多面向去界定問題，可能固著於單面向上，需仰賴他人告知如何處理，有時也會自己想到處理方式，但難以評估後果，最終可能採取習慣式或反射式回應。

表7-2　抽象思考的層級

低抽象層次	中抽象層次	高抽象層次
對情境困惑	將焦點放在單一層面去界定情境	利用各種來源的資訊之間的關係去界定情境
不知怎麼辦	可想到幾種回應	能連結訊息，提出改變班級現況的策略
要求別人告知如何做改變	很難設想出改變情境後的結果	能提出可選擇的多種回應方式
對不同的情況做習慣式的回應		能評估每一回應的後果，並選擇一最可能成功的回應方式

資料來源：Glickman（1990, p.64）。

　　Torbert（1991）與Glickman（1990）都強調教師成長的重要，且所強調的成熟特質相當一致。都強調成長應邁向的目標是自我的自主性、利他共好、多面向的統整思考。具自主性才能獨立思考、不從眾、不附和權威；利他共好才願幫助更多師生；多面向的統整思考才能權衡各面向後，統觀全局做較佳的判斷。只是Torbert（1991）將這些特質連結到行動研究的表現良窳。Torbert（1991）認為：教師發展要達相當階段，才適合研究自己的行為，完成較佳的協同研究，進而建立良好的行為科學。

　　上述討論當然不是要嚇阻教師從事行動研究，其積極意涵在提醒與鼓勵教師，讓我們明瞭成人心智發展的成熟樣貌，知道自己的不足與應有的努力方向。歸納來看，這方向是：在**教師關注**上，由關心自己表現的「適切度」，發展到關心「工作方法」（如：教材教法），再關心教學「對學生的影響」（學生的收穫）。在**自我發展**上，應從「害怕」、「順從」，成長為「自主」。在道德判斷上，應從「避罰」，發展為「遵循成規」，再到「原則推理」。在**認知與概念發展**上，能由具體思考、形式思考走向抽象思考；由單一觀點走向多元的整體觀點；從看見點走向看見線與面，乃至整個立體世界。

二、行動研究領導者應具怎樣的能力？

㈠研究領導者帶領團體在和諧中成長

　　許多行動研究者帶有強烈的使命感，想致力於社會正義，這些領導者如何激勵其他參與者，進行發展性的對話，突破原有的沉默文化？怎樣尊重所有參與者，形成民主氣氛？這便關乎領導能力了。

　　Reason（1994）強調要對開明領導（enlightened leadership）有所認識。Torbert（1991，第五章）強調研究過程中，要建立解放性結構（liberating structures），而領導者「轉型領導」（transformational leadership）與「平衡力」（power of balance）的技巧運用，乃是必要的。同樣地，Heron（1989）也提出在激勵團體時，無壓力的「精神感召式領導」（charismatic authority）可帶來一種不斷改變的均衡狀態。筆者認為：所謂「無壓力、平衡力與均衡狀態」，指的是研究團體在各種權力相互制衡中，達到氣氛和諧的境界；而所謂「不斷改變」，則意味著不斷地進步；二者結合，即指研究領導者能促使團體「在和諧中不斷進步」。

㈡領導者要與成員進行發展性對話，需要開明領導、人格感召領導、轉型領導

Fals-Borda與Rahman（1991, p.5）認為：

　　　領導者須對工作懷抱一種真正的投入，帶著民主的價值觀，敬重該團體的智慧。關鍵則是進行對話，經由對話，傳統科學裡的主對客的關係變為主對主，在辯證的張力下（dialectical tension），擁有正式教育的學術知識的人們，和擁有大眾知識的人們，對於該情境產生出一種更深層的理解，雙方進行真正的合作。

　　上述強調的「開明領導」、「人格感召的領導」、「轉型領導」、「發展性的對話」等等，意味著研究領導者領導能力的重要。

三、學者帶領行動研究的矛盾何在？

㈠同時強調民主參與和有效領導有其矛盾

行動研究固然是由行動者自己進行，行動者中也會漸漸出現領導者。但在推展行動研究的初期，常常仍然需借重學者，這一現象國內外皆然，但這其中卻隱藏著若干問題。

M. Singh表示（Reason, 1994）：雖然我們同意：基本上人是自我引導的，也很樂見一般人是利他的、能合作的，但是也必須承認：有很多團體的成員，他們的確可以在參與式探究中受惠，但卻無法參與知識的創造，而這些人可能原來就屬於「沉默文化」的一部分。這顯示：要帶動習於沉默的群眾，考驗著領導者的領導能力。而同時強調民主參與和有效領導，這其中又隱藏著某種緊張關係。這意味著：帶領行動研究的人，必須和這種緊張且相當真實的矛盾（paradox）一起共存。

㈡有時必須倚賴學者的特權才能帶動改革

前述有些行動研究提倡者帶有積極的改革色彩，他們主張重視普通人的知識，強調參與和自我導向對發展的重要性，其中顯示激進的平等主義（egalitarian）。Rahman（1991, p.20）認為：「一般來說，社會改革運動是由知識分子所引導，他們的位置之所以能發揮領導的功能，並不是因為他們所持的某種能力，而是因為他們的社經地位所帶來的特權。」他也指出依賴一個菁英領導人，可能有許多危險，主要包括①知識分子的自我膨脹，②運動參與者只是投身於表面誘人的熱鬧活動，而這熱鬧是脆弱的。但是Rahman（1991）也表示：矛盾的是若沒有這種人的領導，許多帶有強烈改革色彩的行動研究根本不可能去做，而這種有時間、能力與熱情投入的人，幾乎無法避免的，就是指有特權、有知識的階級。

過去習於關在象牙塔裡面對書籍的學者們，現在為從事行動研究，必須走入社會面對群眾，其中有待學者們學習的的確很多，包括對其中矛盾與危險的預知，以及前述開明領導、人格感召領導、轉型領導、激勵能力、政治技巧、溝通能力，甚至更基本的覺察力與自省力等等的培養。

結語

　　前文論述顯示以下重點：教師的自我覺察與省思能力，關乎行動研究的品質；研究領導者應帶領團體在和諧中成長，要與成員進行發展性對話，需要開明領導、人格感召領導、轉型領導；同時強調民主參與和有效領導有其矛盾；行動研究的成功關鍵是領導者的領導能力、激勵能力、政治技巧、溝通能力，還有所有成員的自我覺察能力、自我回省能力。

　　臺灣教育界在提倡與推動行動研究之際，各校聘請研習講座時，哪些人合適呢？擅長課程領導、教學領導的課程學者，專精領導知能的教育行政學者、管理學者，以及擅長自我覺察訓練的心理與輔導學者，若還能掌握教育現場的脈動，應該是合適的講座人選。除學者外，目前具備領導力與覺察力的中小學教師，且獲博碩士學位者，已不在少數；他們瞭解科學研究法，知曉教育現場，理解同儕需求，更是應力邀的講座人選。這其中也隱含著：為了建立本土教育學、本土行動科學，各個學門領域的學者與實務工作者之間，可以共同合作一起來推動優質的行動研究。

　　臺灣中小學推動教師專業發展、教學輔導教師制度、學習型組織、學習共同體，已有多年。十二年國教的108課綱自2019年上路以來，各校均已全面推動備課、觀課、議課。這種種活動促使各校均形成大大小小的教師成長社群，這些教師社群非常適合組成行動研究團隊，進行自己學校／學年／班級的行動研究；藉著嚴謹的研究過程，透過協同合作，為棘手的教育問題尋找解決方案；在檢驗成效與持續修改中，尋求更佳的行動方案，最終裨益學生學習品質與整體教育水準。

第八章

質性評鑑興起中的觀念變遷與啟示：因果、事實、正義[1]

1　本章改寫自：張芬芬（2013）。質性評鑑興起中的觀念變遷與啟示——因果、事實、正義。北市教育學刊，**43**，頁1-34。感謝該文審查者的專業意見與辛苦審查！

摘要

　　近年來國內教育評鑑的論文極多，然由史哲角度出發探究評鑑基本觀念者並不多見，本章嘗試做此努力。本章探究質性評鑑興起中的觀念變遷，主要解說近半世紀評鑑界三種基本觀念的改變，包括因果觀、事實觀、正義觀。因果觀方面，學界逐漸認知到：人文社會科學太過複雜，不適合採取以David Hume因果論為基礎的實驗法，來進行評鑑。事實觀方面，已承認「事實—價值」非截然二分，評鑑者所尋得與表述的事實，經常是價值負載的。正義觀方面，已從John S. Mill的效益主義，走向John Rawls的正義論，再走向修改後的正義論，亦即從注重「總產量的增加」，到注重「公平分配」，再到各利益關係人的「公平參與」。這三觀念的發展與質性研究的知識觀相契合，使得質性評鑑更容易被人們接納且採用，或將質性與量化法結合使用。亦可說：質性研究法的知識論與世界思潮的走向一致；兩者均傾向相對主義、心物互動，注重個別化、多聲音、民主參與、分配正義，以及關懷弱勢。此外，本文也介紹當代質性評鑑的主要派別，分析其如何反映了基本觀念的改變。最後從觀念轉變的各面向，尋覓對臺灣教育評鑑的啟示。

前言

　　評鑑學在歐美國家儼然已成一專業學門（蘇錦麗，2005）[2]。而臺灣評鑑的時代也已然來臨！1996年「行政院教育改革審議委員會」提出「教育改革總諮詢報告書」，此後臺灣的教育改革加速進行。從歷史觀察，改革初期最關心革新方案怎樣「規劃」與「執行」，改革推動十餘年後，關心重點發展至「評鑑」：改革的成效究竟如何？於是各式評鑑紛紛上場，例如：對人的評鑑[3]有校長評鑑、教師評鑑；對物的評鑑有教科書評鑑；

---

[2]　Scriven（2000）認為評鑑這一學門尚未臻成熟，因為評鑑界仍充塞不合理的數種意識形態。

[3]　此處將評鑑分為三類，對人、對物、對方案，係依據Greene（2000）的分類。

對方案的評鑑最多，舉凡對政策、計畫、課程等的評鑑均屬此類，又可分為中央層級的（如：對九年一貫課程的評鑑、師資培育方案的評鑑）、縣市層級的（如：桃園縣「認識世界」課程評鑑〔黃從孝，2006〕）、學校層級的（如：大中小學校務評鑑、大學系所評鑑、某小學之校本課程評鑑）、班級層級的（如：協同教學成效評鑑、創意教學方案評鑑）等等。

　　若細看臺灣進行的各式教育評鑑，大致均採納了質性評鑑。亦即評鑑者會到受評現場做些觀察與訪談，從中歸納結果，以文字呈現其發現，判斷受評者的優劣得失。這顯示國內評鑑界已普遍接受質性評鑑，此與美國教育評鑑的現況一致，若與1960年代美國教育評鑑主要採實驗量化的景況相比（House, 2005），今昔差異懸殊。

　　質性評鑑是一採用質性研究過程的活動[4]，在自然情境中進行，以整體論（holism）觀點，在現場蒐集觀察與訪談資料，期能理解局內人觀點，並與檔案資料做交叉檢核，在歸納過程中逐步分析資料，將資料放在整體脈絡中做意義詮釋，最後主要以文字（也會配合數字等第）來呈現評鑑結果，對受評對象的優劣得失做一價值判斷。此結果可供教育決策者參考，亦可供受評者做管理與執行之參考，或協同受評者一起改善現況。

　　質性評鑑於1970年代中期出現在美國評鑑界（Stake, 1975）。質性評鑑係將質性研究法運用於評鑑中，而質性研究的知識傳統相當久遠且廣博，至少包括：詮釋學、現象學、文化人類學、符號互動論與批判理論（陳伯璋，1986；Patton, 1990）。二十世紀末質性研究在評鑑界與量化研究並駕齊驅，教育評鑑界普遍兼採量與質的評鑑，此現象與學術思潮之流變有關。美國評鑑學者House[5]（2005）在介紹質性評鑑發展中闡釋三種觀念的改變，即因果觀、價值觀[6]、正義觀。筆者認為若由思想史與方法史

---

[4]　將評鑑視為一研究過程，也是評鑑大師Stufflebeam（2000）的觀點。

[5]　Ernest R. House是美國著名的評鑑與政策分析學者，曾任教於伊利諾大學（University of Illinois, Urbana-Champaign）與科羅拉多大學（University of Colorado at Boulder）。

[6]　House（2005）提出的三觀點之一是「價值觀」。唯筆者細究其主張，認為若改稱為「真相觀」，將更為貼切易懂，故本文介紹三基本觀念時，改稱為「真相觀」。此亦顯示：本文不純然是引介House觀點而已，另益以筆者對此領域的理解。

的關係來看，可說此三觀念的發展走向與質性研究的知識觀相契合，使得質性評鑑更容易被人們接納且採用。也可說：質性研究法的知識論與世界思潮的走向一致；兩者都傾向於相對主義、心物互動，注重個別化、多聲音、民主參與、分配正義，以及關懷弱勢[7]。

　　質性評鑑怎樣興起？在方法論觀念上出現哪些轉變？新觀念如何反映在評鑑中？對臺灣有何啟示？臺灣以專文討論「質性評鑑」者僅有黃政傑（2004）。該文說明質性評鑑的意涵，列舉實例，檢討問題，並提出改進建議。然有關質性評鑑方法論涉及的基本觀念，該文並未細究。「我們唯有對評鑑學之筋骨結構與其基石功能有更佳瞭解，才可能建立足夠堅實的筋骨，足以支撐教育事業與社會事業的龐大重量」（Scriven, 2000, p.260）。故本文採理論研究法，著重由基本觀念來認識質性評鑑，期增進對評鑑基石的理解。共分四部分，一解說質性評鑑的興起背景；二梳理House（2005）的觀點，說明近半世紀美國評鑑界幾項基本觀念的改變；三介紹當代質性評鑑的主要派別，並分析其如何反映基本觀念之改變；最後從觀念轉變各面向，尋覓對臺灣教育評鑑之啟示。

 壹　質性評鑑的興起背景

一、量化評鑑：從希望到失望

　　美國聯邦立法推動中小學教育評鑑[8]，起自1965年附加於《中小學教育法》[9]之條款（Cremin, 1988; House, 2005; Madaus & Stufflebeam,

---

7　當然量化研究本身也比過去更注意，甚至融入新思潮中部分觀念，如：民主參與、分配正義，以及關懷弱勢。

8　聯邦以立法規範教育評鑑，背後的理念是：聯邦政府有權責規範社會服務事務的重大決策，而教育正是社會服務中極重要的一環。

9　《中小學教育法》是1964年通過的，係美國教育史上極重要的法案，該法案首創由聯邦政府提供巨額經費給貧苦學生；是Lyndon B. Johnson總統連任後展現其「向貧窮宣戰」的具體表現（Cremin, 1988；林玉体，2002）。

2000）。該年美國教育部開始仿國防部採「方案計畫與預算系統」（Program Planning and Budgeting System）來發展教育方案。此系統的基本理念是「成本效益」，以本益比值來表述並評鑑方案，由此發展出一套量化取向的評鑑觀。

　　1960年代的美國是量化研究當紅的年代，學界與政府均對量化研究寄予厚望。他們相信：輸入與輸出之間存在一穩定的關係，而實驗法與統計法可得知此關係之數值，若得知此本益比，可據此提升社會服務的效能；他們也認為：欲得知提高效能的知識，實驗與統計是唯一方法，捨此之外別無他途。因此聯邦大力補助幾項大型教育方案。且以實驗法評鑑方案成效，尤其接納量化研究大師Donald Campbell與Julian Stanley的實驗觀點，他們兩人的著作《實驗與準實驗研究設計》（*Experimental and quasi-experimental designs for research*）成為評鑑界的經典指南（House, 2005; Stufflebeam, 2000; Walker, 1992）。以下文字（Campbell & Stanley, 1963, p.2）充分反映兩人對實驗法的滿滿信心：

　　　　（實驗研究法）是止息教育現況爭議的唯一手段，是驗證教育改革的
　　唯一方法，實驗研究也是建立累積式研究傳統的唯一方法，在此傳統中我
　　們可引進革新，卻不必冒著喜新厭舊的風險。

　　1960年代美國社會科學界對量化研究寄予厚望。當時最有名的大型量化評鑑包括：對「跟進」（Follow Through）、「起頭」（Head Start）、「所得維持實驗」（Income Maintenance Experiment）等方案之評鑑。人們以為這些評鑑可獲得明確結果，從而知曉方案成效。但人們失望了！一來評鑑資料龐雜難以處理，如：評鑑「跟進方案」，第一輪蒐集之資料達12噸，以致無法準時提出報告，政府只得縮減研究規模，減少研究地點與變項。二來評鑑結果模稜兩可，例如：評鑑者分析「跟進方案」之資料，欲比較12處幼教方案的成效，卻發現**方案間**的變異數與**方案內**的變異數，兩者差不多一樣大：6處實施「跟進方案」，結果2處佳，2處中等，2處不佳（House, 2005, p.1070）。此評鑑結果語焉不詳，政府無法據以提出全國建

議，換用研究詞彙來說，即研究結果無法類推（generalize）至全國。另一
不小的缺點是這類評鑑所費不貲，如：「跟進方案」實驗耗資5億美金。
於是政府與學界對這類大型量化評鑑，不再抱以幻想，開始發展另類評
鑑，時值1970年代中期。

House所談質性評鑑興起的背景，主要著重評鑑界出現的現象：量化
評鑑讓人們從希望到失望。若擴大來看，對量化法的失望其實並非單一現
象，另一評鑑學者Greene（2000）認為：當時思想界和社會觀念出現了以
下兩種重要發展，均與質性評鑑的出現有關。一是整個學界對實驗科學開
始質疑，二是美國社會價值觀出現改變，多元論日益高漲，人們開始願意
接受新取向。

二、學界變化：實證主義的式微

實證主義（positivism）由十八世紀起，就引導著大多數的科學實作
（Pitman & Maxwell, 1992）。1970年代開始出現「質vs.量論戰」，對實
證主義進行激烈討論，1980年代每年的「美國教育研究學會」（AERA）
年會均進行此論戰，此議題在教育研究領域延燒長達20年（Walker,
1992）。論戰中深入討論知識論問題（如：何謂真相、認知主客體之關
係、知識之正統性、研究的信效度、表達危機等），就在這場質疑實驗科
學的論辯裡，詮釋取向哲學與質性研究法走入評鑑論述中。Greene（2000,
p.992）認為：「因質性研究傳統原本就有深厚的理論與方法論基礎，且
評鑑的做法合於情理，故對評鑑界頗具吸引力。」

三、社會變遷：美國社會多元論日益高漲

促使質性評鑑出現與成長的第二股改變力量，是1960與70年代美國整
個社會信念體系的改變。Cook（1985）、Vidich與Lyman（2000）都曾提
及此改變。

1964年Lyndon B. Johnson以「偉大社會」（Great society）為競選總統
的口號而當選，但理想與口號終究不敵眼前的現實。50年代末美國人已開
始逐漸知覺到偉大社會的追求可能是失敗的。失望感來自多方面：1957年

蘇聯的Sputnik人造衛星發射成功，美國在太空競爭中失敗，教育危機感萌生；而消除種族隔離所帶來的激烈社會對抗也給人們帶來不安——1954年「Brown vs.堪薩斯州Topeka教育委員會」判案，判定在美國實施近60年的「隔離但均等學校」（Separate but Equal School）是違憲的，開始推動「撤銷種族隔離」措施，自此正反兩勢力開始對抗，約至1980年代中期該動盪方才止息（Cremin, 1988）。Kopetz、Lease與Warren-Kring（2005）認為：1970年代是美國教育的動盪期，明顯可見的現象是：民眾反對增稅，就讀公立學校的比例降至二戰後最低，學生成績表現空前低落。而在政治上，隨著越戰、水門醜聞等事件出現，政治人物的權威性同時下滑。其間社會上更出現蓬勃的民權運動、婦女運動、反戰運動等。明顯地1960與1970年代的美國，在種族、性別、階級、文化、政治等方面的價值觀均日益走向多元論。

當然學界與社會並非兩相隔離，學界思潮會影響社會，社會現象／運動也為學界帶來衝擊。Vidich與Lyman（2000）由社會學領域觀察到此變化：過去美國社會學一再告訴人們：美國是個偉大社會，美國可以同化各族群的移民，融入大熔爐；然而社會現實與研究卻一再顯示：各族群文化自有其社會適應的方式與走向，1980年出版《哈佛美國族群百科全書》（*Harvard Encyclopedia of American Ethnic Groups*）鉅著中，已承認美國社會學已從同化與美國化的幻夢中甦醒。偉大社會的追求是失敗的，隨著此失敗，標準社會學理論之權威性也逐漸下滑。

四、另類評鑑：乘勢而起

Greene（2000）認為：1970年代社會觀念出現改變，學界出現各式另類派典，兩者的變化相當一致：社會與學界都開始懷疑主流與權威，於是讓另類派典有了發展空間。Greene（2000）所指的「另類派典」，是指詮釋取向（interpretivism）、建構主義（constructivism），學界覺察到：這些另類派典頗適合做為理解與從事社會科學之基礎。而House則專就評鑑界來討論此段歷史，House也指出「另類評鑑」乘勢而起，他所稱的另類有三：質性評鑑、後設分析（meta-analysis）、方案理論（program theory）[10]。三者各有優勢，也各有侷限。茲簡述這三種另類評鑑。

(一)質性評鑑

1970年代到90年代研究方法的質量論戰打得熱鬧，評鑑界亦然。至今大致已塵埃落定（House, 2005），評鑑界已接納質性評鑑，且經常質量並用。相對於大型量化評鑑而言，House（2005, p.1070）認為：

> 基本上質性評鑑都是小型研究，且相當務實。例如：某學區想評鑑其幼教方案，於是去訪談一些行政人員、師生。相對於過去的大型量化實驗法，這種質性評鑑法便宜、簡單，其評鑑結果也易於瞭解。且人們對這類評鑑結果，並不要求必須類推至全國，所要求的僅是「此研究結果，對該時該地而言具正確性」即可。

(二)後設分析法

後設分析法乃是大型量化研究最自然的繼承者。何謂後設分析法（House, 2005；馬信行，2007；廖遠光，2009）？它是針對同一研究主題蒐集大量已完成的個別實驗研究（有控制組的那類實驗），將各研究發展的數據，重新以統計公式予以計算；換言之，將有關該議題的眾多研究成果的數據整合為一，再比較實驗組與控制組的差異，最後確認某實驗變項是否具成效，此後設分析結果通常相當具有說服力。「目前美國醫學研究界與社會科學界甚為歡迎後設分析法。今日美國這些學門的重要研究期刊，要想不看見後設分析研究，恐怕都相當困難」（House, 2005, p.1070）。

後設分析法的預設是：科學知識應具複製性（replicability）（Hunter & Schmidt, 1990）。自然科學的實徵研究（empirical study）於十六世紀開始發展，至今約有六百年歷史，已累積豐碩的可複製知識；教育的實徵研

---

10 Greene與House的觀察應是相容的。Greene所提詮釋取向與建構論，正是質性研究的理論基礎。

究雖從1960年代才開始，但1980年代已開始對累積的實徵研究作後設分析（馬信行，2007）。

㈢方案理論評鑑

方案理論評鑑是先為某方案建立一模式，再以此模式來引導評鑑。實例參見王麗雲、侯崇博（2004），可知此方案理論並不是指一種已有特定內涵的理論，而是指針對某個別方案提出某理論，以模式來表述該方案，再以該模式來引導評鑑。此評鑑方式的優勢有三：第一，該方案理論可指出該方案重點，評鑑者可就此重點去確認該方案有無成效。第二，較容易進行歸因。第三，可排除敵對的假設（rival hypothesis）。

以上說明質性評鑑的興起背景：1960年代量化研究當紅，美國政府投下鉅資，想以實驗法評鑑「起頭」、「跟隨」等大型方案之成效，但無法得到明確結果，更無法類推至全國，人們對量化評鑑從高期望到高失望，實驗科學背後的實證論科學哲學受到重大斲傷。同時美國整個社會的多元論日益高漲，學界與社會均開始出現懷疑權威、排斥主流的現象，於是另類評鑑得到發展空間。

所謂另類評鑑包括質性評鑑、後設分析與方案評鑑等三種。三者各有其優勢，House（2005）認為：質性評鑑可顯示脈絡中人與事隨著其他因素而產生的交互作用，因此比實驗法更有可能找出某**特定情境**中的因果關係或其他選項[11]。後設分析更能找出跨情境的通則。方案理論評鑑描繪了所探究的範圍，故更能提出精準問題。總之質性研究、後設分析，以及方案理論**用於評鑑**時，比量化研究更有用。因為這三者的評鑑設計可以更細緻，更能說明我們這一複雜的社會世界。

對質性評鑑興起背景有概括認識後，需更深入瞭解三基本觀念的改變：因果觀、真相觀與正義觀，以下逐一說明。

---

[11] 此觀點與Miles和Huberman（1994）、Maxwell（1996）觀點相同，這幾位均認為質性研究頗適合找出某脈絡中某**特定**個案的因果關係。

貳　因果觀的改變

一、D. Hume因果論：涵義與侷限

　　評鑑爲何與因果觀念有關？基本上，評鑑P方案，可將P方案視爲原因，方案實施的結果Q即由P方案所造成；若不實施P方案，則不會產生Q結果，比較實施P與不實施P所產生的結果差異，即可評鑑P方案的優劣。簡言之，評鑑者的任務在確認：若P則Q——因實施P方案，故出現Q結果。欲確認P與Q具有此因果關係，下列三條件都得成立：

　　P發生在Q前。
　　若P發生，則Q發生。
　　若P不發生，則Q也不發生。

　　上述思維基本上源於傳統的因果觀念，又稱爲休謨因果論（Humean theory of causation），由英國經驗主義者David Hume（1711-1776）提出。Hume認爲一般人在心理上會確定某因果關係，基本上係符合了三條件（引自Miles & Huberman, 1994, p.146）：

　　時間上的先後：P在Q之前。
　　經常性的相連：當P出現時，Q總是出現。
　　作用力的接近：有一個似乎合理的機制存在，連接了P與Q。

　　Paul Lazarsfeld經細緻討論後（引自Babbie, 1998, pp.73-75），將第三項條件修改爲：排除僞關係（spurious relationship），亦即P與Q的相關並非同時由第三變項R造成。

　　一般討論的實驗設計，背後基礎即此因果觀念（House, 2005; Stuffle-beam, 2000）。早年評鑑名著（Suchman, 1967, p.63）中明顯透露如下因果觀：「某人可依一系列假設，去規劃評鑑計畫，該假設可能是：活動A、

B、C可產生結果X、Y、Z」：意即若在環境B與C下，進行方案A，就會產生結果X、Y、Z。而欲知此結果是否發生，完善的評鑑設計即採用古典的「隨機控制組設計」，Suchman認為運用此設計，就不會出現有問題的結果。

所謂「隨機控制組設計」，即隨機抽取樣本，並將這些樣本隨機分派至實驗組或控制組，例如隨機抽取12所學校，隨機分派6所為實驗組，另6所為控制組，實驗組全部在B、C條件下，實施課程方案A；評鑑者要來確認6所實驗學校是否出現結果X、Y、Z，而這些結果是6所控制組所未出現的。若果真得此發現，則可確認：A、B、C可產生結果X、Y、Z。

乍聽之下此因果論似乎頗合理，但再細究就站不住腳了。問題主要出在變因的數量及其可否被控制，若在實驗室裡進行理化實驗，該因果論是有效的。但人文社會現象中的因果關係遠比Hume因果論複雜得多。一來牽涉其中的變因太多，研究者無法全部掌握（Babbie, 1998，第三章）。二來交互作用太多，且可能與主要效應一樣強勁，研究者也無法全部控制。以某項課程評鑑來看，6校均採同一課程，卻產生不同結果，為什麼？因為6校有不同老師，不同老師就可能產生不同結果。即使控制這些老師，但仍有許多可能影響結果的變數存在（如：學校文化），研究者不可能掌控所有變項。再者，課程方案本身並非綑綁在一起的整塊因果機制，課程的某部分可能與環境中的元素相互作用，而產生出非常不同的結果。

二、L. Cronbach更複雜公式：涵義與侷限

面對複雜的社會現象，統計大師L. Cronbach苦思怎樣另闢蹊徑，後來他整個放棄掉「實驗處理—交互作用」研究（treatment-interaction research），原本他嘗試藉此來理解：「由學生特質到學習結果的中間出現怎樣的交互作用，但發現其中有太多無法控制的可能性，他決定放棄此嘗試。因為變項間產生的次級交互作用，經常跟主要效應一樣強勁」（House, 2005, p.1071）。

Cronbach（1982）在放棄前，曾重新思考因果關係，並設計一套更複

雜公式：「在S情境中，多種狀況（A、B、C或D、E、F或J、K、L）之後，都出現了P結果。」換言之，P結果，可能由A、B、C產生，也可能由D、E、F產生，J、K、L也會產生P結果。此時評鑑者就面臨問題了：A方案只有在條件B與C兼具時，才會產生P結果；如果有了A方案，卻欠缺B與C時，並不會出現P結果。尤有甚者，評鑑者還會遇到更複雜的狀況：若D、E、F一起出現，P結果也會出現（JKL亦然）；此時並沒有A方案，但仍得到P結果。總結來看，有A方案，或沒A方案，都不能確定P結果是否出現。準此，想要從A與Q事件的接連出現，來判斷因與果，並非可靠方式（House, 2005）。此討論顯示：Hume因果論並不能保證找到因果關係，亦即A教育方案實施與否，並無法確定P成果是否出現。

三、實驗法：優勢與侷限

那麼隨機實驗法適用何種對象呢？House（2005, p.1080）清楚表明：「評鑑物理實體（physical entities）適合採隨機實驗法。例如：欲評估藥物[12]成效，採隨機實驗非常有用，因藥物本身可採相同型式被再製。對藥物的反應雖每人略有差異，但施以藥物的處方，其變異程度不會像實施一項社會方案那樣複雜多變。若實驗處置的施用對象難以掌握，實驗則無用武之地了。」

如此說來，實驗法比另類評鑑差嗎？House（2005, pp.1071-1072）所作的總評其實頗為中肯。他認為：Cronbach的因果公式仍然有用，可拿來進行研究設計，唯此設計非常複雜且昂貴。實驗研究並非無用，只是應謹慎詮釋實驗結果（這涉及詮釋功力）。實驗並非如某些倡議者宣稱的那樣簡單，其中總有目前未知變項存在，並非都能被實驗所掌控（這涉及認知清晰與否）；實驗研究可以很有學問，但通常倡議者把它表達得太過簡單（這涉及表達妥適與否）。

---

12 當然House此處說：藥物適合採實驗法來評估效果。應是指西藥，而不包括中藥，因為西藥相對於中藥而言，其成分是較單純的元素，生產方式也是標準化的，這才讓實驗者能夠精準掌握此實驗處置（服用某藥物）。

參　真相觀的改變

一、傳統真相觀：事實與價值二分

　　評鑑與研究都是求真的活動，須得知所發生的真相，才能對受評對象做出優劣得失之允當判斷[13]。一旦涉及事實真相，此問題即變得非常複雜。近三十年來學界出現「知識論轉向」（epistemological turn），學者轉而努力探究「事實—價值」這一知識論上的問題（詳見本書第四章）。大致已改觀為：「事實—價值」並非截然二分，研究者／評鑑者尋得與表述的事實，經常是負載價值的。

　　過去評鑑界受實證主義影響，普遍抱持「事實—價值」二元論，即事實與價值是二分的，各自的指涉不同。Campbell（1982）這位評鑑界最偉大的奠基者之一即如此明白表示過：價值只能選擇，不能用理性分析；故評鑑者只能接受決策者、方案贊助者或方案規劃者所選擇的價值，這些價值觀顯示在政策目標或方案目標中；而評鑑者係依照該價值所訂的標準去評鑑方案。

二、E. House：事實與價值難以二分

　　House（2005）反對Campbell的觀點，認為：①價值問題可用理性分析，且質性評鑑很適合做此分析。②事實與價值有時可分開，但常糾結在一起。一項陳述常混雜二者。

　　House認為事實與價值的關係類似以下連續線（2005, p.1073）：

純事實 ——————————————— 純價值

---

[13] 雖然Guba與Lincoln（1989）提出四代評鑑，即第一代評鑑強調「測驗」；第二代評鑑在「尋求真相」，第三代評鑑著重「為做決定提供資訊」，第四代評鑑則重視評鑑者與利益關係人（stakeholder，或譯利害關係人）溝通。但筆者認為無論是哪一代評鑑，評鑑在「本質」上，都必須做優劣得失的價值判斷；而所謂四代評鑑各有重點，乃由評鑑的「用途」來看，顯示不同時期各有特色。

通常所謂的事實與價值，其實是「對事實的主張（claim）」、「對價值的主張」，而以「事實的陳述（statement）」與「價值的陳述」來表達，它們都是有關於世界的一些信念（belief）。有時這些信念看似事實，不帶價值判斷，如：「鑽石比鋼鐵堅硬」，此陳述可能為真或假，而它落在上述連續線的左端，其中並無個人偏好在內。而「紅玫瑰比白玫瑰更美」這一陳述則落在連續線右端，反映的是個人偏好。「高中多元入學方案是一好方案」此言即包括事實與價值成分：此評鑑結論乃根據某價值規準（如：提供民眾多重選項是好的）而引出，故具價值成分；但此言亦根據所蒐集的事實資料（如：調查顯示家長偏好多重升學管道）而提出的，故此言亦有其事實成分。二者合而觀之，此陳述落於連續線的中間，混有事實性與價值性。而絕大多數的評鑑結論均落於連續線的中間，混合了事實與價值成分。

而某陳述所處脈絡（context）也會大大影響該陳述所產生的作用。「呂秀蓮是中華民國第一位女副總統」此陳述看似事實性主張，但若此言出現於婦女團體聚會中，而有人正對臺灣女性主義發展做一樂觀前瞻，則此陳述在該脈絡中即含有價值判斷成分，該陳述便同時具有事實性與價值性。總之，House說明了學界對真相觀的轉變，大家已逐漸認知到：「事實—價值」並非二分，許多事實性主張都含有價值判斷的成分。

三、對價值性主張進行理性分析

House（2005, p.1073）認為：價值性主張可用理性做分析，程序如下：

1. 首先判斷該價值主張是對或錯。例如：判斷「高中多元入學方案是個好方案」這一價值性主張是對的。

2. 針對前項所提主張的對或錯，去蒐集證據以支持或反駁之，如目前評鑑所做的那些。

3. 該證據可能有誤或無誤，而證據也有強弱之別，應針對證據品質進行評估。此評估證據的方式，由評鑑學理（evaluation discipline）來決定。

　　證據是否令人相信？Miles與Huberman（1994, pp.263-269）認為欲評估資料之品質，可用技術有：①**檢核代表性**、②**檢核研究者效應**（researcher effects）（即研究者如何影響該資料）、③**橫跨各資料來源與各方法做三角檢測**（triangulating）、④**估量證據品質**，以決定哪些證據最值得信任。Miles與Huberman（1994）並對資料證據力之強弱整理出表8-1，此議題與本文關係較為間接，僅簡要列出。

表8-1　較強與較弱證據力之資料

較強的資料	較弱的資料
較後期或經多次接觸後蒐集的資料	較早期或進入現場時蒐集的資料
親自看見或聽到的	二手聽聞的
所觀察到的行為或活動	人們訴說的
值得信任的田野工作者	不值得信任的田野工作者
非正式場合得到的資料	官方或正式場合所獲得的資料
回應者單獨與田野工作者在一起	回應者與其他人或在團體中出現

資料來源：引自Miles & Huberman（1994, p.268）。

　　House（2005）認為：過去對於價值性主張的研究方法尚不足夠，有待努力開發，以供研究者處理評鑑報告中的評價性結論。過去評鑑中，評鑑者不處理價值問題；但House主張：評鑑者和其他人都可用理性分析來處理價值問題。這意味著質性評鑑者不只是決策者的工具，不只是分析經驗證據而已，也應是哲學研究者，應會同決策者一起探究政策目標的合理性。House（2005）認為：質性評鑑中方案參與者的主觀看法是很寶貴的，雖屬價值判斷，但若處理得宜，尤應珍視之，而這些將成為評鑑中最精采處。他認為：如果質性評鑑做價值分析，也能提高人們心目中質性評鑑的合理性；若要處理價值問題，質性評鑑應是最合適的方法之一。

 ## 肆　正義觀的改變

　　評鑑與社會正義（social justice）的關係極為密切。因為欲知教育制度的設計是否符合社會正義，需對教育方案進行評鑑；且評鑑結果還會進一

步影響利益與負擔怎樣分配，例如：我國教育部這些年進行的師資培育評鑑，其評鑑結果即用於「保優汰劣」（教育部，2006），被評鑑為優者之利益獲得保障，被評為差者則被要求退場，不能再培養師資。準此，對大學師培進行評鑑，其中牽涉到正義問題包括：一、受評大學的師培方案之規劃是否合於正義：正義成為進行評鑑判斷所依據的規準。二、評鑑結果對於受評大學是否公平：正義成為判斷評鑑結果的規準。三、運用評鑑結果所進行的利益重分配是否公平：正義成為判斷「評鑑所造成之結果」的規準。可見從事評鑑活動不可能不涉及、不思考正義觀念。

一、政治環境因素

㈠冷戰中的紅色恐怖事件

House（2005）從歷史角度去說明：明明評鑑與社會正義關係密切，何以評鑑者卻避談社會正義。他指出：始終有不少社會科學研究者認為，自己在做價值中立的研究，也有人認為質性研究太主觀、不合理；此類觀感有其歷史上的政治因素，涉及社會正義觀念。

評鑑其實與社會正義有直接關聯，但通常評鑑研究中並不討論社會正義。這與冷戰正熾的1950年代，美國大學發生了幾起紅色恐怖（Red Scare）事件有關，「這些事件席捲全國，且嚇壞了社會科學研究者。事件中一些知名的經濟學者與社會學者從大學消失，因為他們支持工聯（labor unions）、童工法（child labor laws），以及一些社會政策，而這些卻都是大學理事會所反對的，這些理事大多來自企業界」（House, 2005）。結果造成許多社會科學家不敢碰觸有政治風險的議題，轉而關注量化研究法中的統計、抽樣等問題。

雖仍有學者走自由路線，繼續討論社會正義，如：批判俗民誌者（critical ethnographer）[14]，但其命運多半是被禁聲或被邊緣化。走保守路

---

[14] 例如：伊利諾大學教授Oscar Lewis熱切為弱勢者發聲，其名著有1959年的《貧窮文化》（*Five Families: Mexican Case Studies in the Culture of Poverty*）、1961年的《桑且和他的孩子們》（*The Children of Sanchez: Autobiography of a Mexican Family*），他被美國政府特務監視達27年，長年活在白色恐怖中（丘延亮，2004）。

線的右派學者則繼續推銷政府政策，例如：窮人絕育，宣稱自己是價值中立的，自己是「讓證據說話」；House（2005, p.1074）認為這類帶有種族偏見的研究其來有自，他引用S. J. Gould的研究，認為其實生物學長久以來就有種族偏見，此傳統由Francis Galton（1822-1911）、Cyril Burt（1883-1971）、Charles Spearman（1863-1945）、Lewis Terman（1877-1956），一直到Arthur Jensen（1923- ）等人[15]；House認為這些立場反映的是那些時代的政治氣氛。

(二)冷戰裨益「社會進化論」與「邏輯實證論」的發展

　　Vidich與Lyman（2000）認為冷戰給社會學者帶來機會，把Auguste Comte（1789-1857）與Herbert Spencer（1820-1903）的社會進化論以現代形式復興起來，而此進化論其實帶有白人我族中心偏見（ethnocentric bias）。House（2005）則認為冷戰給了邏輯實證論（logical positivism）發展良機，因冷戰與校園發生的紅色恐怖事件，使許多社會科學家覺察到需躲在政治上較安全處，而此區塊正好受到一種科學哲學的支持，即邏輯實證論[16]，此係一方便好用的哲學，它為「價值卻除」（value-free）的研究背書，人們開始接受一種研究上的教條，即社會科學應該價值中立，不談價值問題；只有那些可直接參照「事實」予以確認之物，才是科學研究恰當的研究對象。

　　邏輯實證論為「價值卻除」的研究背書。雖然後來「史學、哲學與社會學研究均指出：邏輯實證論是錯誤的」（House, 2005, p.1074），這主要是指人們認知到「事實與價值二分是錯誤的」；但仍有不少人自認在做價值中立的研究。此態度被冷戰氣氛所強化，此正值美國教育專業評鑑萌發

---

[15] 甚至R. J. Herrnstein與C. Murray 1994年的《鐘形曲線》（*The Bell Curve*）也是此偏見下的產物（House, 2005）。

[16] 十九世紀時，邏輯實證論者想把形而上學（metaphysics）從科學論述（scientific discourse）中去除掉，希望科學論述能夠完全以「客觀的」感官資料（"objective" sense data）為基礎（Pitman & Maxwell, 1992, p.768）。

期[17]（1960年代）。人們遺忘了美國社會科學的起源，有其強烈的宗教使命（Vidich & Lyman, 2000）。「美國社會科學家將主要的關注放在研究法（統計、抽樣等），對許多評鑑者言，評鑑若要觸及社會正義，幾乎等同於不恰當」（House, 2005, p.1074）。更何況進行價值中立的研究，頗符合政治人物的想法：決策者負責價值的選擇——決定政策目標、方案目標，而評鑑者不宜介入。

二、學術思潮

House認為政治環境對學者們的政治態度確有重大影響，這使得評鑑者經常強調自己進行的是無關乎政治的中性活動，不敢也不願去碰觸「社會正義」這類需要表露價值傾向的議題。這是外在環境造成的影響。此外，學界對正義所做的理論探究，也會影響評鑑取向。而二十世紀對社會正義的學術思想也迭有變遷，從John Stuart Mill（1806-1873）的「效益主義正義觀」，到John Rawls（1921-2002）的「正義論」，再到「正義論的修改：參與轉向」，顯示正義所關注的焦點持續變化中。這些學術思想的發展對評鑑的啟示很多，值得認識。

㈠John Mill的效益主義正義觀

二十世紀大部分年代盛行的社會正義觀，乃是「自由派效益主義」（liberal utilitarianism，或譯為自由派功利主義），「其主張與量化評鑑法相契合，較不利於質性評鑑的發展」（House, 2005, p.1075）。自由派效益主義的主要開創者是J.S. Mill，主張以效益原則決定正義，若所採政策能達成最大效益，此即合乎社會正義（林火旺，2005）；所以應關心將社會的整體利益儘量擴增至最大，如此每人即可擁有更多。若將效益主義用於評鑑實作中（House, 2005），此時的重點便放在產出上；若全國總產出增加，此即好結果，而不去注重這些產出怎樣分配。其假設是：如此即有更多東西可供分配，即使不是每人都分得更多。準此，分配並不算是個議

---

[17] 有關美國教育評鑑的專業發展的各階段，參見潘慧玲（2004，頁12）。

題。若某教育方案提升了測驗總得分，此派關注的焦點是進步的總分有多少，而非這些分數或資源怎樣分配，有時也不管個人為達此目標所付出的成本。

簡言之，效益主義關心的是總產量是否增加、整體學生的總平均是否增加，而不是：進步的分數是怎樣分布的？資源是怎樣分配的？哪些人為目標付出多少成本？而效益主義的思想架構顯然與量化評鑑相當契合，質性評鑑則不然，質性評鑑相當關心各個人的付出與所得。

㈡John Rawls的正義論

1.關注利益分配

Rawls（1999）的**基本主張為何**？對於Mill的效益論，Rawls於1971年提出「正義論」（theory of justice）來挑戰它，此論由假想的社會契約與直覺論出發，更注重公平（egalitarian），哲學論點也更細緻。Rawls提出兩項主要的正義原則，第一項原則：每人都有權擁有與他人相同之公民基本自由與權利，這些權利不容侵犯。此個人權力非常類似於美國人權法案（Bill of Rights）中的權利，此原則未引起什麼爭議。第二項正義原則稱為「差異原則」，引起的爭議較多。Rawls認為不能僅關心利益總合，分配也應是關注點。「差異原則」容許財富不平均，但此不平均對社會處境最不利者應最有利，以符合正義的補償原則。Rawls認為可容許醫生得到較高薪資，只要此高薪能讓醫生研究醫學裨益窮人。簡言之，正義論更在乎利益分配公平與否，但此分配未必是均分。若表面不均有助於社會中最不利者，此不均亦屬正確。

正義原則如何運用於社會結構中？Rawls（1999）認為人有兩種道德知能：一是正義感；二是善的觀念。應訓練公民的正義感，充分發展並明智運用這兩種道德知能，而使公民能將正義原則運用於社會結構中。且讓公民在建構、修正和理性追求其善的觀念之過程中，運用他們的**實踐**理性和思考能力。

正義論與效益論之同異何在？效益論與Rawls正義論，均要求控制社會制度，以盡力擴大利益。而正義論提醒人們應注意：資源不利者如何被

對待？效益論者則允許犧牲資源最不利者，只要這樣做可增加社會的整體利益，例如：如果低通貨膨脹有利於社會整體，效益論者即贊成此政策——即使低通膨不利於貧窮者；正義論則反對之，認為不能犧牲弱勢者去成就整體利益，必要時甚至應犧牲整體利益去彌補弱勢者。

　　Rawls比效益論更注意分配問題，強調社會制度應致力於分配公平。怎樣做呢？他指出：每人的經濟背景所造成的分配結果，從道德來看，這是老天隨意造成的獨斷結果（例：某人因父母而成為如此這般的經濟背景），而為達利益分配的公平，社會制度應緩和此不均。若有必要，甚至可犧牲社會整體的最大利益。此外，因市場運作造成的利益分配，若出現不公平，即須加調控，此係根據第二項正義原則。

2.Rawls理論應用於評鑑

　　將Rawls的理論應用於評鑑，使得評鑑注意兩重點，一注意測驗得分在群體中的分配情形，二注意利益關係人[18]（stakeholders）的觀點，進而瞭解爭議中的社會利益有哪些（House, 2005）。「利益關係人」是指最接近受評方案的人，也就是指方案工作人員（program staff），與方案受益人（beneficiaries）（黃政傑，1987，第20章）。House認為：對分配正義與利益關係人的關注，大為改變評鑑走向，當前評鑑界的文獻裡滿是對利益關係人的關注，甚至此關注也進入量化評鑑裡；另一影響是評鑑界接受了多重方法，關心各類利益關係人，探究多面向影響，不像過去只注意少數面向。總之，評鑑界確實被改變了。

3.對「正義論」的批評

　　Rawls的正義論受到不少人批評，如：Michael Sandel、Iris Young、Charles Taylor等（林火旺，2005）。批評者認為：Rawls預設的前提太過專斷，僅反映主流者觀點，並未真正讓最弱勢者參與發聲；實際上群體中各個人的身分認同是分歧多元的，不全在經濟面。若將此批評應用於教育領域（House, 2005），可能情況是：如果某課程充滿性別偏見，女孩學習時出現高度困難，男孩並無困難。若僅協助女孩精熟該課程，以為這樣就是

---

[18] stakeholder或譯為利害關係人。

幫助女孩去除了不利處境，其實這並非解決之道，問題在於這是一份性別偏見的課程。

三 正義論的修改：參與轉向

1. 修改的重點

為回應上述批評，Rawls做了調整，將關注點從「公平分配」轉為「公平參與」，這是將多重身分認同的問題納入考量（House, 2005）。過去原以公平為分配原則，現改以公平為民主參與之原則，故可稱為「參與轉向」（participatory shift），其中融合了分配正義與民主參與。修改後的正義觀，要求給予利益關係人有效的發聲機會，說明本身需求，並協商利益問題；對歷史上常被排除的那些弱勢群體成員，尤應得到公平的參與機會。

2. 評鑑上的涵義

正義觀出現「參與轉向」，這對評鑑是饒富意義的。將「參與觀」應用於評鑑中，會要求在兩方面做到公平，一對可預先決定的利益應公平分配；二對不同參與者的地位與聲音，應公平對待。換言之，預先分配利益時，就應注意分配正義，而非僅注意總量增加。利益應隨著需求、政策、實況等，一起受檢視與磋商。民主變成支配一切的理想，於是許多評鑑者呼籲：應讓利益關係人在評鑑中扮演一些角色，但究竟應扮演何角色，意見不一（Greene, Lincoln, Mathison, & Mertens, 1998）。例如國內學者游家政（2008）表示：各校評鑑教科書時，學生是最重要的利益關係人，因此傾聽學生的聲音是必要的。但學生聲音要被重視到何種程度？這確是一待討論的問題。無論如何，國內外的教育評鑑均已更重視利益關係人的參與與發聲。

House細膩地觀察到：許多贊成此參與式評鑑的人士，其理由是：他們相信利益關係人才是實際上最可能採用此評鑑結論者，換言之，他們贊成參與式評鑑是出於現實的考量，而非出於社會正義考量。總之，社會正義問題因為歷史與政治因素，現在仍頗具爭議性。

總結以上說明，過去半世紀評鑑界出現觀念上的變遷如下：

1. **因果觀**方面：人文社會現象太過複雜，通常是多因多果，甚至互為因果。Hume因果論並不適用，故並不適合探實驗法去評鑑教育方案。Cronbach的因果公式仍然有用，但若用來設計評鑑研究，耗資龐大，且可能仍有無法控制的變因存在。欲發揮實驗報告的功能，對資料的詮釋功力，乃成為關鍵所在。

2. **真相觀**方面：學界至今大致已改觀為「事實—價值」並非截然二分，研究者／評鑑者所尋得與表述的事實，經常是負載價值的。Scriven（2000）更明言：科學家並非價值中立的，此乃無可否認的事實。House（2005）認為價值問題可用理性分析。

3. 正義觀方面：二十世紀對社會正義的學術思想迭有變遷。從**Mill**的「效益主義正義觀」，到**Rawls**的「正義論」，再到「**正義論的修改：參與轉向**」。Rawls正義論使評鑑注意兩重點，一注意所增進之利益在群體中的分配情形；二注意利益關係人的觀點，進而瞭解爭議中的社會利益有哪些。「**參與觀**」提醒評鑑者要在兩方面做到公平，一對預先決定的利益應公平分配；二對不同參與者的地位與聲音，應公平對待。許多評鑑者呼籲：應讓利益關係人在評鑑中扮演一些角色，但究竟應扮何角色，意見不一。

 ## 伍　評鑑現況

以上已說明質性評鑑興起之緣起，及三基本觀念的變遷。此三觀念有利於質性評鑑的發展，進一步的問題是：當前美國的教育方案評鑑的面貌如何？有哪些不同的派別？量與質並存嗎？質性取向還有哪些不同類型？這些類型反映了前述那些變遷後的觀念嗎？Greene（2000）整理的「當前社會方案評鑑[19]」概況，可幫助我們尋找答案。

---

[19] 本研究以方案評鑑說明當前評鑑現況，因為大多數的評鑑均屬方案評鑑。依Greene（2000）的分類，除方案評鑑外，還有對人的評鑑、對物的評鑑。Scriven（2000）發現過去數十年方案評鑑的興盛遠遠超過對人的評鑑，他認為此或源於「評價恐懼」（value-phobia）——對方案做評鑑的壓力，比對人做評鑑的壓力要小且容易。

　　表8-2是筆者修改自Greene（2000, pp.983-985）的分類表，其中除顯示知識論與技術外，Greene還努力找出各取向著重的價值觀、評鑑報告所設

表8-2　當代評鑑四類型

	取向	知識論	價值觀	主要讀者	偏好的方法	典型的評鑑問題
量的	後實證取向評鑑	後實證主義（T. D. Cook, 1985）	·效能 ·績效責任 ·成本效益 ·政策啟示	·高層決策者 ·資金提供者 ·社會科學社群	·實驗 ·準實驗 ·調查 ·因果模式 ·成本效益分析	·想要的結果達成否？ ·該結果可否歸因於該方案？ ·這是最有效的方案嗎？
質量並用	實用取向評鑑	功利取向的實用論（M. Q. Patton, 1990, 1997）	·實利性 ·實用性 ·管理效能	·方案中階主管 ·現場行政人員	·結構與非結構調查 ·晤談 ·觀察 ·文件分析 ·專家小組評論	·方案哪部分效果好？ ·哪部分需調整？ ·方案對組織目標與任務之促進，效果如何？ ·誰喜歡此方案？
質的	詮釋取向評鑑	詮釋主義建構論（R. E. Stake, 1995）	·多元論 ·理解 ·脈絡取向 ·個人經驗	·方案主管 ·工作人員 ·方案受益人	·個案研究 ·開放式晤談 ·觀察 ·文件探究 ·辯證法	·各利益關係人於此方案的經驗如何？ ·此方案哪方面具意義？
質的	批判取向評鑑	批判的社會科學（B. Fay, 1987）	·解放 ·彰權益能 ·社會變遷 ·平等主義 ·批判啟蒙	·方案受益人及其群體 ·社會運動者	·參與式、行動取向 ·利益關係人參與：評鑑之議題設定、資料蒐集、詮釋，與改革行動	·脈絡中此方案的前提、目標或活動，以何種方式維持了權力與資源的不均？

資料來源：修改自Greene（2000, p.984）。

定的主要讀者，以及典型的評鑑問題。這些項目可清楚顯示評鑑者究竟爲哪些人服務、爲增進哪種價值觀、爲回應怎樣的疑問，而不只關心所用研究法而已。這可幫助我們獲得一初步鳥瞰，瞭解目前四種評鑑取向，包括量與質的取向。後實證取向（post-positivism）屬於量化的；實用取向（pragmatism）係質量兼顧；質性取向又分兩類，一強調建構論（constructivism），二強調批判理論（critical theory）。筆者認爲建構論較著重求眞，認爲「相對眞相」可在主客互動的建構中尋得；而批判取向更著重求善：評鑑應揭示不公，採取改善行動。

Greene（2000）強調：評鑑取向間的界線並非截然清晰的。無論在歷史發展、概念論點、實際做法等方面，四取向均非涇渭分明，有其中間地帶，或混合型，然該表可約略顯示當代評鑑之四取向。

一、後實證取向評鑑

後實證取向評鑑曾是歷史上的主流，目前勢力依然強勁，尤其是George W. Bush總統[20]上任後（詳見下文）。此取向採量化法，包括：實驗、準實驗、調查、因果模式分析、成本效益分析。在知識論上傾向後實證主義，注重決策者與出資者之利益。強調的價值是：效能、績效責任（accountability）、成本效益、政策上所得啟發；評鑑報告設定的讀者是高層決策者、資金提供者與社會科學社群（Greene, 2000）。使用該取向的人士特別看重科學性，科學性隱藏在評鑑中，因爲科學被認爲具客觀性，可獲知眞相，這些特質被視爲是評鑑中應追求的標準。

後實證取向評鑑探究之典型問題是：預設之方案目標達成否？該成果可否歸因於該方案？它是最有效方案嗎？當前美國、英國在公共行政、教育行政方面非常強調績效責任（張芬芬，2007b），正是此取向所注重的。例如：1992至2003年美國「人力示範研究公司」評鑑全國9所高中「生涯輔導方案」成效，將1700名學生隨機分配到實驗組或控制組，探究

---

[20] 以下將George W. Bush總統簡稱爲布希總統。

輔導方案對成績進步、升學／就業準備之影響。期評鑑該方案的優劣得失，爲教育決策者提供有用資訊（Nave, Miech, & Mosteller, 2000）。

　　實驗量化的評鑑方式何以仍被重用？如前所述，實驗法若運用於正確情境，且有其他證據支持，實驗可能是有價值的；其他證據可提供脈絡資料，來詮釋研究發現。總之關鍵即在於評鑑者有無足夠的詮釋功力了。

二、實用取向評鑑

　　Greene（2000）認爲當代第二類評鑑是實用取向，其出現較第三、四類更早，1960年代就有一些實用取向的嘗試性研究，其中一本經典著作是對「起頭」方案的評鑑。這些實用取向的早期著作已清楚指出：實驗邏輯並不能簡單地、完善地轉化到眞實的社會情境中，過去的實驗科學無法爲方案決定者提供值得信賴的、適時的、有用的訊息。因此這類實用取向評鑑尤其關心做決定者的需求，尤其是「現場決定者」的「實際需求」，他們爲了做管理上的決定，必須得到有用的訊息。

　　在知識論上此派傾向效益的實用論（utilitarian pragmatism），著重實用價值，爲實際問題的解決來服務，採用折衷方法，結合質與量的方法，如：結構與非結構調查、晤談、觀察、文件分析、專家小組評論。典型的評鑑問題是：方案的哪部分效果好？哪部分需調整？方案對組織目標與任務之促進，其效果如何？誰喜歡此方案？Greene（2000）認爲：Michael Patton就是這一實用取向評鑑的代表。1992年Pitman與Maxwell（1992）評論Patton（1990）專書時，認爲它代表當時質性評鑑界的主流。

　　Patton（1990）自稱爲「使用者導向的評鑑」：評鑑目的在爲主要的「有意使用者」（intended user）提供有用、確實的研究報告——評鑑者要將焦點置於「有意使用者的有意用途上」，只要能達此實用目的，評鑑可由各式典範／理論出發，運用各式設計、資料與分析方法。準此，評鑑不是一種「食譜」，而是一種策略——做評鑑決定的策略。

　　Patton（2000）以評鑑「補助低收入戶食物券」方案爲例說明此取向。此評鑑之主要有意使用者是方案的國會監督委員會與該會職員。而此

方案因具高曝光度、高經費、高爭議性——不同團體對評鑑結果與補助資格都會有意見，故此評鑑之可信度和實用性有賴評鑑者的獨立性、意識形態的中立性、方法之專業性以及政治的敏感度。適合兼採各種質與量的方法去完成。

三、詮釋取向評鑑

當代方案評鑑的第三種取向被Greene（2000）稱為質性評鑑取向，筆者為區隔此類與第二、第四類之差異，將Greene所稱的質性評鑑取向，改稱為「詮釋取向評鑑」。此派有其長遠的哲學傳統與學科傳統，如：詮釋主義（interpretivism）與俗民誌（ethnography）等。Greene（2000）認為：Robert Stake 1975年與Egon Guba、Yvonna Lincoln 1981年的作品明顯影響此取向的輪廓。無論是理論或實作，此類評鑑也跟著歷經了質性研究的多個階段（Denzin & Lincoln, 2000, 2005, 2011, 2017）（參見本書第二、三章）。無論怎樣改變，此派數階段的評鑑研究，對社會科學的知識始終抱持一種詮釋觀點，在價值觀上主要強調價值多元論。

此取向也受到回應式研究傳統（responsive tradition）的影響（黃政傑，1987，第20章），尤其著重利益關係人的利益，並珍視其經驗。所謂的利益關係人是**最接近**受評方案的人，即指方案工作者與方案受益人。以臺灣中小學「教學輔導教師（mentor teacher）制度」之評鑑為例，某校的方案工作者就是該校承辦處室之主任、組長與教學輔導老師，受益人則是夥伴老師，故利益關係人包括參與該方案的教師與行政人員。此類評鑑的典型問題是：各利益關係人對此方案的經驗如何？此方案在哪些方面有其意義；此取向強調要將方案放在脈絡中理解。

若採詮釋取向評鑑「臺北市教學輔導教師方案」時，適合探究的問題是：業務主管、輔導教師、夥伴教師在此方案中的個人經驗為何？就該校脈絡（如：組織氣氛、教師文化）言，該方案哪些活動具有意義（如：入班觀察、教學檔案製作）？

若由前述三種觀念變遷來看此取向，的確充分反映在此類評鑑裡。在因果觀方面，此類質性評鑑強調親自深入方案的自然情境（非實驗情

境），開放地蒐集資料，瞭解來龍去脈多因多果（而非侷限於掌握少數自變項與依變項）。在事實觀方面此派承認：評鑑者與受評者均是價值負載者，事實是詮釋出來的，應將利益關係人放在脈絡中去理解，而非去尋找真空中的「客觀事實」。在正義觀方面，此類質性評鑑尤關心各利益關係人所知覺到的意義，而不只是決策者與管理者的意義。

四、批判取向評鑑

當代第四種評鑑被Greene（2000）稱為「開放式意識形態取向」（openly ideological approaches），主要奠基於批判理論，因此筆者將其改稱為「批判取向評鑑」，以求簡明。此取向明顯提倡一種特定的價值議題，如：提倡社會正義、彰權益能、批判的族群意識、社會變遷等觀念。Greene（2000, p.985）為此取向所舉的評鑑例子如下：

> Michael Grey Wolf十多年來都積極參與美國原住民自治運動。近年工作重點是：比較原住民與非原住民中小學，希望能在他的故鄉州通過立法，讓原住民學校成為特許學校（charter school）。……Michael Grey Wolf明白表示想以其評鑑工作，促成美國原住民的自治。

Greene（2000, p.985）強調此類評鑑在提倡某種理想與價值觀。「大家都特別禮遇與自己有共同理想的利益關係人，召喚各種能實現理想的方法」。批判取向評鑑的基本理由有二，首先在提倡理想與價值觀；其次才是回答某項方案的問題。至於前述三種評鑑取向，均將回答方案問題置於第一要務。Greene（2000）認為：這第四取向的背後有多種哲學觀，包括：批判社會科學（critical social science）、女性主義（feminism），與新馬克斯主義（neo-Marxism）。這一派早期的實例，如：英國與美國的民主評鑑（democratic evaluation）與行動取向評鑑。Greene（2000）認為：Guba與Lincoln（1989）「第四代評鑑」亦屬此派，因它提倡改革行動，紮根於建構論哲學。Guba與Lincoln（1989）認為：本質上評鑑就是一種社會的、政治的、價值取向的活動，和傳統科學研究是不相容的。

他們認為評鑑所呈現的真相，乃是評鑑所創造的，而非先於評鑑獨立自存的。

此取向偏好的評鑑方法是「參與式研究」與行動研究[21]，強調利益關係人參與評鑑議題的設定、資料蒐集、詮釋與行動。典型的評鑑問題是：脈絡中此方案的前提、目標與活動，藉何方式維持了權力與資源的不均？評鑑者主要採質性研究的各種技術，去蒐集與分析資料。

前文介紹的三觀念變遷也反映在此批判取向評鑑中。因果觀方面，批判取向評鑑也強調針對個案進行自然觀察，將個案置於脈絡中尋找造成不公之複雜結構因素。事實觀方面，此類評鑑基於建構論精神，強調我們的這個世界原本就是我們這些參與者共同建構的，不公不義的現實是強勢者宰制造成的，評鑑應揭露此事實。正義觀方面，此類評鑑強調利益關係人參與評鑑議題的設定、資料蒐集、詮釋與行動，明顯可見Rawls「修改後正義論」的精神，強調公平參與。

五、美國近況：質性與量化勢力的消長

㈠G. Bush的基本教義派政策

由從前述當代評鑑取向來看，評鑑逐漸轉向，從量化、價值卻除的取向，走向多重方法與質性取向，強調利益關係人、社會正義及公平參與等觀念。這些趨勢都看在布希總統與其新保守派的政治夥伴眼裡了，他們並不喜歡這樣的走向（House, 2005），他們認為另類評鑑太過寬容放縱，帶有後現代解放色彩，不會給社會帶來好處。

---

[21] 近幾十年來的行動研究受到一種「參與式世界觀」（participative worldview）的影響。簡單來說，「參與的世界觀」之核心概念是參與，相對於過去那種世界觀，新的世界觀強調認知的整體性、真相實情的多元性、研究者與研究對象的平等性。新世界觀認為：人類經由參與，共同創造（co-create）了人類的實有世界，透過的是人們的經驗、想像與直覺，以及思想與行動。正如H. Skolimowski指出的：「我們總是參與我們所描繪的事件」，所以我們要研究實在界，其實是一種互動的產物，一方是我們個體的與集體的心靈，另一方即是宇宙最初未定形的既有（giveness）。相關論述參見本書第七章。

　　九一一事件給布希政府一個機會，他們改弦更張地採取新的學術獎助政策，此政策有利於量化評鑑，不利於質性評鑑。眾所周知的，布希政府的政治外交政策被對手稱為「新基本教義派政策」（neofundamentalist policies），而在學術獎助政策上也有類似的思維傾向，都堅信「絕對真相／真理」的存在，要用科技捍衛真理，尋找真相。House（2005, p.1078）稱之為「方法論的基本教義派」（methodological fundamentalism）：鼓吹「證據本位的進度、政策與方案」（"evidence-based" progress, policy, and program）。「證據本位的核心理念就是：研究與評鑑必須是科學的，而所謂科學，意味著研究與評鑑必須基於實驗，最好是隨機化的實驗。其他產生證據的方式都是不科學的，不足採信。只有隨機化的實驗法才是發現真理的唯一方法。」[22]簡言之，布希政府鼓吹「方法論上的基本教義派」，認為只有實驗法才能產生有效的證據，才是「科學」，而且最好採用隨機化的實驗法。

　　「沒有一個孩子落後」（No Child Left Behind）是布希最重要的教育法令，House（2005, p.1078）表示：此法令中深植著「方法論的基本教義派」教義。他指出：該法令中科學一詞出現了上百次，甚至罕見地將研究方法寫入該法案中。此外美國教育部成立了一個機構（名之為"What Works Clearinghouse"），用以鼓吹證據本位的研究，並鼓勵整理學者清單，列出哪些人在方法論上順服此新論調——這是「白名單」，係相對「黑名單」而言的一份清單。

(二)質與量各有擅場

　　質性研究大師Denzin與Lincoln（2005）眼見此一現象，對質性研究發展深以為憂，他們認為2005年起是質性研究發展史上的「破碎期」[23]，質

---

[22]　布希為何青睞量化法？House（2005）認為：布希頭腦簡單，質性研究太過複雜，量化研究比較能得出簡明扼要的結論，對布希而言較易瞭解。House（2005, p.1077）甚至引用Condoleezza Rice尚未擔任國務卿時，對布希的批評：「最糟糕的是：一項議題對布希來說都太過複雜了。」

[23]　詳見本書第三章對質性研究八個波段的介紹。

性研究受到政治的強力打壓[24]。而House對此現象的觀察是：質性評鑑界並不會屈服於政府的政策「四十年來評鑑政策繞了一圈……但現在不同於以往的是：評鑑社群已成長許多，對Bush政府大力提倡的實驗法，評鑑社群已深思、討論，並已放棄過去獨尊實驗法那種過狹的焦點」。House、Denzin與Lincoln等人由近半世紀知識論的發展來看，對質性評鑑探究人文社會現象的適切性仍有信心，政府的經費補助政策雖然對質與量兩陣營的勢力消長有一時的影響，但在過去兩陣營的激烈論戰中，已讓學界深切瞭解到：質與量確實各有擅場。

質與量各有優勢！Walker（1992, p.106）對此說得明白：

> 近年來質量論戰較為平息，並不是因為有任何議題已有答案，而是雙方該表達的都已表達了（甚至超過了該說的）……質與量的爭議可能是無解的，這就好像W. James所謂軟硬心腸間的緊張關係。他們呈現了相對立但也同樣有道理的兩種態度。量化研究取向較為懷疑、更為謹慎，對於研究發現的確認持較高標準，對錯誤更為防範；質性研究則較為寬容，對錯誤的容忍度較高一些，希望藉此獲得更高的保障，能使研究法上所持的標準不至於將人類經驗中的一些重要領域排除在外。然兩者都有其可取之處。

好的量化研究更能確認嚴謹的因果關係，好的質性研究則更能裨益特定個案之改善。為何要放棄任何一種方法呢？

---

[24] Denzin與Lincoln（2005）指出量與質兩陣營對峙，兩龍頭機構分別是：(1)美國國家研究院（National Research Council）的「教育科學研究」（Scientific Research in the Education）；(2)美國國科會（National Science Foundation）的「質性研究的科學基金會」（Scientific Foundations of Qualitative Research）（Lincoln & Denzin, 2005, p.1116）。

陸 對臺灣教育評鑑的啟示

基本觀念的改變對臺灣評鑑界有何啟示？以下分述之。

一、因果觀

㈠以開放態度看出非預期的因果

質性評鑑可針對個案找出來龍去脈中的前因後果[25]，判斷其教育成果優劣的原因，只是這種因果可能是複雜的多因多果，而不是實驗研究中經過變項控制後，所確認的較單純之因果關係；正因質性評鑑係針對個案一一進行，所產生的因果判斷更能裨益該個案的改善。唯欲獲知這樣的因果關係，評鑑者應抱持開放態度去瞭解現場，不帶先見與成見，不預設結果，進行開放式觀察與訪談，不應受限於原先預備的觀察與訪談工具。

㈡以高敏覺看出微妙因果

質性評鑑要看出的因果，不是實驗法預先設計好的變項，評鑑者除需開放態度外，高敏覺性（sensibility）也是必要的，這樣才可能覺察微妙的因果關係，超越表面的、制式的、粗略的觀察。高敏覺性並不是捕風捉影式的直覺反應，而是有專業素養的敏銳，此素養來自於對受評單位清晰的專業性認識，以及堅實的評鑑專業知能，如此的敏覺性才能看出有憑有據的微妙因果。

二、事實觀

㈠對帶有「價值傾向的事實」覺察它、承認它、省思它

評鑑者應清晰認識到：事實與價值並不是截然二分的。「事實性陳

---

25 人們一般認為質性研究不能確認因果關係，但也有學者（如：Miles & Huberman, 1994；Maxwell, 1996）認為質性研究很適合研究因果關係，因為質性研究深入且廣泛蒐集個案資料，瞭解事件的來龍去脈，經逐步歸納分析後，是可以確認「某事件的」前因後果；只不過此因果並不適合直接類推至其他對象，不像實驗法那樣尋得的因果關係具有類推性。

述」通常含有價值傾向在內，故評鑑者應清晰覺察自己的身分、立場所帶來的價值傾向，從覺察它、承認它，到省思它，不要讓未經覺察的價值觀竄入自己對事實的認知裡，並進一步省思自己的價值觀對受評者是否公允。準此，評鑑者良好省思能力是重要的。

(二)將事實放在脈絡中理解

社會世界裡的事實不是絕對的、單一的、不變的。Cronbach（1982）說得很清楚：「任何一項方案研究其實都是研究『在該脈絡中的該方案』（the program-in-context）。」評鑑者要理解的是「某脈絡中的事實」，而受評者處於怎樣的脈絡中？各種利益關係人處於怎樣不同的脈絡中？這些都是評鑑者能否正確理解的關鍵。可見脈絡資料的蒐集與理解對評鑑是很重要的，目前我們進行評鑑時，脈絡資料是否蒐集齊全？評鑑者是否充分吸收脈絡資料？有無足夠時間[26]讓評鑑者充分瞭解脈絡？這些恐怕都是臺灣教育評鑑可籌謀改進處。

(三)用三角檢測找出「眞相實情」

社會世界的眞相不是絕對的，質性評鑑強調運用多種方式蒐集資料，以求逼近此「相對眞相」，通常都會整理書面檔案，並進行現場觀察與訪談，期藉觀察與訪談驗證檔案資料的正確性，亦即發揮「三角檢測」（triangulation）的功能，找出一致與不一致處，再就不一致處深究之。臺灣進行評鑑多半仍以檢視書面檔案爲主（吳清山、王湘栗，2004）。因受限於現場訪視時間太短，觀察與訪談很難充分發揮三角檢測的功能，不易找出兩者與書面資料的矛盾處，乃至缺漏處、錯誤處。評鑑結果反而可能主要受到書面檔案整理良窳的影響，若評鑑結果反映的只是檔案整理的功力而非「眞相實情」，這當然大大失去評鑑的意義了。

---

26 臺灣目前的教育評鑑，現場訪視時間普遍很短，林天祐（2004）指出臺灣大中小學評鑑之現場訪視爲2小時到3日；英國評鑑訪視時間相對長很多──80人的小學，現場訪評爲7日，300人以上小學爲16日。而臺灣2020年中小學校務評鑑的時間大多爲1日。

三、正義觀

㈠評鑑者應負起維護正義的責任

評鑑的目的何在？評鑑是為了獎優汰劣或協助弱勢？劣／弱勢者是否為長期資源不足所致（黃政傑，2004）？是否更應受到協助？目前臺灣的教育評鑑許多均屬前者，多由官方訂定此目標，然後聘請學者專家執行評鑑工作，執行評鑑者大多並未參與該目的的討論。這種評鑑者猶如價值中立的工具，不涉入政策的決定，與前述Campbell（1982）的觀點是一致的。但House（2005）反對，他認為質性評鑑者應對價值性主張進行理性分析，與決策者一起討論評鑑目的之合宜性，亦即參與目標之設定，如此評鑑者才負起了維護正義的責任。Scriven（2000）指出評鑑界普遍存在「管理者意識形態」——關注方案管理者需求（如：藥廠管理者想知道某新藥效果），忽略消費者需求（如：該藥有哪些副作用），這並不符正義原則。這意味著評鑑者應該與委託者共同決定評鑑目的，如：除評估藥效外，也應探究副作用何在。

Scriven（2000）另觀察到：幾十年來方案評鑑的興盛遠超過對人的評鑑，且通常也避免省察自己的「評鑑倫理」是否得當；他認為此出於一種「評價恐懼」（value phobia）。他主張方案管理者（人）係方案重要部分，應納入評鑑，而評鑑者（人）本身倫理的表現也是完整評鑑中的一部分，亦應受評；如此方符正義原則。

Ruth Bleier曾表示：「過去社會科學家常常受到現代主義中科學客觀性之觀念的引導，以致忘了自己工作的意義應有其目的性與意向性，儘在學門底部打轉，認命地將研究發現交到政策競技場中去處理。相對地，社會科學家應該找到一種投入的社會科學（an engaged social science），運用這種社會科學讓我們『向權力說出真相』」（引自Lincoln & Denzin, 2005, p.1117）。這段話相當適用於教育評鑑者。簡言之，教育評鑑不能再一味追求客觀，更應追求社會正義。今後應找到「學院派」與「行動派」的交集，兼顧知識追求與社會正義。

㈡宜對原級評鑑多進行後設評鑑

Scriven（2000）觀察到美國評鑑界有所謂「解離取向的意識形態」（seperativist ideology）——認爲自己評鑑他人是理所當然的，卻抗拒自己受評，或對自己身爲評鑑者缺乏省察意識。

無庸諱言地，目前臺灣教育界亦有聞評鑑色變的現象。受評者人人關心：評鑑結果公平嗎？評鑑目的正當嗎？程序恰當嗎？資料正確嗎？換言之，原級評鑑（primary evaluation）需要後設評鑑（meta-evaluation）來監督，才能瞭解原級評鑑活動表現的價值或優劣得失（游家政、曾祥榮，2004）。爲提升原級評鑑的品質，讓受評者甘願接受評鑑結果，進而願意主動進行自評，將評鑑當作自我改進的工具，我們需要更多有公信力的後設評鑑，評鑑者也應受評，增進原級評鑑的公正性。

第九章

文本分析方法論及運用：
教科書怎樣分析[1]

1　本文改寫自：張芬芬（2012c）。文本分析方法論及其對教科書分析研究的啟示。載於國家教育研究院主編，開卷有益：教科書回顧與前瞻（頁161-204）。臺北：高等教育。感謝該文審查者的專業意見與辛苦審查！

摘要

　　教科書內容是一種文本。近年來由於整個人文社會科學均出現「語言學轉向」思潮，文本分析方法論的發展甚爲蓬勃，教科書研究應可從由文本分析的各種方法中汲取養分。本文第一部分即在介紹四種文本分析法：古典內容分析、故事分析、論述分析與論辯分析，此四分析法均適合用來分析教科書。本文第二部分比較四種文本分析法，分別從「看教科書的視角」、「研究目的」、「知識論／方法論」、「理想教科書」、「分析架構」、「分析類目的建立」、「探究問題舉隅」七面向去說明。

　　最後從中尋得四項啟示：①超越古典內容分析法，可用論述分析、故事分析、論辯分析；②古典內容分析法有其價值，唯可兼採其他方法相輔相成，如問卷、訪談等；③教科書分析需要實徵研究，也需理論體系，尤需教科書政治學觀點；④研究法有其重要性，唯研究者的洞察力更屬關鍵。

 前言

一、問題背景

　　教科書乃兵家必爭所在，因爲教科書是最重要的教學媒介之一，教科書要納入哪些內容自然至屬重要。主流團體期藉教科書增進同質性，主張教科書應反映主流團體認定的重要知能與價值觀，期藉此建構共同的合法觀念，甚至創造國家集體記憶，以符合主流團體在文化、經濟、觀念、社會等面向所認定的必要需求（Crawford, 2003）。然從批判教育學（critical pedagogy）來看，教科書也應傳遞多元觀點，尊重差異。假如某歷史教科書省略重要史實與史觀，則將嚴重偏限學生未來看待歷史事件的方式（Griffin & Marciano, 1979）。準此，教科書是各種權力團體相互競爭的結果，許多國家均激烈爭辯教科書的內容（Crawford, 2003）。一言以蔽之，教科書是一文化產物，其產製與運用均涉及意識形態、政治、價值觀等諸多問題，這些意識形態、政治、價值觀等均在不同層級的權力、

地位與影響力中發生作用。由此來看，考量教科書的內容、認可／授權（authored）、出版與運用，其實就是在考量學校教育的目的（Crawford, 2003）。為正確瞭解學校教育實際上可能達成的目標，深入研究教科書自屬必要。國內學者黃政傑（2003）、歐用生（2005）、藍順德（2010），對此即多所倡議。

　　優質教育（quality education）是聯合國教科文組織（United Nations Educational, Scientific and Cultural Organization，簡稱UNESCO）近年來努力的重點，而優質教科書可為優質教育奠定基石（Pingel, 2009）。UNESCO於2005年為教科書與學習媒材提出新計畫（名為Comprehensive Strategy for Textbooks & Learning Materials）。該計畫表示：「UNESCO的角色在：協助會員國發展政策、規範與標準，以裨益教科書與其他學習媒材之供應，而教科書與媒材應促進優質教育」（UNESCO, 2005）。UNESCO為推展此一政策，便需各國更深入研究教科書，瞭解教科書內容究竟是怎樣呈現的（Pingel, 2009）。這也正反映所謂「研究本位活動」（research-based activities）應是重要政策的前導，UNESCO期藉好的教科書研究與修訂，以改善教育品質，增進國際間相互的理解與善意，降低衝突的可能，最終裨益世界的和平與共榮。凡此種種皆顯示：教科書研究方法論應該更受重視。

　　Nicholls（2003）在檢視UNESCO和歐盟教科書相關的官方文件，以及歐美教科書諸多文獻後，亦呼籲應為教科書內容研究發展出更堅實的方法論。Nicholls發現教科書研究大師Michael Apple幾本名著（1986, 1990）雖對資本主義社會中的教科書提出犀利批判，且貢獻卓著，但他本人並未具體分析哪套教科書，也未明言自己剖析教科書問題時採用了何種分析法。過去明白討論教科書研究方法論的英文著作（Crismore, 1989; Festko, 1992; Sleeter & Grant, 1991; Weinbrenner, 1992）並不多，且都僅是書籍中的一章。Pingel（1999, 2009）撰寫一份指南，供參與UNESCO教科書跨國研究的國家參考，他在附錄中列出教科書研究法的延伸閱讀之書目，臚列了UNESCO、歐盟國家，以及香港出版的相關著作，包括法文、德文著作，此清單也僅一頁，顯示教科書內容研究方法論確實是一塊待深耕的園地。

其實更早的Weinbrenner（1992）即觀察到此現象，認為無論就理論或經驗角度去看，都很需要建立教科書研究的方法論。就理論看，堅實的方法論有助於建立「教科書理論」（theory of the schoolbook），就經驗角度看，堅實的方法論可提供較可靠的方法與工具、評估教科書研究的意涵、裨益人們瞭解教科書的使用狀況及其影響；可惜教科書理論與經驗兩方面的發展狀況都是不理想的。國內學者周珮儀、鄭明長（2005, 2008）、王雅玄（2005）亦有相同的見地，認為教科書研究方法論的發展不足，有待繼續開發。

二、研究範圍與研究目的

「教科書分析研究」係對教科書內容進行分析，以「辨識明顯的內容範圍、教學取向、潛在課程（hidden curriculum）、潛藏的預設，以及意涵——一段文本可能在學生心靈召喚出的意涵」（Pingel, 2009）；藉此來描述教科書的內容概況，並詮釋其意義。本文係為**教科書分析研究**介紹數種文本分析法，並非為整個**教科書研究**領域建構研究方法論。「教科書研究」領域的範圍，要比「教科書分析研究」的範圍大很多。舉凡教科書的編寫、審查、採擇、使用等相關制度、理論與實作均可含括於「教科書研究」中，「教科書分析研究」亦屬其中一部分。

換言之，本研究所設定的研究範圍，主要限定於可用於**分析教科書內容的方法**[2]。至於教科書編審選用的相關議題需採用的研究法，並不在本研究範圍內。事實上，一般教育研究法中的問卷調查、實驗、準實驗、訪談、參與觀察等蒐集資料的方法，均適用於教科書研究中，而這類研究法的相關著作很多，應用於教科書研究時的基本原則均相似；再者，黃政傑（1987）的《課程評鑑》一書，即詳盡介紹了各種可用於教科書研究的一般方法。而前文提及國外學者呼籲建立教科書研究方法論，亦主要係對「教科書分析研究」而言，並非認為整個「教科書研究」領域均缺乏成熟

---

[2] 可用於分析教科書內容的方法，也適合拿來分析與教科書相關的各種文本資料，例如：可用來對教科書政策問題的論述資料進行分析，國內已有這類論文。

的研究方法可用，這是應辨明的。

　　基於以上背景，本文擬為教科書內容探究尋找更多合適的**分析法**。而教科書的內容皆可視為文本（text），文本分析法近來有長足的發展，故本文將採理論研究法，閱讀文本分析之相關理論，從中挑選適用於教科書分析之方法，掌握其特徵、理論淵源與運用方式；並從教科書分析的角度，去比較這些方法之異同或其間趨勢，也試著構想可能的研究主題或方向。具體而言，本文之研究目的如下：

- ・目的1：說明數種文本分析法，包括古典內容分析、故事分析、論述分析，以及論辯分析。這些是較適用於教科書分析的方法，說明其特徵、理念淵源與運用方式。
- ・目的2：比較數種文本分析法，分別從「看教科書的視角」、「研究目的」、「知識論／方法論」、「理想教科書」、「分析架構」、「分析類目的建立」、「探究問題舉隅」七面向去說明。
- ・目的3：尋找啟示，從數種文本分析法中尋找對教科書研究之啟示。

 文本與文本分析

一、文本之常見與重要

　　本文欲探究的文本（text），是指寫出來的文件（written documents）（Manning & Cullum-Swan, 1994: 463）。現代社會裡文本是極為常見且重要的物件。D. Smith、P. Atkinson和A. Coffey均指出（引自Peräkylä, 2005）：現代社會中大部分的社會生活都是借各種書寫文本（written texts）為媒介的。例如：現代醫療照顧不能沒有病歷；司法系統不能沒有法律與法規文字，專業訓練不能沒有訓練手冊與專業日誌；而娛樂也不能沒有報紙、雜誌與廣告宣傳。

　　Toolan（2002: xxi）更指出：二十世紀末人類社會因高度科技化使得人們愈趨被文本所包圍。而學界看待文本的觀點也有了改變，過去長久以

來，學界普遍將文本／文件視爲反映個人或團體經驗的一種紀錄，因此人類學家、歷史學家、社會學家均可藉文件重建個人或團體經驗，可以說過去學界將文本／文件視爲事實資料，它是過去建立社會科學的重要基石。但受批判理論（critical theory）與知識論轉向（epistemology turn）等思潮的衝擊，學界對文本的探究角度有了改變，開始探究文本中的知識論及其生產之意圖、過程與影響等問題（Manning & Cullum-Swan, 1994）。

二、語言學轉向

若不再把文件理所當然地視爲一種事實性的資料，那麼要怎樣去解讀文件／文本呢？1960年代開始社會科學界與人文藝術等學門均出現「語言學轉向」（linguistic turn）思潮（羅世宏譯，2008a；Manning & Cullum-Swan, 1994）。此現象係受到對實證主義（positivism）批判的激發，繼而再受到結構主義（structuralism）與後結構主義（post-structuralism）的強化；同時還受到後現代主義（post-modernism）對傳統知識論的攻擊所影響。

人文與社會科學爲何要轉由語言學角度去探究呢？簡單地講，因爲學界愈趨接受：人文與社會現象並不具有一內在固定的意涵等待人們去發現，它們不會自己講話，與現象相關的文本與文件也不會自己講話；而必須由人用語言或文字去詮釋出其意涵，人可以從語意、語用、語境、句法等語言學角度去解讀，也可以從語言學各流派之主張去解讀，解讀的對象是文本，解讀後表達出來的媒介仍是文本，解讀的工具則是語言學。總之，人文與社會科學界出現了語言學轉向之現象，文本分析的各主要派別均與語言學的關係密切。

三、文本分析主要派別之發展：由量到質

提到文本分析法，國人最熟悉的就是「內容分析法」（context analysis），或稱「古典內容分析法」，最初主要是指一種分析媒體資訊的量化法。Denzin與Lincoln（1994）曾簡要說明此量化內容分析如何引發質性內容分析法之出現，而早期質性內容分析受符號學（semiotics）與文學批評

的結構主義影響；晚近則受詮釋理論及後結構主義等思潮衝擊，因而出現了新的分析方式，如故事分析（narrative analysis[3]）、論述分析（discourse analysis）。

Denzin與Lincoln（1994）指出：過去古典內容分析法的經典著作，是美國行為主義學者Bernard Berelson在1952年出版的《傳播研究中的內容分析》，此書影響至今。它為傳播內容的分析提供了一種嚴謹的量化法，然而此書很快受到Siegfried Kracauer於1953年提出的挑戰，Kracauer是德國的批判理論者，他主張採用詮釋法（hermeneutical procedures）進行質性內容分析。

Kracauer認為量化分析法本身就有缺陷：把文章打散成可計算的單位（如：字、詞），想從中創建意義；其實這根本是在摧毀自己假想要一探究竟的東西。Kracauer提倡的方法是要將文本當作一個整體（totality）去探究其內容。分析者的任務是要引出文本中隱藏的意義（引自Denzin & Lincoln, 1994）。

結構主義者仔細思考Kracauer的觀點，於是發展出一種更堅實的理論，用這種理論處理文本及其構成元素。這種有關符號（signs）的學問，稱為符號學（semiotics）。當代更由此符號學發展出後結構取向分析（post structural methods）（Denzin & Lincoln, 1994）。符號學和後結構主義對於故事分析、論述分析都有明顯的影響。這是文本分析主要派別的簡要發展沿革，它是一種由量化內容分析，激發數種質性取向文本分析的過程。當然量化取向並未被取代，目前因電腦科技的便捷，量化內容分析法更受學界青睞，本文將此量化內容分析稱為「古典內容分析」。

研究者可選擇的文本分析法很多。這些方法在預先設定程序方面的程度差異很大，有些方法預先在分析程序上做了明確規範，有些方法則較關心理論性預設——有關於文本所屬的文化世界與社會世界之預設（presuppositions），對具體的分析程序不太在意。有些方法同時適用書寫的文本

---

[3] 本文所談為書寫文本（不包括說出來的文本），故而將narrative analysis譯為故事分析。國內也常將narrative analysis譯為敘說分析、或敘事分析。

與口說的文本，有些則只能分析書寫文本（Peräkylä, 2005）。本研究主要選擇分析書寫文本的方法來說明。Peräkylä（2005）指出：有些文本分析並未遵循什麼特定的方法去做分析，主要就是對資料一讀再讀，從文本中引用一張圖像，由預設與意義所構成的圖像，這些預設與意義形成了一個文化世界，這份文本就是這個文化世界的一份樣本。

而有些文本分析則有較系統化的分析程序，例如：論述分析。下文將對此做較詳細的說明。基本上，文本分析與質性資料分析處理的都是文字資料，所以質性資料的分析步驟是可運用於文本分析的[4]，故本文對此並不詳述。

總括來說，文本分析法已瀰漫整個社會科學領域，應用的範圍也愈來愈廣。研究者用它來分析字詞、句子、段落、超語言特徵（paralinguistic feature），甚至分析文本中遺漏的東西。研究者詮釋、畫記、取用與計算，他們交替使用量的計算與質的詮釋。而運用文本分析的目的係檢核已知與探索未知。研究者運用文件分析法找出主旨（theme）、說明主旨，再做跨個案與跨群組的比較。最後，再將各主旨放入概念模式與理論中，好解釋與預測社會現象（Ryan & Bernard, 2000）。下文將說明四種文本分析法：古典內容分析、故事分析、論述分析，以及論辯分析。

 # 古典內容分析法

一、特徵與運用

M. Bauer指出：古典內容分析法是文本分析法中，唯一在經驗主義社會科學中發展出來的（羅世宏譯，2008b），是其中最具系統性的方法，有具體的分析步驟，主要以量化方式處理文本資料。唯國內外均有學者將內容分析的意涵擴大，使其包含量化與質性的分析，如歐用生（2005）對內容分析的定義為：「透過量化的技巧以及質的分析，以客觀及系統的

4　筆者將質性資料的分析分為五步驟：文字化、概念化、命題化、圖表化、理論化（詳見本書第六章）。此五步驟同樣適用於本文介紹的文本分析之各派別。

態度，對文件內容進行研究與分析，藉以推論產生該文件內容的環境背景及其意義的一種研究法」。而前述Denzin與Lincoln（1994）曾表示因量化內容分析的缺失，引發質性內容分析的出現——這其中便顯示Denzin與Lincoln對內容分析一詞的使用，也隱含著：廣義的內容分析可含括量化與質性取向[5]在內。本文為能較清楚介紹不同文本分析法，有必要將內容分析法和其他方法做適度區隔，故本文所談內容分析僅限於量化取向這一支，不含質性內容分析，且以「古典內容分析」稱呼量化取向的這種內容分析。

　　過去古典內容分析法曾產生重要貢獻（詹宏志譯，1986；羅世宏譯，2008b）。如：二戰期間英美以此方法分析德國地方報紙與宣傳品，獲得有用的戰爭情報；平時以內容分析法分析商業廣告，提升商業利益。1984年美國的趨勢專家John Naisbitt完成《大趨勢》（詹宏志譯，1986），該書即以內容分析法，探究美國五大領先州[6]12年間的六千份主要地方報紙，找出占最多篇幅的新聞主題，而歸納出十大趨勢，以顯示美國，甚至人類社會未來的十大走向。以30年後的今天來看該十大趨勢之預言的確相當準確。可見內容分析法在絕佳的研究設計與絕佳的分析功力下，確實可展現極佳的成果。

　　回溯歷史，內容分析法並未能持續激發學界對它的興趣（羅世宏譯，2008b），除1940、1970與1990年代外，內容分析法多被打入「冷宮」，僅限於學生習作中使用，原因可能是採用此方法的多數論文讓人留下負面觀感——採用之概念過度簡化。議題範圍過小、所用時間有限、不易推論至實際狀況中。然而如今因為電腦程式的改良、網路連結的密實、電子資料庫的日趨完整，又重新激發學界對內容分析法的熱情（Ryan & Bernard, 2000）。

　　古典內容分析法的功能有四（Krippendarff, 1980；羅世宏譯，

---

[5]　德國學者P. Maying 1988年即著有《質性內容分析：基礎與技術》一書（引自Titscher, Meyer, Wodak, & Vetter, 2000），專門討論質性取向的內容分析。

[6]　John Naisbitt認為的美國五大領先州是：加州、佛州、華盛頓州、科羅拉多州與康乃狄克州（詹宏志譯，1986：23）。

2008b）：①瞭解變遷或趨勢；②比較差異；③建立索引或指標（in-dex），以指標顯示社會現象；④建立個人的知識圖，以分析單元間的網絡圖來呈現。

古典內容分析法的優勢有三（羅世宏譯，2008b）：①主要運用自然發生的、非侵入的（unobstrusive）資料：②可處理大量的與過去的資料；③已發展一套成熟且可記錄完整的研究程序。而其侷限則在於研究結果多只能提供集體層次的資料，描繪集體層次的現象，無法提供個別層次的深度資料。而設計不良或功力不佳的內容分析者，則常出現以下三種缺失，①斷章取義；②忽略罕見者與缺漏處所隱含的重要意涵；③漏失分析單位與原始文本之間的時序性，因而錯失重要的時序意涵。一般而言，古典內容分析法最受抨擊處就是過度化約，以及脫離脈絡後的斷章取義（Denzin & Lincoln, 1994; Gilbert, 1989）。

內容分析的研究設計有六種（羅世宏譯，2008b）：①純描述性研究，即計算文本中各類目出現的次數或百分比。②規範性分析，用某些標準去做判斷，如：某報某主題的數篇社論中，符合「立場客觀」標準的有幾篇。③橫向分析，如：比較同時代不同版本的歷史教科書。④縱向分析，如：比較六十年來歷次課程標準下的高中課本中文言文的比例。⑤文化指標研究，此類研究橫跨多年的數個脈絡，如：生物科技在近三十年來的哪些公共領域成為議題。⑥平行設計（parallel designs），是以內容分析的縱向設計，再搭配其他的縱向資料，如：民意調查或數梯次非結構訪談。以下是橫向分析的一個實例。

二、實例

Rafael Valls於1995年探究西班牙歷史教科書中與歐洲史相關的篇幅（引自Pingel, 2009）。各版比例是40%到57%。歐洲史比例最低的版本，比其他版本更重視西班牙本國史（43.5%）；而本國史比例最低的版本（26.6%）則更重視世界史；其他版本則簡略帶過世界史。此研究顯示：西班牙歷史教科書作者有很大的自由度，可決定課本重心要置於本國、歐洲或世界的歷史。當然若選擇了某重心，就要犧牲其他面向。此分析可告

訴我們作者們的歷史圖像觀；但它絕不意味著：重心置於本國史的作者就支持國族主義。唯有透過質性分析，才能提出這類判斷。

　　Pingel（2009）表示進行國際比較研究，最好要納入量化的篇幅分析（spatial analysis），此可反映各國的自我定位（self-position）、是否認定擁有清晰疆域、是否強調自己是某更大文化社群中的成員。

　　再舉「文化指標」類的一項研究（引自Ryan & Bernard, 2000）。E. Kirchler在1992年分析了1974、1980、1986年去逝的562名經理的訃文，將其中所用的形容詞歸納為31類，探究這些類目隨時代的改變，以及不同性別者之間的關聯。結果顯示：1974年和1980年去逝的男經理，被親友形容為主動、智慧、傑出、道義與幹練。1986年去逝的男經理，則更常被形容為創發者、意見領袖與決策者。對女經理的形容也有所改變，但並不是變得更像男經理。1974與1980年對女經理的懷念是：她是個好人、好心、可愛、令人愉快。1986年時女經理則被形容為有勇氣、獻身工作。作者解釋這些資料：1980年代中期的性別刻板印象轉變了。1986年時男女經理都被知覺到他們工作的成功，但男經理是因為其學識與專長，女經理則被知覺到她們的動機與投入。這些形容詞顯示社會上對不同性別成功者所著重的特質不同，反映價值觀的變遷，此研究結果可做為該社會發展階段的文化指標。

　　內容分析的效度，可從以下三方面來判斷（羅世宏譯，2008b）。一是該分析是否植基於資料內容；二是該分析是否與研究者的理論相符；三是該分析是否符合研究目的。而一項良好的內容分析研究，其信度可以很高，一般可接受的範圍是相關係數r值在0.66-0.79之間（羅世宏譯，2008b；Ryan & Bernard, 2000）。以下是有助於提高信度的做法（Pingel, 2009；羅世宏譯，2008b）：①完善地訓練評分員；②分析類目的定義要清晰；③編碼架構良好，具有整體性（coherence）；④文本素材不過度複雜。

　　而Bauer（羅世宏譯，2008b）也對提高內容分析法之價值，提出建議，他認為在研究設計上應超越單純的描述性研究，改用多重方法的平行研究設計，亦即搭配問卷、非結構訪談，來進行大規模的內容分析。

肆　故事分析

一、特徵與運用

　　故事（narrative）是一種言說形式（蔡欣怡譯，2008）。故事是一連串的事件與情節，其中包括了行動者、行動、脈絡與時間點。沒有任何人類經驗不能以故事形式來表達。故事早已廣泛地被各學門所探究，如：文學、語言學、歷史、哲學、心理學，以及人類學文化研究等。說故事更是人類溝通的基本形式，且是人類普遍具有的能力，是一自然而簡易的動作，不分文化與階級，人們都會以故事的形式來表達個人或群體的經驗。而且說故事者很自然地會遵循一個「故事基模」（story schema）去做表達，故事基模又可稱為「故事慣例」（narrative convention），或「故事文法」（story grammar），F. Schütze於1977年表示這是一種「自然生成的基模」（self-generating schema），是自然而然生成於說者心中，引導著故事產製過程的一種普遍規則（引自蔡欣怡譯，2008）。

　　「故事基模」具以下三特徵（蔡欣怡譯，2008），說者／作者會很自然地掌握這三特徵，否則所說無法成為故事，當然善說者與不善說者，運用基模的能力有高下之別。

- ・細節構造：是指說者會提供必要的細節，以便能合理地說明從一件事到另一件事的轉折。
- ・攸關結構（relevance structure）：是指說者會選擇性地報告自認為重要的結構。
- ・完整閉合（closing of the Gestalt）：是指說者瞭解故事中的核心事件必須完整地報告，有頭，有腹，有尾。

　　Riessman（1993）表示：故事分析的進行通常是很鬆散的，幾乎採直覺的方式，以分析者自行界定的方式去做。Manning與Cullum-Swan（1994）提及可採系統方式進行分析，包括由上而下取向（top-down）與由下而上取向（bottom-up），兩取向對認知意義的組織有不同的預設。由上而下取向的故事分析，係先提出一套規律與原則，再以此來探究文本的意涵。由下而上取向的故事分析，是俗民誌者（ethnographer）偏好

的，類似紮根理論（grounded theory）的資料分析法；此法可引出依附於脈絡中的單元（units），用以產生一種下層結構（infrastructure），可解釋這一故事的結果。

二、實例

結構主義（structuralism）的故事分析，聚焦於故事的形式如何傳達意義（Manning & Cullum-Swan, 1994）。1960年代著名學者——俄羅斯的V. Propp（1895-1970）與法國的C. Lévi-Strauss（1908-2009）均屬此派，但Propp的觀點傾向於直線式，Lévi-Strauss則採二元對比式（binary oppositions）進行分析。

㈠直線式

Propp於1968年表示：可用以下四原則，來瞭解俄羅斯童話故事（引自Manning & Cullum-Swan, 1994）。

・一個故事中人物的功能（function）係一穩定的元素。
・一個故事中被瞭解的功能是受侷限的。
・各功能間的前後關聯通常是一樣的。
・童話故事是與結構（structure）有關的一種文類。

㈡二元對比式

Lévi-Strauss於1963年表示：一個故事是以二元對比的方式去鋪陳（而不是如Propp主張的：故事乃直線地以功能來鋪陳），Lévi-Strauss乃以二元對比的概念去解析神話（myth）（Manning & Cullum-Swan, 1994）。Greimas（1966）所用的二元對比概念頗為知名，他以此為架構，分析故事中的角色（圖9-1）：即①主體—客體（subject-object）；②助手—對手（helper-opponent）；③施者—受者（giver-receiver）（Peräkylä, 2005）。

```
施者 → 客體 → 助手
         ↑
受者 → 主體 → 對手
```

圖9-1　Greimas（1966）的三種角色結構

　　結構主義故事分析聚焦於故事的形式元素，形式元素包括：事件、主角、配角、情境、開始、結束、危機、道德寓意（蔡欣怡譯，2008）。這些是故事中與時間順序有關的部分，故事分析者可針對各元素做探究。此外，故事中還有一部分是與時間無關的，故事分析者亦可予以探究，包括：作者／說者①對事件原因的解釋；②故事的選擇標準；③對故事的價值觀與評價；④所有對情節的操作等等（蔡欣怡譯，2008）。

　　檢視臺灣近半世紀（1956-2010）教育類博碩士論文採用故事分析者，經初步探究有表9-1所示6篇。

表9-1　教科書研究之博碩士論文：故事分析法之論文清單

方法	西元	研究生	論文題目
故事分析	2006	陳玉玲	國小國語教科書寓言教材研究
	2008	蕭文家	國民小學國語教科書性別角色研究分析——以故事類課文為例
	2009	陳怡霓	海峽兩岸國小國語教科書童話類課文比較研究
	2009	張嘉真	國小六年級國語教科書記敘文之篇章結構分析
	2009	吳麗珍	國小國語科神話閱讀教材研究
	2010	李慧君	九年一貫國語教科書劇本研究

伍　論述分析

一、特徵與運用

　　論述分析（discourse analysis）通常是指在大於句子的文段中找出特徵，而這一特徵使得該論述有了統整性（Peräkylä, 2005）。discourse一詞或譯為「言說」、「話語」。蘇峰山（2004）由拉丁文字源discursus分析，主張譯為「論述」；discourse乃指論理、交談（之進程），以及論理交談所呈現之具體形式內容，可能是一段話語，或一篇文章（蘇峰山，2004，頁202）。蘇峰山（2004）總結為：所謂論述，乃是針對一主題，做出相當篇幅討論之談話或文字作品。由此可見，論述分析的對象應該

是：有主題的、有論理或交談溝通之目的的、一個句子以上之說的或寫的文本。相對而言，如果文本無主題、無論理或交談溝通之目的、未達一句話以上者，則不屬論述分析之範圍。以上是由分析對象的角度去說明論述的性質，至於要進行此類研究時，則將「論述」看作是：在特定社會與歷史條件下所產生出來的一套相關陳述（statements），人們用它來界定知識的專門領域，如：心理治療、藝術評論等（游美惠，2000；Foucault, 1995）。

而「論述分析」是許多不同風格之分析法共用的一個詞彙，R. Gill 認為有57種不同的論述分析（引自羅世宏譯，2008a），其中不乏觀點迴異者，不過大致上這些派別均認為：論述在建構社會生活中占據核心的地位；語言不是中性工具，而是被建構的（constructed），也具有建構力（constructive）（羅世宏譯，2008a）。簡言之，語言被社會建構，也建構社會。在被建構與建構的過程中，意義於焉產生（O'Sullivan, Hartley, Saunder, Montgomery, & Fiske, 1994）。

論述分析是一跨學門的領域（羅世宏譯，2008a），衍生自人類學、認知心理學、社會心理學、微觀社會學、語言學、符號學、口語傳播等。它起源於對傳統社會科學研究法之批判，因此論述分析的知識論不同於以往。其知識論立場有四：①主張用批判懷疑去面對所觀察的世界；②承認我們共同理解世界的方式，具有歷史、文化之特定性與相對性；③相信知識是社會建構的；④宜致力探索知識（含語言、論述）與行動／實踐相連結的方式（羅世宏譯，2008a）。基於此知識論立場，論述分析努力提出新問題，或重塑舊問題。

Gill整理了論述分析的四類主題：①探究論述本身；②探究被建構的語言；③將論述視為是社會實踐或文化實踐去探究；需同時分析論述與其情境；④將談話／文本視為被修辭組織過的而去做探究（羅世宏譯，2008a）。

論述分析的步驟為何？Gill（羅世宏譯，2008a）整理了以下八步驟：①系統說明研究問題。②選擇待分析的文本。③若有需要，轉錄詳細的文本。④以懷疑精神閱讀並深思文本。⑤編碼，若有需要可修改研究問題。

⑥分析：檢驗資料的相似處與相異處；形成暫時的假設。⑦檢測信度與效度：分析歧異案例；檢核參與者的理解；分析前後一致性。⑧撰寫分析結果。

如何能做出好的論述分析？Gill（引自羅世宏譯，2008a）提出一些不錯的建議。第一，問不同問題。例如：處理幾名素食者談話的轉錄稿時，傳統的問題會問：他們為何放棄吃肉？，論述分析者則會問：「吃素者如何合理化自己的行為？如何回應他人的批評？如何建立正面的自我形象？」若我們應用此法去分析多國歷史教科書，可提問題是：戰敗國的教科書如何合理化戰敗經驗？如何回應批評？如何建立正面形象？

再者，Gill（羅世宏譯，2008a）鼓勵論述分析者以懷疑精神去解讀，發展「分析心性」（analytic mentality），懸置原有想法，特別留意論述中的碎裂處、矛盾處。並質疑自己的預設與慣性，檢視文本中的每句話時均可自問：我為何以此角度閱讀？文本的何種特質使我產生此理解？文本是如何組織的，使它具有此說服力？而這都是教科書分析者可自問的好問題。

此外，Gill（羅世宏譯，2008a）提醒分析者尤應注意文本中缺漏者或沉默處。教科書分析者亦應具此敏銳力，課本的缺漏處為何？可能原因為何？是蓄意的處理嗎？是否為系統性地全面排除或消音？造成之影響為何？是否涉及主流團體維護其既得利益，欲再製現況而為？以下介紹兩種知名論述分析法，一是歷史的論述分析，二是批判的論述分析。

二、類型一：歷史的論述分析

㈠意涵與理念

歷史的論述分析（historical discourse analysis）主要受傅柯（Michael Foucault, 1926-1984）著作及其理論和方法研究之啟發（Peräkylä, 2000）。傅柯本人並未提出明確的方法去分析文字；而他所啟發的諸多學者、所提出文本的分析與詮釋方法則頗有差距。不過異中有同，J. Potter表示：這些學者都關心：一套「陳述」（statements）是怎樣去建構客體（objects）與主體（subjects）。而且是從歷史脈絡中去探究主體與客體之建構（constitution），以傅柯的詞彙來說，就是透過考古學（archeology）與系譜／宗譜學（genealogy）去做探究（引自Peräkylä, 2005）。

㈡實例

David Armstrong的研究是文本分析的傅柯學派（Foucaultian）或歷史取向的良好範例（引自Peräkylä, 2005）。Armstrong約以二十年時間研究過去兩世紀醫學教科書與期刊文章，顯示出客體（如：身體、疼痛、死亡）和主體（如：醫生、病人、護士）是如何被建構出來的。

Armstrong的研究方法屬於基進的建構論者（radically construction-ist）。他指出：今天我們對這些客體與主體所理解的意義，在以前是不存在的，這些意義係經由許多文字書刊與其他措施，所逐漸建構出來的（引自Peräkylä, 2005）。

例如：現在人們都知道有些人非常年幼即去逝。但根據Armstrong 1986年的研究，「嬰兒夭折」（infant mortality）這一具體的社會客體（social object），直到1875年左右才出現。這是因為英國《註冊總署年報》刊出「嬰兒夭折」的資料後，此一觀念才出現（Peräkylä, 2005）。

以下簡要看看Armstrong於1993年討論「公共衛生空間」（public health spaces）的文章（引自Peräkylä, 2005），以瞭解傅柯學派怎樣分析與詮釋文本。基本上，Armstrong關心的是衛生規範（hygienic rules），他從醫學與衛生的教科書與指引中找到一些文字材料，Armstrong指出：過去兩世紀衛生規範已經改變了：有關危險與安全的差異，純淨與不潔的差異等。

Armstrong檢視這些規範及其改變，探究了公共衛生領域的演化，這個領域是安置個人身分／認同體（individual identity）之所在（Peräkylä, 2005）。Armstrong發現衛生規範之發展可分四期、或四種管轄規範：

・停船檢疫期（Quarantine phase）
・衛生科學期（Sanitary science phase）
・人際衛生期（Interpersonal hygiene phase）
・新公共衛生期（New public health phase）

第一期「停船檢疫期」始自中世紀後期，到十九世紀上半葉，此時期潔與不潔的分界線會區隔出不同的地理區域。帶病的船隻，或被發現出現傳染病的城鎮，會與「乾淨」區域分隔開來。第二期「衛生科學期」（約1850-1900年），主要界線是將人體（乾淨的）與體外物質（如：受汙染的空氣與水）區隔開來。第三期「人際衛生期」（二十世紀初至中葉），界線劃到人與人之間，以防止傳染病從一個人傳到另一人。第四期「新公共衛生期」，則注重人類活動入侵大自然，以致產生環境汙染。

Armstrong指出：四種衛生規範的管轄中，都把人的身分之形成融入其中。例如：由「停船檢疫期」到「衛生科學期」，這其中的轉變意味著對民眾的細究，且認知到：個人特徵（individuality）是可區隔與可計算的；「人際衛生期」則建構出個別差異（individual difference）；而「新公共衛生期」則指出一個省思議題。然後Armstrong接著討論E. Durkheim 1948年與M. Douglas 1966年的社會學與人類學的著作，由歷史角度對他們的概念予以詳述，並重塑他們的一些預設：有關神聖與世俗之別（或聖潔與骯髒之別），及其所具有的社會意義（Peräkylä, 2005）。

(三)分析重點

Armstrong的研究結論令人印象深刻。他是如何做到的？他怎樣分析文本？Peräkylä（2005）認為由技術角度看，Armstrong的文本分析法與早期「非正式分析法」並無二致。

Armstrong著重的是文本的「命題的／主張的內容」（propositional content），而不是注重語言形式（命題是如何表達的），他試著將融入文本中的預設與前提予以確定，亦即關心文本內容背後所潛藏的預設，而並不關心表達的形式。然其中至少有以下三項額外的特徵（引自Peräkylä, 2005）：

· Armstrong對於文本出版的年代非常注意。他的分析有一關鍵點，就是指出了每一新時期出現的時間點，且他認為：對文本做一歷史概覽後，是可以指出精確時間的。

· Armstrong的分析受到理論的啟發。Douglas於1966年已順著傅柯的

關注點，完成其名著《*Purity and Dangers*》，而Douglas的觀點為Armstrong提供了一個起始點。

‧對Armstrong與所有傅柯學派的人而言，文本與實作（practices）是無法分隔的。他所分析的醫學與衛生的文本本身都有強烈的教導性質；它們不僅為「想像上的」客體（"ideal" objects）劃出分隔線，且為真實的社會實作提供行為指引（Armstrong也把它們當指引去閱讀），而那些分界線也真的在真實社會裡被人們維持著。

Armstrong指出衛生規範是如何演進的。同時，Armstrong的文本分析與權力（power）議題有關——跟論述與實作有關，潔與不潔的分界線係藉由那些論述與實作而建立起來的，人的身分也藉由那些論述與實作而形成；Armstrong的分析顯示了權力與身分形成之間的關係。Armstrong就像所有傅柯派人士一樣，是將權力視為一種生產力，這種力量將真相實情（realities）呼喚出來成為存有（being）的樣態，而不是讓人去超越真相實情（Peräkylä, 2005）。

三、類型二：批判論述分析

㈠意涵與理念

1990年代起批判論述分析（critical discourse analysis）興起，除人文社會科學採此分析外，法學、醫學、心理學也採此方法做研究（Toolan, 2002；蘇峰山，2004）。這可能反映了西方社會的兩種社會趨勢，一是文本與論述爆炸，二是自由解放思潮使人們不願意無批判地接受文本與論述（蘇峰山，2004；Toolan, 2002）。

就理論淵源來看，批判論述分析可追溯自R. Fowler 1979年提出的「批判語言學」，而Fowler的觀念則受到更早的M. A. K. Halliday之「功能語言學」與「工具語言學」的影響（蘇峰山，2004）。這些派別均重視語言形式，認為語言形式乃回應著語言功能，而批判語言學則開始針對公開的論述做分析。Fowler（2002）主張：語言係一社會實踐（social practice），語言猶如意識形態再製之機制。而批判乃是對意識形態的扭曲加以反省，

對再現系統之運作予以分析。準此，論述遂逐漸成爲批判語言學之分析焦點（蘇峰山，2004；Fowler, 2002）。

而教科書會運用各種論述去傳遞意識形態（藍順德，2010；van Dijk, 1984, 1987），所以很適合用批判論述分析去探究教科書。國外已有不少這類實徵研究（參見Reisigl & Wodak, 2001; Wodak, de Cillia, Reisigl, & Liebhart, 1999）。國內近年亦陸續出現這類教科書的批判論述分析（例如：王雅玄、余佳儒，2007；吳孟芬，2007；王淑芬，2010；黃書祥，2006）。有些則是運用批判論述分析，探究教科書政策（歐用生，2006）、教科書市場化議題（詹美華，2008）等。運用於教科書之外領域的批判論述分析也不少，尤其是新聞研究領域。

批判論述分析的分支很多，英國、荷蘭、德國、奧地利各有知名學者在發展，臺灣最常提及的是Fairclough（1995）領導的英國傅柯取向（British Foucault approach）。Fairclough發展了一套有系統的分析架構，結合了語言學與批判社會研究等兩者的關注點。此派關心：各類文本用哪些方式再製了社會中的權力與不均。例如：L. Tainio於1999年探究「夫婦自助溝通手冊」中的語言，Tainio發現這些文字透露出期望妻子去做改變，以解決溝通問題，相對地卻未期待男人應做改變（引自Peräkylä, 2005）。

Fairclough（1995）爲批判論述分析建立起一個清晰的分析架構，俾能有系統地探討「論述實踐」與「社會文化結構」之間的關係。由此可顯示論述實踐是如何由權力關係與權力鬥爭所形成，進而成爲一種意識形態。就此而言，批判論述分析即是對意識形態的分析（蘇峰山，2004）。它試圖解開論述、權力與意識形態等三者間糾葛不清的關係。準此，論述不止是書寫與談話，論述的背後有著論述者自身的經驗與思考模式，而這套思考模式是論述者所屬之群體所共同持有的一套意識形態。

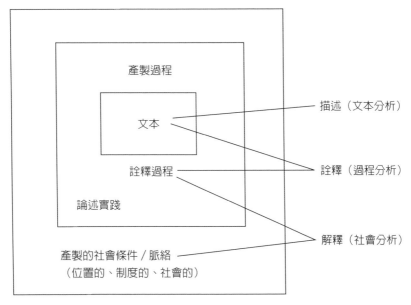

圖9-2　批判論述分析模型

資料來源：取自Fairclough, N. (1995). *Media discourse*. London: Longman. p.98.

　　圖9-2是Fairclough（1995）的批判論述分析之模式，圖中顯示分析有三層次，第一層是文本分析，乃對文本的形式性質做描述。第二層是過程分析，係對文本的產製過程與詮釋過程進行分析，探究其中潛藏的意識形態。第三層是社會分析，係對社會文化條件進行解釋，包括文本產製過程與詮釋過程所處的社會條件／脈絡。藉此分析可形成新論述，期改變原本不平等的權力關係。第三層是此模式最為特殊處，它使得文本與社會脈絡相連結，成為一種鉅觀分析（Wood & Kroger, 2000）。

㈡實例

　　林佳緣（2006）以「跨性別媒體再現與主體解讀」為題，進行論述分析。該研究第一層次的「文本分析」即是對跨性別的新聞報導進行描述。第二層的過程分析則挖掘跨性別論述中潛藏之意識形態，詮釋其意義。第三層的社會分析，則將跨性別論述置於臺灣的社會文化脈絡中，解釋該論述的社會文化條件。期藉此揭露臺灣原有的性別意識形態，指出不公義之

所在，進而形成跨性別之新論述。

王淑芬（2010）進行「國小社會領域教科書中臺灣歷史人物及文本論述之批判分析」。第一層次文本分析，係描述三個版本之國小社會課本中臺灣歷史人物的特色。第二層次之過程分析，則挖掘教科書產製背後的族群與性別意識形態有哪些。似乎是將第三層級的社會脈絡融入第二層級一併探究。

檢視臺灣近半世紀（1956-2010）教育類博碩士論文採用批判論述分析者，初步發現有表9-2所示7篇。

表9-2 教科書研究之博碩士論文：批判論述分析法之論文清單

方法	西元	研究生	論文題目
批判論述分析	1999	盧立偉	以真理之名——教科書「認識臺灣」相關辯論之語藝批評
	2003	詹美華	九年一貫課程改革教科書開放主要議題之論述分析
	2006	吳孟芬	國小社會教科書族群意識型態之批判論述分析
	2007	黃書祥	國小社會教科書家庭概念之批判論述分析——以K版第一冊第一單元為例
	2009	李世達	臺灣化與去中國化——高中歷史教材臺灣史書寫的批判話語分析
	2009	潘志煌	社會學習領域課程綱要本土化變革之批判論述分析
	2010	陳怡伶	臺灣與中國意識在國中歷史教科書中的角逐——以臺灣歷史為例

 陸 論辯分析

一、特徵與運用

Miltos Liakopoulos表示：論辯分析（argumentation analysis）是對論辯中的邏輯做分析（羅世宏譯，2008c），而所謂「論辯」（argumentation）是指一系列的陳述（statements），可用口語或文字表達，目的在證明或駁斥某意見，或欲說服閱聽者。而論辯分析的目的在記錄論述文本中的宣稱（claim）被建構的方式，並評估其合理性。

　　論辯分析所分析的對象可能是一份提出某論證的文本，也可以是二人或二人以上針對同一主題所進行的論辯。前者如對九年一貫課程政策進行論證的一篇官方文件或學術文章。後者如報章上針對某新聞議題所刊載的多篇讀者投書；而電視台政論節目中多人對一主題進行互動式的談話，亦適合拿來做論辯分析。

　　由歷史沿革來看（羅世宏譯，2008c），早年的論辯分析所探究的是形式邏輯，例如Aristotle的推論理論（theory of reasoning），係從論辯結構中找出法則，進而揭露謬誤。而當代的論辯分析所探究的係非形式邏輯，可用來分析當代社會中各種正式與非正式的互動、文宣、出版品，乃至於廣告。

二、當代系統化分析

　　當代論辯分析由Stephen Toulmin 1958年提出一系統化的分析模式。此模式源自法學辯論，他認為論辯元素包括：資料（data）、保證（warrant）、支持（backing）、限定詞（qualifier）、宣稱、否證／駁斥（rebuttal）。研究者可將某論辯中的這些元素分析出來，繪製出該論辯之結構圖（圖9-3），而元素之完整程度影響到辯證之強度（羅世宏譯，2008c）。

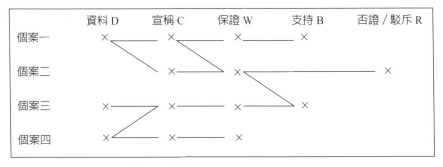

圖9-2　某論辯分析之結構圖：實例

資料來源：羅世宏譯（2008c：218）。

　　Aristotle認爲：演講有三種主要特質，即理智、情感與權威。後人稱此爲說服的「三劍客」（three musketeers）（羅世宏譯，2008c：183）。論辯元素中的「保證」（warrant），可採三種方式來表達。

- 理性（logos）：或稱理智、邏輯。是眞正論辯的部分，係由假定加上觀察資料而形成結論的這一部分。即所謂的「說之以理」。
- 情感（pathos）：或稱情緒、感情。係指論辯中爲吸引閱聽人注意，打動其心理而放入的部分。即所謂的「動之以情」。在公共領域的論辯中，爲引進一新概念，常會運用隱喻（metaphors）與符號（symbolic），以期對閱聽人的情緒發揮作用。

　　例如：臺灣2001年的九年一貫課程爲引進「空白課程」或「留白課程」（blank curriculum）的新概念，陳伯璋（2005）乃以國畫中的留白爲隱喻（metaphor），藉以傳達留白產生之美感效果，有助於民眾對此種課程所具人文精神的體會；期藉此說服民眾接受國中小課程納入「彈性學習時間」的安排。

- 權威（ethos）：或稱道德或道德規範。是指文本中運用說者或作者的權威和名聲所放入的部分。

　　而依據欲影響之目標與對象之不同，每一論辯會側重上述三者之一。例如Aristotle認爲公眾演說會包含較多情感。因情緒元素對一般民眾能產生較大影響，即所謂的「訴諸權威」。臺灣戒嚴時期統編本國中國文教科書中每一冊第一篇課文之作者，幾乎都是政治領袖（如：蔣中正、孫中山）[7]，欲藉作者權威傳達政治理念之意圖非常明顯。

　　而依據以上三劍客的區分方式，W. Brockriede與D. Ehninger於1960年便將論辯分爲三類（羅世宏譯，2008c：221）

- 實質性論辯（substantive argument）：文本內容主要告知一些事物間的關係。
- 誘導性論辯（motivational argument）：文本內容主要傳遞一些關於

7　參見網址：http://tw.myblog.yahoo.com/jw!sYU.ee6YHxIXeuEOuZWuDyteE.cZ/article?mid=387&prev=388&l=f&fid=23

情感、價值觀或動機的事情。

‧權威性論辯（authoritative argument）：文本內容傳遞出資料來源是可信賴的訊息，或主要倚賴閱聽人對該權威者之信賴而達到說服的目的。

準此，將論辯分析應用於教科書研究，可分析歷次課程標準或綱要中之總綱，以及相關的官方文件，探究其中訴諸理智、情感、權威（道德）之成分何在，並疏理隨歷史發展所出現的成分變化。

檢視臺灣近半世紀（1956-2010）教育類博碩士論文採用論辯分析者，經初步探究僅有表9-3所示2篇。

表9-3　教科書研究之博碩士論文：論辯分析法之論文清單

方法	西元	研究生	論文題目
論辯分析	2005	李哲迪	高中物理教科書與學生關於力的話語與合法化的語言策略
	2008	蔣佩樺	當今中英文教科書之議論文修辭策略比較

 柒　比較四種文本分析法

以上四種分析法均適合用於教科書內容探究。誠如Pingel（2009, p.67）在UNESCO的指南中所言：「不同方法回答不同問題」。每種分析法各有其價值與侷限。以下筆者由教科書內容研究之角度，去比較這四種分法之特色，試從七面向說明，包括：「看教科書的視角」、「研究目的」、「知識論／方法論」、「理想教科書」、「分析架構」、「分析類目的建立」、「探究問題舉隅」。

一、看教科書的視角

不同分析法將教科書視為不同物件（表9-4）。古典內容分析者傾向於將教科書視為一溝通媒介，是老師向學生傳道、授業、解惑所用的溝通工具。分析者從溝通工具的角度去檢視此工具中有哪些內容，以達成傳達

表9-4 四種文本分析比較：看教科書的視角

派別	教科書猶如什麼	分析對象
古典內容分析	溝通媒介	**溝通媒介**：教科書中的文字、圖片、圖表……
故事分析	故事	**故事**：有頭、腹、尾等情節發展的記敘文、事件敘說。
論辯分析	具說服目的的文本	**論辯**：針對某議題而寫／說、具有說服意圖之文本。
論述分析	社會實踐與文化實踐	**論述**：一個以上的句子，帶有論理性質的文本。

知識、團結人心、或道德示範等教化功能。

　　故事分析者則會由故事角度去看教科書文本，尤其**有些**課文本身的題材就是故事，如：國語文課本中的記敘文與故事、歷史課本中對歷史事件的描述等。藉著故事，蘇峰山（2004）認為可達成各種功能：提供知識訊息、表達自我身分、提供娛樂，或強化團體等。

　　論述分析者認為教科書文本是一種社會實踐與文化實踐，是由一群人所建構出來的，是多種意識形態角力下妥協的結果，其中可能主要反映了主流的價值觀，因此教科書應該被檢視與批判，深究其產製過程與詮釋過程。無論是歷史論述分析或批判論述分析均持此觀點。

　　至於論辯分析，則會將教科書**某些**內容視為具說服目的的文本。教科書作者或課文作者猶如論辯者，由理、情、法各面向出發，藉著操作論辯各種元素，以期達成說服之目的。

　　整體來看（表9-5），論述分析對教科書的看法傾向於基進派（radical），對教科書持批判態度。其他各分析法的立場較為保守，較基於教育立場去看教科書內容，期能確保其達成教化功能。若由各方法出現之順序看，古典內容分析法出現時代最早，論述分析法出現最晚，其他居中。最早的古典內容分析保守性格強，反映的仍是保守時代的思潮特徵，乃由教育觀點去看教科書做為教學工具的內涵；論述分析的批判性自然亦反映了後現代反主流、反核心的時代氛圍，由社會／政治觀點去批判教科書。

表9-5　四種文本分析比較：基本立場

派別	立場	說明
古典內容分析	保守	由教育觀點去看教科書做為教學工具的內涵。期確保達成教學／教化功能。
故事分析		
論辯分析		
論述分析	基進	由社會／政治觀點去批判教科書這一社會實踐。反映後現代反主流、反核心的時代氛圍。

二、研究目的

　　古典內容分析之目的在描述，描述教科書之內容概況，顯示「點」的特徵，有些內容分析採縱貫設計，探究教科書隨時間發展出現的變化，如此則可顯示「線」的特徵，然而無論是「點」或「線」，均屬於描述內容層次，顯示的是what，可能無法告知how與why。

　　至於故事分析之目的，則在說明故事的意義為何（what），以及故事之形式如何傳遞了意義（how），顯示「點」的特徵，若探究不同時代教科書中的故事之特徵改變，則亦可顯示線的狀況，這些均屬於描述what與how，未及於why。

　　論述分析的目的則較為廣闊，包括描述、詮釋與解釋。由Fairclough（1995）的分析架構來看，第一層的文本分析屬於描述性目的，描述教科書內容的特徵（what），屬於「點」的探究。第二層過程分析，屬於詮釋性目的，由教科書產製過程與詮釋過程之「線」的說明，詮釋了教科書的意義是如何在此過程中出現的（how）。第三層的社會分析則屬解釋因果的目的，顯示教科書是在何種社會文化脈絡中產製與詮釋，回答了why的問題，此脈絡之探究亦屬於「面」的處理。

　　論辯分析之目的亦屬於描述層次，它揭示了說服所用的技巧，呈現各種論辯元素間的關係，亦屬what與how的說明。較未及於社會文化脈絡之「面」的探究，無法直接解釋為何（why）採此說服技巧。

　　整體來看（表9-6），論述分析的目的較廣，包括描述內容（what）、詮釋過程（how）、解釋原因（why）。至於另三種方法（古

典內容分析、故事分析、論辯分析）的研究目的，較限於先描述內容或形式（what），再詮釋意義；並未及於解釋原因（why）的層面。論述分析的探究由「點」到「線」，再到「面」；另三者則未及於「面」的探究。值得一提的是無論是描述、詮釋或解釋，這些研究目的的背後的預設都是：做教科書文本分析是想要瞭解「真相」（無論是絕對真相或相對真相）。換言之，認為做科學研究就是要「求真」。不過批判論述分析者除「求真」目的之外，還有「求善」的目的：期盼揭示教科書中潛藏不平等的事實，從而激發批判意識，協助弱勢者彰權益能，突破結構限制。

表9-6　四種文本分析比較：研究目的

派別	研究目的	說明
古典內容分析	描述、詮釋	求真：教科書文本分析在瞭解真相（絕對真相／相對真相）
故事分析	描述、詮釋	
論辯分析	描述、詮釋	
論述分析	描述、詮釋、解釋	求真＋求善：揭示教科書中潛藏不平等的事實，激發批判意識，協助弱勢者彰權益能，突破結構限制。

三、知識論／方法論

　　古典內容分析在知識論上傾向於寫實主義，係將教科書文本視為記錄了個人或團體的經驗，是人類經驗與社會現象的「再現」（representation）。

　　在方法論上古典內容分析採實證主義（positivism）觀點，認為分析者可以是且應該是價值中立的，只要運用高信效度的分析工具，就可獲致客觀的研究結果，而此結果是與客觀獨立自存的真相相符應的，且此結果是可複製的（replicable）：即由他人去做此分析，亦可發現一樣的結果。

　　至於故事分析、論述分析、論辯分析等三者，則均傾向於建構主義的知識論與方法論。認為知識乃是建構的結果，故事亦是作者在其文化脈絡中建構出來的。簡言之，知識有其社會的起源；不同社會與文化所認定

的知識不同，不同作者群會建構出不同觀念體系的教科書。並沒有所謂客觀中立的知識，也沒有價值中立的教科書。教科書通常是意識形態的競技場，最後的成品往往是妥協折衷的結果。準此，當然也沒有價值中立的分析者，為此，分析者應清晰覺察且表明自己的價值取向，以顯示自己詮釋資料的規準；不要讓未經察覺的價值觀，竄入資料的蒐集與詮釋中。

　　整體看來（表9-7），古典內容分析法在知識論與方法論上屬於寫實主義（realism）與實證主義。至於其他三種分析法都傾向於建構主義。

表9-7　四種文本分析比較：知識論／方法論

派別	知識論／方法論
古典內容分析	寫實主義、實證主義
故事分析	
論辯分析	建構主義
論述分析	

四、理想教科書

　　誠如Nicholls（2003）所言：從教科書分析類目，可看出分析者心目中理想教科書的形貌。其實分析方法本身也就預設了理想教科書的特徵，以下試說明之。

　　古典內容分析所預設的好教科書是：能夠重視研究者所探究的議題（如：多元文化、多元智能、環保、消費者意識等）；對於分析工具所列的正向各類目，教科書應完整納入，不應遺漏；且各類目最好能均衡呈現。而故事分析者若探究教科書，預設的想法是：好教科書會善用故事，去發揮研究者所推崇的教育功能，如：傳遞價值觀、強化團體認同等。

　　論述分析者預設的好教科書是：應該持進步主義（progressivism）觀點，不應以維持現狀為已足；應持多元價值觀，重視弱勢族群，呈現多聲文本。而且好教科書不應是灌輸知識用的，應培養問題解決能力、批判能力等。

　　論辯分析者所預設的好教科書是：論辯型的文本應該多以說理方式說服學生，而不宜過度訴諸權威，或濫用情緒。好的說理文章應該是論辯元素完整的，證據確鑿的，情理法兼顧的。

　　Nicholls（2003）強調：從研究者所列的分析類目，即可看出其心目中好教科書的樣貌，他介紹了Robert Stradling 2001年所列的一套分析類目（參見本文附錄）。Stradling的這本《如何教二十世紀歐洲史》（*Teaching 20th European History*）乃與歐盟聯合出版，屬於歐盟1990年代《二十世紀歐洲歷史的教與學》計畫中的一部分，該書寫給歐盟各國的歷史老師看，協助他們判斷歷史教科書，並非寫給研究者看，但Nicholls（2003）認為對研究者也很有參考價值。

　　Nicholls（2003）表示：從Stradling所提問題可知他心目中的好歷史課本是：能提供多元觀點；社會史、文化史與政治史一樣重要；能提供符合最新研究的訊息等等。而較不好的歷史課本是：著重名人的軍事追求或政治追求，採取國族主義詮釋與單因詮釋（nationalistic, mono-causal interpretation）。Stradling的標準係基於他的預設：什麼構成好知識、什麼構成好教科書、什麼不是好知識、好教科書。Stradling的標準亦可顯示：對於歷史教育在民主社會的功能方面，Stradling的社會——政治主張是：所有詮釋角度均應呈現；所有學生對於歷史均應能夠主動地、批判地進行詮釋。以此觀之，Stradling的研究方法論，乃與其知識論緊扣，且傳達了他潛在的社會——政治取向。

五、分析架構

　　多名學者（Nicholls, 2003; Mikk, 2000; Pingel, 2009）都提及文本分析中最重要且困難的任務，就是建立良好的分析類目。而事實上不同分析方法在分析架構上，均提供了不同方向的思考。分析者可藉這些基本分析架構為鷹架，在鷹架下面再增更細緻的類目。換言之，架構是較粗大的鷹架，類目是鷹架下較細緻的分支。

　　古典內容分析並未提供基本的分析架構，主要係依研究者所選議題去

決定類目。好的一套分析類目應能形成一統整架構，各類目間應互斥，全部類目合在一起看，則應該是周延的。

　　故事分析的架構可以從故事的形式元素切入，而故事元素包括：事件、主角、配角、情境、開始、結束、危機、道德寓意等。每一元素可作爲主類目，其下細分爲子類目。除故事形式外，亦可從故事的功能去建立類目。再者，也可由故事文本去探究故事說者／作者的想法與手法，包括：對故事的意義詮釋與因果解釋、故事的選擇標準、對故事的評價、對情節的操作等等。另外，也可採用Greimas（1966）二元對立的分析架構，如：主體—客體；助手—對手；施者—受者等（參見圖9-1）。

　　相對於其他分析法，近年來批判論述分析受到廣泛重視，可能原因之一是Fairclough（1995）建立了一個系統性的分析架構（圖9-2），此架構邏輯算是清晰的，且有學理依據，相當具有說服力。前文已述此架構係由文本分析，到過程分析，再到脈絡分析。

　　至於論辯分析的架構更爲嚴謹清晰，亦即對論辯諸元素間的關係做分析（圖9-3），而論辯元素包括：資料、保證、支持、限定詞、宣稱、否證／駁斥。至於保證，則可分爲理性、情感與權威等三類。研究者可據以逐項分析之。

六、怎樣建立分析類目

　　在《UNESCO指南》中Pingel（2009）表示：分析類目可採兩種途徑去建立。兩途徑均適用於本文介紹之四種分析，茲說明如下。

㈠演繹取向

　　Pingel（2009）表示：演繹取向（deductive approach）係由教科書研究者先建立一個外在類目表，供日後填入。例如：該小組先界定好「人權課程」的最低標／平均／最佳樣貌；然後再去檢核某教科書涵蓋此課程之程度。該分析類目是從一特定主題（topic）衍生出來的，而該主題被認爲應該要出現在該課本中。此套類目常會連結到該主題有關的一套學術思想。Pingel（2009）認爲：若依此演繹取向得出的研究建議去做，可能導致該

課本內容太過知識導向，而未能適當考量課本的教學功能。

Mikk（2000）稱此演繹取向為「觀念取向」，亦即係依觀念或邏輯去建立分析類目。Manning與Cullum-Swan（1994）則稱此為「由上而下取向」（top-down）。

(二)歸納取向

Pingel（2009）表示：歸納取向（inductive approach）是沒有預建的類目，而由分析者找出課本的內容，看見課本所詮釋的觀念或其呈現方式。分析者努力從教科書中找出理解模式或世界觀（worldviews），而這些模式或觀點引導著課本內容的選擇以及呈現的方式。選擇此取向的研究者通常是以紮根理論，做為其理論派典（theoretical paradigm）。類目由此分析中浮現，且必須經由一種層層深入的文本探究去精鍊它（Pingel, 2009）。Mikk（2000）稱此歸納取向為「經驗取向」，亦即依經驗或實作去建立分析類目。Manning與Cullum-Swan（1994）則稱此為「由下而上取向」（bottom-up）。

兩種取向孰優？學者似有不同觀點。Pingel（2009）在《UNESCO指南》表示：因為大多數教科書修訂之研究案都有興趣研究他國的情況，所以這些研究多半會採用內容導向的演繹法（content-oriented deductive approach）。然而由教學面向去看，歸納取向比較具揭示性，它可以將書中潛藏的觀念挖掘出來，進而提出思考問題：由更理論的觀點言，哪樣的內容適合放入此觀念（Pingel, 2009）。至於Nicholls（2003）則認為可兼顧兩者來進行。

七、探究問題舉隅

每種分析方法適合探究的問題不同，以下試為各方法構想具體的研究問題。其中有些問題已有研究者正在進行或完成了。

(一)古典內容分析

這類研究問題是國內非常熟悉的。

- 「二二八事件」在不同時期的歷史教科書中出現與否？並比較所占篇幅。
- 比較「二二八事件」在同一時期的不同版本歷史教科書中所占篇幅。

㈡故事分析

　　顧名思義，故事分析的對象是故事。故事是有頭、腹、尾等情節發展的一種文體。教科書中可被視為故事的文本至少有：歷史事件、記敘文，當然還有教科書中通常也會收錄的童話故事、歷史故事、神話故事、小說等。以下試舉數則可探究的題目。

- 領袖故事如何被運用在教科書中：可做跨國教科書比較、跨時代教科書比較。
- 國小教科書中典範人物的故事特徵之分析：可探究典範人物的成就類型、獲致成就之歸因、故事功能、道德意涵等。亦可做不同時期典範人物的比較、不同版本比較、不同學科比較等。
- 海峽兩岸歷史教科書對國共內戰的描述之詳略程度、異同項目、重要事件的選擇標準、歸因、評價等。
- 教科書記敘文中各種形象之特徵描述：好家庭、好親職、好父母、好老師、好學生、好朋友等形象特徵。亦可做跨國比較、跨時代比較。

㈢論述分析

　　論述分析的對象是「論述」，它是一個以上的句子、帶有論理討論性質的文本。準此，教科書中帶有論理成分的文本，均適合由論述分析角度進行探究。受批判理論（critical theory）影響，論述分析研究近年來日益強調批判與解構等企圖。以下是可探究的題目。

- 比較海峽兩岸歷史教科書對人物與事件，所推崇珍視者為何？相對或完全忽略者為何？被視為理所當然無須多做解釋者為何？各自歷史教科書之產製過程（編寫、審查、採擇、發行）為何？這類

歷史論述的詮釋過程（使用、教學、學習）為何？這類歷史論述是在各自怎樣的社會文化脈絡中出現的？

㈣論辯分析

論辯分析的對象是「論辯」，「論辯」是針對某議題而寫／說、具有說服意圖的一種文本。教科書中這類文本所在多有，可能大多以論說文體出現。收錄於課本裡古今中外的論說文均可做為分析對象。此外，專為教科書而撰寫、針對某議題、欲達成說服目的之課文亦可做為探究對象。而數理教科書尤其著重說理之清晰，故可分析論辯元素（如：資料、保證、支持、限定詞、宣稱、否證／駁斥）之完備程度。

可分析古今中外有名的演講稿、論說文，分析其中的論辯元素；以及其中理性、情感、權威等類型的「保證」所運用的狀況。如：

- 諸葛亮的〈出師表〉
- 徐敬業的〈討武曌檄〉
- 孫中山的演講稿〈恢復中國固有道德〉[8]
- 蔣中正的〈退出聯合國後告全國同胞書——莊敬自強處變不驚〉[9]、〈我們的校訓〉[10]
- 德國斐希特（Johann Gottlieb Fichte）〈致德意志同胞書〉（Addresses to the German Nation）
- 林肯的〈蓋茲堡演說〉（Gettysburg Address）
- 馬丁·路德·金恩（Martin Luther King, Jr.）的人權演說稿〈我有一個夢……〉。

8　依據民國57年「國民中學課程標準」編寫的國中國文統編本第四冊第一、二課。

9　依據民國61年「高級中學課程標準」編寫的高中國文統編本第二冊第一課。

10　依據民國57年「國民中學課程標準」編寫的國中國文統編本第二冊第一課。

結語

一、超越內容分析法，可用論述分析、故事分析、論辯分析

　　本文將教科書內容視爲文本。近年來由於整個人文社會科學均出現「語言學轉向」的思潮，文本分析方法論的發展甚爲蓬勃，故教科書研究應可從由文本分析的各種方法中汲取養分。本文乃花費相當篇幅介紹四種文本分析法：古典內容分析、故事分析、論述分析（含歷史的、批判的），以及論辯分析等。這四種分析法均適合用來分析教科書。

　　過去古典內容分析法在臺灣已普遍被採用，占教科書內容研究的絕大多數（藍順德，2010；張芬芬，2012c）。近十年來論述分析亦逐漸受重視，博碩士論文應用此法來分析教科書的論文陸續出現（表9-2）。至於將故事分析與論辯分析應用於教科書分析者，尚屬少數（表9-1、表9-3）。今後可嘗試採用後三種分析法，以探究教科書的不同面向。

　　由前文各方法之比較可知，古典內容分析法傾向於點與線的描述，難及於面的解釋。在知識論與方法論上，古典內容分析法屬於實證主義與寫實主義，而其他三方法在知識論上傾向建構主義觀點，論述分析尤其強調社會脈絡之分析，可幫助研究者觸及面的解釋。而論述分析所融入的批判精神，使得教科書研究除了「求眞」的目的之外，亦帶有「求善」的企圖，期盼揭露潛藏於教科書中不均的結構問題，喚起人們的注意，進而能採取改善的行動。

二、古典內容分析法有其價值，可兼採其他研究法相輔相成

　　古典內容分析之長處在於可描述具廣度的概況，然無法說明深度，亦拙於解釋原因。無論如何，瞭解廣泛的概況是研究的起點，因此古典內容分析法有其相當大的貢獻，不容抹煞。它所需要的是輔以其他長於深度，和能解釋原因的方法，本研究介紹的論述分析、故事分析與論辯分析可發揮這方面的優勢。至於本文未提及的一般研究法，如問卷調查法、訪談法、參與觀察法等，當然亦可依研究問題之性質，做合宜之選擇，以多元方法透澈且完整地探究教科書的各個面向。

三、教科書分析需要實徵研究，也需理論體系，尤需教科書政治學觀點

　　過去臺灣的教科書分析研究已累積豐碩數量，然而絕大多數教科書研究均以許多篇幅說明分析所得的數字或課文字句，對於詮釋所需的理論基石，研究者是相對薄弱的；更遑論由分析所得去建構教科書理論了。

　　Crawford（2003）表示：未來應努力讓教科書實徵研究建立在理論模式上，例如：後現代主義（postmodernism）、結構主義、社會建構主義（social constructionism）、論述分析（discourse analysis）、政策社會學（policy sociology）等。Crawford（2003）進一步建議可用「社會運動政治學」（politics of the social movement）去探究教科書內容。因為基本上教科書是政治角力之所在，是衝突妥協之產物，故教科書含有衝突的記號，這便需要教科書政治學去探究：學校知識對妥協之需求，並揭示其中潛藏的更深危機——在經濟、意識形態與權力之關係中的危機。

　　若從本文介紹的四種文本分析法的出現順序，亦可看出：即使在研究方法層面，整個學界都愈來愈從政治角度去解讀文本，這或許是一種面對現實的態度，因為政治勢力無遠弗屆，文本撰述與教科書產製實在擺脫不了。對抗的方式就是面對此一事實，並用有說服力的方式去揭露之，並思改進之道。

　　準此，教科書分析者宜強化理論涵養，尤其是教科書政治學的理論涵養，以期深化對分析所得之意涵詮釋，進而能裨益教科書理論之建立。而強化理論涵養之起點可能在於覺察自己的知識論立場（自問：知識是傳遞或建構的？好教科書的樣貌？……）、社會政治立場，及其與所用分析法和類目之間的符合程度。凡此種種皆是一種後設思考的訓練。

四、研究法有其重要性，唯研究者的洞察力更屬關鍵

　　研究法重要嗎？本文探究可用於教科書分析的研究法，的確預設了方法之重要性，前文也提及若干學者呼籲要建立教科書分析方法論，這當然表明了研究方法對學術領域的發展會有重要影響。而確實有些學門基本上

就是以其研究法來界定的（Walker, 1992）：如果心理學去除掉心理實驗還剩下什麼？認知科學去除掉放聲思考訪談（think-aloud interview）、社會學去掉調查法、人類學去掉俗民誌，也都會有類似狀況；而系統法使得當代的行為科學，跟社會科學及單純的思辨和意見，產生顯著差異（本書第四章）。若借Walker的觀點來看，新聞傳播的內容研究也很難與古典內容分析法做一切割。至於教科書分析研究呢？要找到獨特專屬的研究法可能有其困難，目前只能由其他領域去尋找合用的方法。只要用得正確、用得巧妙，誰曰不宜？

　　研究法真的至關重要嗎？似乎也不見得，真正關鍵的還有其他東西。1948年社會學家Robert Redfield（引自Walker, 1992）實際分析了當時一些社會科學名著，發現社會科學的許多名著也不見得運用了什麼高聲譽的研究法，撰寫時也不管什麼方法上的規範；而Redfield在名著中找到作者的三種特質：①對人有同情的理解；②有能力由個殊中看出通則；③觀點新穎且獨特，用清晰的頭腦對事物有意識地再看一眼。換言之，是卓越的研究者擁有的**強同理心**、**好概括力**，與**新觀察點**，成就了這些名著（本書第三章）。本研究認為上述三特質均與洞察力有關——有精采的洞察力才能為研究找到精采的新觀點與好通則，而精采的洞察力也有助於以同理心洞悉人心思維的玄妙處，與社會現象的幽微處，從而撰述出經典名著；而不是辛勞許久最後寫出一篇「不做研究也知道」的常識類著作。

　　連結到教科書分析來看，徒然懂得分析法，並不足以產生好的研究成果，關鍵還是研究者本身要有**非凡的洞察力**。非凡的洞察力才能提出有價值的研究主題，建立精采的分析類目，看見隱藏於教科書文本中的幽微意涵，領悟到解釋力強的命題（proposition），撰寫有啟發性的論文，從而擺脫味如嚼蠟式的常識類研究。由此以觀，教科書研究法是重要的，然而研究者的洞察力更是論文品質的關鍵因素。

附錄：分析類目實例

‧ R. Stradling 2001年對歐洲歷史教科書的分析類目

資料來源：Nicholls（2003: 17）

說明：R. Stradling的分析架構中，含有四個主類目。每一主類目又分為數個面向，引導
研究者的分析。

類目一：評鑑課本內容。所提問題包括：
　　　　①範圍
　　　　②順序與課程
　　　　③篇幅安排
　　　　④多觀點融入
　　　　⑤文化認同體（identity）與宗教認同體

類目二：辨識課本的教學觀：
　　　　①學生的先備知能
　　　　②教科書是否鼓勵記憶力或其他智能發展
　　　　③圖表與圖片之運用
　　　　④課本對歷史觀念（historical concepts）之闡釋
　　　　⑤對比較性思考之助益

類目三：辨識歷史課本的內在品質：
　　　　①評估教科書的水準
　　　　②是否採取化約論（reductionism）
　　　　③辨識作者偏失的可能性

類目四：影響教科書的外在因素
　　　　①此課本第一次出版的時間
　　　　②課本的價格與耐用性
　　　　③該課本是否針對特定學生群體
　　　　④必需的配套資源有哪些

參考書目

八股文（無日期）。維基百科。2018年8月7日取自https://zh.wikipedia.org/wiki/八股文

方志華（2001），**關懷倫理學在新世紀的教育實踐**。發表於2001年3月私立銘傳大學主辦：新世紀、新思維國際學術研討會。桃園縣。

王淑芬（2010）。國小社會領域教科書中臺灣歷史人物及文本論述之批判分析。**課程研究**，**5**(1)，頁101-127。

王雅玄（2005）。社會領域教科書的批判論述分析——方法論的重建。**教育研究集刊**，**51**(2)，頁67-97。

王雅玄、余佳儒（2007）。社會領域教科書的批判論述分析——以南一版國小五年級下學期教材內容之政治意識型態為例。**教育研究集刊**，**51**(2)，頁39-50。

王麗雲、侯崇博（2004）。方案評鑑的理論與實施。載於臺灣師大教育研究中心主編，**「教育評鑑回顧與展望學術研討會」會議手冊**（頁175-188）。臺北。

丘延亮（2004）。導讀三：演敘「貧窮文化」。載於丘延亮（譯），**貧窮文化：五個墨西哥家庭一日生活的實錄**（頁57-106）（原作者Oscar Lewis）。臺北：巨流。（原著出版年1975）

本我、自我與超我（2019年12月8日）。維基百科。2020年1月25日取自https://zh.wikipedia.org/wiki/本我、自我與超我

甘錫安（譯）（2019）。**因果革命：人工智慧的大未來**（原作者J. Pearl & D. Mackenzie）。臺北：讀書共和國。（原著出版年2018）

安天祥（2004）。竹籬笆裡也有春天——兩名眷村子弟發展成就之個案研究（未出版之碩士論文）。臺北立師範學院國民教育研究所。臺北。

成虹飛（1996）。以行動研究做為師資培育模式的策略與省思：一所師院生的例子。國科會專題研究成果報告NSC85-2745-H-134-001-F6。

成虹飛（2001）。行動研究的書寫與閱讀——困境與可能性（阿美與阿花的對話錄）。2001年3月25日取自http://www.tiec.tp.edu.tw/research/teacherbook/teacherbook105/9.htm

余光中（無日期）。鄉愁。2018年4月11日取自http://dl360.csjh.tp.edu.tw/frederic/chinese/p/p001.htm

余英時（1990年7月）。中國近代思想史中的激進與保守（上）。歷史月刊，29，頁135-46。

吳孟芬（2007）。國小社會教科書族群意識型態之批判論述分析（未出版之碩士論文）。國立臺北教育大學課程與教學研究所。臺北。

吳芝儀、李奉儒（譯）（1995）。質的評鑑與研究（原作者M.Q. Patton）。臺北：桂冠。（原著出版年1990）

吳清山、王湘栗（2004）。教育評鑑的概念與發展。國立教育資料館教育資料集刊，29，頁1-26。

吳麗珍（2009）。國小國語科神話閱讀教材研究（未出版之碩士論文）。國立臺北教育大學語文與創作系。臺北。

李士勛（2000年9月）。百年之後說尼采：德國紀念尼采逝世一百週年。當代月刊，157。2018年4月11日取自http://blog.sina.com.cn/s/blog_70adf1540100lv13.html

李世達（2009）。臺灣化與去中國化——高中歷史教材臺灣史書寫的批判話語分析（未出版之碩士論文）。國立臺灣師範大學大眾傳播研究所。臺北。

李志明（1986）。結構、意義與波動論「李維史陀現象」。當代月刊，8，頁40-51。

李怡嚴（2002年5月）。隱喻——心智的得力工具。當代月刊，177，頁56-64。

李哲迪（2005）。高中物理教科書與學生關於力的話語與合法化的語言策略（未出版之碩士論文）。國立臺灣師範大學科學教育研究所。臺北。

李維史陀（2007年8月17日）。維基百科。2020年2月26日取自https://zh.wikipedia.org/wiki/李維史陀

李慧君（2010）。九年一貫國語教科書劇本研究（未出版之碩士論文）。國立臺北教育大學語文與創作系。臺北。

周佳君（2008）。逛街機器：一個紡織廠女工的一天。載於胡幼慧編，質性研究：理論、方法及本土女性研究實例（頁257-271）。臺北：巨流。

周珮儀（2005）。我國教科書研究的分析：1979-2004。課程與教學，8(4)，頁91-116。

周珮儀、鄭明長（2008）。教科書研究方法論之探究。課程與教學，11(1)，頁193-222。

放牛班的春天（2019年11月30日）。維基百科。2020年2月12日取自https://zh.wikipedia.org/wiki/放牛班的春天

林天祐（2004）。教育評鑑實施過程與方法的專業化。國立教育資料館教育資料集刊，29，頁27-52。

林火旺（2005）。正義與公民：自由主義的觀點。宜蘭：佛光大學。

林本炫（2004）。質性研究資料分析電腦軟體ATLAS.ti操作手冊。載於林本炫、何明修主編，質性研究方法及其超越（頁263-306）。嘉義：南華大學。

林本炫（2006）。質性研究資料分析電腦軟體Nvivo 7.0操作手冊。載於周平、齊偉先主編，質性研究的越界：文化現象的分析（頁249-291）。嘉義：南華大學。

林玉体（2002）。美國教育史。臺北：三民。

林佳緣（2006）。跨性別媒體再現與主體解讀之分析研究（未出版之碩士論文）。世新大學性別教育研究所。臺北。

林俊宏（譯）（2018）。人類大歷史：從野獸到扮演上帝（新版）（原作者Yuval N. Harari）。臺北：天下。（原著出版年2012）

林建祥（2003）。人工智能的發展和若干爭論問題。載於孫小禮主編，現代科學的哲學爭議（頁49-65）。北京：北京大學出版社。

林彥君（2005）。青少年網路遊戲中倫理問題之質性研究（未出版之碩士論文）。臺北立師範學院國民教育研究所。臺北。

阿爾伯特・愛因斯坦（2020年1月6日）。維基百科。2020年2月20日取自

https://zh.wikipedia.org/wiki/阿爾伯特‧愛因斯坦

洪蘭（譯）（2018）。**快思慢想（新版）**（原作者Daniel Kahneman）。臺北：天下。（原著出版年2011）

胡台麗（2005）。**石頭夢（錄影帶）**。臺北：中央研究院。

胡幼慧、姚美華（2008）。一些質性方法上的思考：信度與效度？如何抽樣？如何收集資料、登錄與分析？載於胡幼慧編，**質性研究：理論、方法及本土女性研究實例**（頁117-132）。臺北：巨流。

倪美貞（2001）。**移民：一個國小女教師主體探索的故事**（未出版之碩士論文）。國立新竹師範學院課程與教學碩士班。新竹市。

孫敏芝（1985）。**教師期望與師生交互作用：一個國小教室的觀察**（未出版之碩士論文）。國立臺灣師範大學教育研究所。臺北。

徐志摩（1928）。**偶然**。2018年4月11日取自http://mail.lhjh.kh.edu.tw/~lsm/page11.htm

徐曼眞（2006）。**遠渡重洋「六月雪」——四位外籍媽媽在臺生活適應之生命史研究**（未出版之碩士論文）。臺北立師範學院國民教育研究所。臺北。

柴知道官方視頻（2017年10月9日）。**哲學已死？霍金的這個觀點顛覆了6億人的三觀《大設計》**。2017年12月5日取自https://www.youtube.com/watch？v=OOAue1TUboo&t=14s

郝柏林（2003）。世界是必然的還是偶然的——混沌現象的啟示。載於孫小禮主編：**現代科學的哲學爭議**。北京：北京大學。

馬信行（2007）。後設分析之方法論問題之探討。**量化研究學刊，1(1)**，頁175-189。

高敬文（1996）。**質化研究方法論**。臺北：師大書苑。

張芬芬（1991）。**師範生教育習實中的潛在課程之人種誌研究**（未出版之博士論文）。國立臺灣師範大學教育研究所。臺北。

張芬芬（1992）。我國師範教育中的意識形態。載於中華民國師範教育學會與中華民國比較教育學會主編，**國際比較師範教育學術研討會論文集（上）**。頁359-407。臺北：師大書苑。

張芬芬（1993）。人種誌研究中七項常受質疑的方法論問題。**初等教育學刊**，**2**，頁24-31。

張芬芬（1996）。換一副透鏡看世界，載於黃政傑主編，**質的教育研究：方法與實例**。頁47-70。臺北：漢文書局。

張芬芬（1998）。國小新生常規學習中的潛在課程──從P. Jackson的觀點談起。**初等教育學刊**，**6**，頁111-126。

張芬芬（2001a）。研究者必須中立客觀嗎？行動研究的知識論與幾個關鍵問題。載於課程與教學學會主編，**行動研究與課程教學革新**（頁1-32）。臺北：揚智。

張芬芬（2001b）。教學生活：新手老師的成長之路，載於黃政傑、張芬芬主編，**學爲良師──在教育實習中成長**（頁1-32）。臺北：師大書苑。

張芬芬（2002a）。質性研究中引出結論的技術。**初等教育學刊**，**13**，頁79-128。

張芬芬（2002b）。質性研究評鑑規準：各派觀點與發展趨勢。**初等教育學刊**，**12**，頁301-351。

張芬芬（2007a）。後現代質性研究：特徵及其對課程研究的蘊義。**課程與教學**，**10(3)**，頁31-48。

張芬芬（2007b）。英國教師評鑑之背景、趨勢與啟示：胡蘿蔔與棒子下的英國老師。**初等教育學刊**，**28**，頁1-32。

張芬芬（2010）。質性資料分析的五步驟：在抽象階梯上爬升。**初等教育學刊**，**35**，頁87-120。

張芬芬（2012a）。十二年國教適性教學需要的教師成長。載於黃政傑主編，**十二年國教的課程教學改革：理念與方向期許**（頁253-283）。臺北：五南。

張芬芬（2012b）。半世紀臺灣教科書研究之概況與趨勢（1956-2010）。**教育研究月刊**，**217**，頁5-24。

張芬芬（2012c）。文本分析方法論及其對教科書分析研究的啟示。載於國家教育研究院主編，**開卷有益：教科書回顧與前瞻**（頁161-204）。臺北：高等教育。

張芬芬（2013）。質性評鑑興起中的觀念變遷與啟示——因果、事實、正義。北市教育學刊，**43**，頁1-34。

張芬芬（2015）。以譬喻認識質性研究。載於黃政傑編著，**教育行政與教育發展**（黃昆輝教授祝壽論文集）（頁448-470）。臺北：五南。

張芬芬（2018）。你用哪副透鏡看世界——以譬喻認識質性研究vs.量化研究。載於林逢棋、洪仁進主編，**教育的密碼：教育學核心議題**（二）（頁25-42）。臺北：五南。

張芬芬（2020）。質性研究中的快思慢想：整體直觀與邏輯推理。**臺灣教育研究期刊**，**1(3)**，頁235-270。

張芬芬（譯）（2006）。**質性研究資料分析（修訂版）**（原作者M. B. Miles & A. M. Huberman）臺北：雙葉。（原作出版年1994）【繁體字】

張芬芬（譯）（2008）。**質性資料的分析：方法與實踐**（原作者M. B. Miles & A. M. Huberman）四川：重慶大學出版社。（原作出版年1994）【簡體字】

張春興（1991）。**張氏心理學辭典**。臺北：東華。

張愛玲（2010）。**張愛玲典藏新版：紅玫瑰與白玫瑰（短篇小說集2：一九四四年～一九四五年）**。臺北：皇冠。

張嘉眞（2009）。**國小六年級國語教科書記敘文之篇章結構分析**（未出版之碩士論文）國立臺中教育大學語文教育系。臺中市。

教育部（2006）。**師資培育素質提升方案**。臺北：教育部。

清・張潮（無日期）。**幽夢影**—維基文庫，自由的圖書館。2018年4月11日取自http://mail.lhjh.kh.edu.tw/~lsm/page11.htm

通用人工智能（2019年8月13日）。**維基百科**。2020年2月2日取自https://zh.wikipedia.org/wiki/通用人工智能

郭兆林（譯）（2018）。**愛因斯坦的宇宙：想跟光賽跑、從椅子摔落……世紀天才這樣想出相對論及量子力學**（原作者加來道雄）。臺北：時報。（原著出版年2005）

陳玉玲（2006）。**國小國語教科書寓言教材研究**（未出版之碩士論文）。國立屏東教育大學中國語文系。屏東。

陳向明（2002）。**社會科學質的研究**。臺北：五南。

陳伯璋（1985）。**潛在課程研究**。臺北：五南。

陳伯璋（2000）。**課程統整與協同教學**。2002年9月9日取自http://www.nio-erar.edu.tw/new/1/890524-2.html

陳伯璋（2003）。新世紀課程研究。**國家政策季刊**，**2**(3)，頁149-168。

陳伯璋（2005）。從課程改革省思課程研究典範的新取向。**當代教育研究**，**13**(1)，頁1-34。

陳伯璋（2005年10月12日）。**課程改革的省思與展望**。取自http://web.nutn.edu.tw/gac760/New00/file/academic/

陳伯璋主編（1986）。**教育研究的新取向**。臺北：南宏。

陳其南（1988）。結構化的馬克斯（下）。**當代月刊**，**21**，頁90-102。

陳怡伶（2010）。**臺灣與中國意識在國中歷史教科書中的角逐——以臺灣歷史為例**（未出版之碩士論文）。國立臺灣師範大學臺灣文化及語言文學研究所。臺北。

陳怡霓（2009）。**海峽兩岸國小國語教科書童話類課文比較研究**（未出版之碩士論文）。臺南大學國語文學系。臺南市。

陳惠邦（2001）。**教育情境中的行動研究**。2001年3月25日取自http://163.25.252.2/info/

傅統先（1977）。**哲學與人生**。臺北：天文。

智性（2019年8月13日）。**維基百科**。2020年1月30日取自https://zh.wikipedia.org/wiki/智性

曾志朗（2018）。序：以理性研究不理性行為的認知科學。載於洪蘭（譯），**快思慢想**（新版）（頁7-10）（原作者Daniel Kahneman）。臺北：天下文化。（原著出版年2011）

游美惠（2000）。內容分析、文本分析與論述分析在社會研究的運用。**調查研究**，**8**，頁5-42。

游家政（2008）。國民中小學教科書評鑑的問題與改進——後設評鑑的觀點。載於黃政傑、課程與教學學會主編，**課程評鑑——理念、研究與應用**（頁189-219）。臺北：五南。

游家政、曾祥榮（2004）。教育評鑑的後設評鑑。**國立教育資料館教育資料集刊，29**，頁53-94。

紫蓉譯（無日期）。**莎劇《皆大歡喜》：世界是座舞台**。2018年5月18日取自http://blog.xuite.net/vistara/wretch/104153313-莎劇《皆大歡喜》：世界是座舞台

項退結編譯（1976）。**西洋哲學辭典**（原編著者Walter Brugger）。臺北：國立編譯館。（原作出版年1967）

馮契主編（1992）。**哲學大辭典**。上海：上海辭書出版社。

黃政傑（1986）。潛在課程的觀念。**教育研究集刊，28**，頁163-81。

黃政傑（1987）。**課程評鑑**。臺北：師大書苑。

黃政傑（1991）。**課程設計**。臺北：東華。

黃政傑（2003）。重建教科書的概念與實務。**課程與教學，6(1)**，頁1-12。

黃政傑（2004）。質性教育評鑑之探討。**國立教育資料館教育資料集刊，29**，頁95-118。

黃書祥（2006）。**國小社會教科書家庭概念之批判論述分析──以K版第一冊第一單元為例**（未出版之碩士論文）。國立臺北教育大學課程與教學研究所。臺北。

黃素菲（2008）。敘事治療的本質與精神。載於陳阿月譯，**從故事到療癒：敘事治療入門**（頁13-16）（原作者Alice Morgan）。臺北：心靈工坊。（原著出版年2000）

黃從孝（2006）。**桃園縣國民小學教師實施「認識世界」縣級課程之調查研究**（未出版之碩士論文）。臺北市立教育大學課程與教學研究所，臺北。

黃瑞祺（1986）。**批判理論與現代社會學**。臺北：巨流。

黃道琳（1986）。社會生物學與新民族誌。**當代月刊，8**，頁52-9。

黃道琳（譯）（1994）。**結構主義之父──李維史陀**（原作者Edmund R. Leach）。臺北：桂冠。（原著出版年1970）

黃鴻文（2003），國民中學學生文化之民族誌研究。臺北：學富。

楊深坑（2002）。**科學理論與教育學發展**。臺北：心理。

詹宏志譯（1986）。**大趨勢：改造人類生活的十個新方向**（原作者J. Nais-bitt）。臺北：長河。（原著出版年：1984）

詹美華（2003）。九年一貫課程改革教科書開放主要議題之論述分析（未出版之碩士論文）。國立臺灣師範大學教育研究所。臺北。

詹美華（2008）。教科書市場化議題之論述分析。**教科書研究**，1(2)，頁1-28。

對偶（2018年7月11日）。維基百科。2018年8月7日取自https://zh.wikipedia.org/wiki/對偶

廖月娟（譯）（2015）。**異數：超凡與平凡的界線在哪裡？**（典藏紀念版）（原作者Malcolm Gladwell）。臺北：時報。（原著出版年2009）

廖遠光（2009）。**後設分析研究法**。載於臺灣教育傳播暨科技學會主編，**教育科技理論與實務**（下冊）（頁421-464）。臺北：學富。

劉大椿（2006）。**科學哲學**。北京：中國人民大學。

歐用生（1994），教師即研究者。**研習資訊**，**11**(2)，頁1-6。

歐用生（2003）。**課程典範再建構**。高雄：麗文。

歐用生（2005）。內容分析法及其在教科書研究上的應用。載於莊梅枝主編，**教科書之旅**。頁149-170。臺北：中華民國教材研究發展學會。

歐用生（2006）。臺灣教科書政策的批判論述分析。**當代教育研究**，**14**(2)，頁1-26。

歐用生（2006）。課程美學──教師即藝術家。載於歐用生著，**課程理論與實踐**。臺北：學富。

潘志煌（2009）。社會學習領域課程綱要本土化變革之批判論述分析（未出版之碩士論文）。國立臺北教育大學課程與教學研究所，臺北。

潘慧玲（2004）。邁向下一代的教育評鑑：回顧與前瞻。載於臺灣師大教育研究中心主編，「教育評鑑回顧與展望學術研討會」會議手冊（頁11-23）。臺北。

蔡永強（2003）。**山海的女兒──五名原住民女性教育菁英的生命史研究**（未出版之碩士論文）。臺北立師範學院國民教育研究所。臺北。

蔡欣怡譯（2008）。敘事訪談。載於羅世宏、蔡欣怡、薛丹琦譯（2008），

質性資料分析（頁71-92）（原作者R. Gill；原編者M. W. Bauer & G. Gaskell)。臺北：五南。（原著出版年2000）

蔣斌（1988）：田野方法的特性與使用。載於陳伯璋編著，**教育研究方法的新取向——質的研究方法**（頁17-40）。臺北：南宏。

蔣佩樺（2008）。**當今中英文教科書之議論文修辭策略比較**（未出版之碩士論文）。國立高雄師範大學英語系。高雄。

課程教材研究所中學語文課程教材研究開發中心（2003）。**語文（九年級上冊）**。北京：人民教育出版社。

盧立偉（1999）。**以真理之名——教科書「認識臺灣」相關辯論之語藝批評**（未出版之碩士論文）。輔仁大學大眾傳播研究所。新北。

蕭文家（2008）。**國民小學國語教科書性別角色研究分析——以故事類課文為例**（未出版之碩士論文）。屏東科技大學幼兒保育研究所。屏東。

隱喻（2017年10月12日）。**維基百科**。2018年4月11日取自https://zh.wikipedia.org/wiki/隱喻

藍順德（2010）。**教科書意識形態歷史回顧與實徵分析**。臺北：華騰。

羅世宏譯（2008a）。言說分析。載於羅世宏、蔡欣怡、薛丹琦譯，**質性資料分析**（頁225-250）（原作者R. Gill；原編者M. W. Bauer & G. Gaskell）。臺北：五南。（原著出版年：2000）

羅世宏譯（2008b）。古典內容分析。載於羅世宏、蔡欣怡、薛丹琦譯，**質性資料分析**（頁167-190）（原作者M. W. Bauer；原編者M. W. Bauer & G. Gaskell）。臺北：五南。（原著出版年2000）

羅世宏譯（2008c）。論辯分析。載於羅世宏、蔡欣怡、薛丹琦譯，**質性資料分析**（頁197-224）（原作者M. Liakopoulos；原編者M. W. Bauer & G. Gaskell）。臺北：五南。（原著出版年2000）

蘇峰山（2004）。論述分析導論。載於林本炫、何明修主編，**質性研究方法及其超越**（頁201-221）。高雄：復文。

蘇錦麗（2005）。審訂序。載於**評鑑模式：教育及人力服務的評鑑觀點**（頁v-viii）。臺北：高教。

譬喻（2018年5月13日）。**維基百科**。2018年8月7日取自https://zh.wikipedia.

org/wiki/譬喻

邏輯思維（2014年6月19日）。**MBA智庫**。取自https://wiki.mbalib.com/zh-tw/
邏輯思維

Althiede, D. L., & Johnson, J. M. (1994). Criteria for assessing interpretive validity
in qualitative research. In K. D. Denzin & Y. S. Lincoln (Eds.), *Handbook of
qualitative research* (1st ed.) (pp.485-499). London: Sage.

Apple, M. (1979). *Ideology & Curriculum* (1st ed.). London: Routledge & Kegan
Paul.

Apple, M. (1986). *Teachers and text*: *A political economy of class and gender rela-
tions in education*. New York and London: Routledge and Kegan Paul.

Apple, M. (1990). *Ideology and curriculum* (2nd ed.). New York: Routledge.

Atkinson, P. A. (1991). Supervising the text. *Qualitative Studies in Education*, *4*(2),
161-174.

Babbie, E. (1998). *The practice of social research* (8th ed.). London: Wadsworth.

Becker, C., Chasin, L., Chasin, R., Herzig, M., & Roth, S. (1995). From struck de-
bate to new conversation on controversial issues: A reporter from the Public
Conversations Project. *Journal of Feminist Family Therapy*, *7*, 143-163.

Berelson, B. (1952). *Content analysis in communication research*. Glencoe, Ill.:
The Free Press.

Berk, L. (1980). Education in lives: Biographic narrative in the study of education-
al outcomes. *Journal of Curriculum Theorizing*, *2*(2), 188-155.

Beverley, J. (2000). Testimonio, subalternity, and narrative authority. In K. D. Den-
zin & Y. S. Lincoln (Eds.), *Handbook of qualitative research* (2nd ed.) (pp.555-
565). London: Sage.

Blumer, H. (1954). What is wrong with social theory? *American Sociological Re-
view*, *1*(9), pp.3-10.

Bogdan, R. C. & Biklen, S. K. (1998). *Qualitative research for education: An in-
troduction to theory and methods* (3rd ed.). Boston: Allyn & Bacon.

Campbell, D. T. (1982). Experiment as Arguments. In E. R. House, S. Mathison,

J. A. Pearsol, & H. Preskill (Eds.), *Evaluation Studies Review Annual* (No. 7, pp.117-128). Beverly Hill, CA: Sage.

Campbell, D. T. & Stanley, J. C. (1963). *Experimental and quasi-experimental designs for research*. Chicago, IL: Rand McNally.

Carney, T. F. (1990). *Collaborative inquiry methodology.* Windsor, Ontario, Canada: University of Windsor, Division for Instructional Development.

Chasin, R., Herzig, M., Roth, S., Chasin, L., Becher, C., & Stains, R. Jr. (1996). From diatribe to dialogue public issues: Approaches drawn from family therapy. *Mediation Quarterly, 13*, 4.

Clandinin, D. J. (1985). Personal Practical Knowledge: A study of teachers' classroom images. *Curriculum Inquiry, 15*(4), 361-385.

Clandinin, D. J. & Connelly, F. M. (1986). Rhythms in teaching: The narrative study of teachers' personal practical knowledge of classrooms. *Teaching and Teacher Education, 2*(4), 377-387.

Connelly, F. M. (1972). The functions of curriculum development. *Interchange, 3*, 161-171.

Cook, T. D. (1985). Postpositive critical multiplism. In L. Shotland & M. M. Mark (Eds.). *Social science and social policy* (pp.21-62). Beverly Hills, CA: Sage.

Cooperrider, D. L. (1990). Positive image, positive action: The affirmative basis of organizating. In S. Srivastva & D. L. Cooperrider (Eds.), *Appreciative management and leadership: The power of positive thought and action in organizations.* San Francisco: Jossey-Bass.

Crawford, K. (2003). The role and purpose of textbooks. *International Journal of Historical Learning, Teaching and Research, 3*(2). pp.5-10. Retrieved 2010/8/1 from http://www.ex.ac.uk/education/historyresource/journal6/nichollsrev.pdf

Cremin, L. A. (1988). *American education, the metropolitan experience, 1876-1980.* New York, NY: Harper & Row.

Crismore, A. (1989). Rhetorical form, selection and the use of textbooks. In S.

de Castell S., A. Luke, & C. Luke (Eds.), *Language authority and criticism: Reading on the school textbook* (pp.133-152). London: The Falmer Press.

Cronbach, L. J. (1982). *Designing evaluations of educational and social programs.* San Francisco, CA: Jossey-Bass.

Cusick, P. A. (1973). *Inside High School: The student's world.* New York: Holt, Rinehart and Winston.

De Roux, G. I. (1991). Together against the computer. In O. Fals-Borda & M. A. Rahman (Eds.), *Action and knowledge: Breaking the monopoly with participatory action research.* New York: Intermediate Technology/Apex.

Denzin, N. K. (1994). The art and politics of interpretation. In K. D. Denzin & Y. S. Lincoln (Eds.), *Handbook of qualitative research* (1st ed.) (pp.500-515). London: Sage.

Denzin, N. K. & Lincoln, Y. S. (1994). The art of interpretation, evaluation, and presentation. In K. D. Denzin & Y. S. Lincoln (Eds.). *Handbook of qualitative research* (1st ed.) (pp.479-483). London: Sage.

Denzin, N. K. & Lincoln, Y. S. (1994). Methods of collecting and analyzing empirical materials. In K. D. Denzin & Y. S. Lincoln (Eds.), *Handbook of qualitative research*(1st ed.) (pp.353-360). London: Sage.

Denzin, N. K. & Lincoln, Y. S. (2000). Preface. In K. D. Denzin & Y. S. Lincoln (Eds.), *Handbook of qualitative research* (2nd ed.) (pp.i-xx). London: Sage.

Denzin, N. K. & Linclon, Y. S. (2005). Introduction: The discipline and practice of qualitative research. In K. D. Denzin & Y. S. Lincoln (Eds.), *Handbook of qualitative research* (3rd ed.) (pp.1-32). London: Sage.

Denzin, N. K. & Lincoln, Y. S. (2011). The future of qualitative research. In K. D. Denzin & Y. S. Lincoln (Eds.), *Handbook of qualitative research* (4th ed.) (pp. 681-684). London: Sage.

Denzin, N. K. & Lincoln, Y. S. (2017). Introduction: The discipline and practice of qualitative research. In K. D. Denzin & Y. S. Lincoln (Eds.), *Handbook of qualitative research* (5th ed.) (pp.1-27). London: Sage.

Eisner, E. W. (1979). *The educational imagination.* New York: Macmillan.

Elbaz, F. (1983). *Teacher thinking: A study of practical knowledge.* London: Croom Helm.

Ellis, C. & Bochner, A. (2000). Autoethnography, personal narrative, reflexivity: Researcher as subject. In K. D. Denzin & Y. S. Lincoln (Eds.), *Handbook of qualitative research* (2nd ed.) (pp.733-768). London: Sage.

Ellis, C., Kiesinger, C. E., & Tillmann-Healy, L. (1997). Interactive interviewing: Talking about emotional experience. In R. Hertz (Ed.), *Reflexivity and voice* (pp.119-149). Thousand Oaks, CA: Sage.

Fairclough, N. (1995). *Media discourse.* London: Longman.

Fals-Borda, O. & Rahman, M. A. (1991) (Eds.). *Action and knowledge: Breaking the monopoly with participatory action research.* New York: Intermediate Technology/Apex.

Fals-Borda, O.(1982). Participatory research and rural social change. *Journal of Rural Cooperation, 10,* 25-40.

Festko, W. (1992). Approaching textbook selection systematically. In J. G. Herlihy (Ed.), *The textbook controversy-Issues, aspects, perspective* (pp.129-135). New Jersey, Norword.

Foucault, M. (1995). *Discipline and Punish: The Birth of the Prison* (A. Sheridan, Trans.). New York: Vintage.

Fowler, R. (2002). On Critical Linguistics. In M. Toolan (Ed.), *Critical Discourse Analysis: Critical Concepts in Linguistics* (*Vol I: Precursors and Inspirations*) (pp.346-357). London: Routledge.

Fox, K. V. (1996). Silent voices: A subversive reading of child sexual abuse. In C. Ellis & A. P. Bochner (Eds.), *Composing ethnography: Alternative forms of qualitative writing* (pp.330-356). Walnut Creek, CA: Alta Mira.

Freire, P. (1970). *Pedagogy of the oppressed.* New York: Herder & Herder.

Fuhrman, R. & Wyer, R. (1988). *Event memory. Journal of Personality and Social Psychology, 54*(3), 365-384.

Gagé, N. L. (Ed.) (1963). *Handbook of research on teaching.* Chicago: Rand Mc-
  Nally.

Gardner, H. (1993). *Frames of mind.* New York: Basic Books.

Geertz, C. (1973). Deep play: Notes on the Balinese Cockfight. In C. Geertz (Ed.),
  The Interpretation of Cultures. New York: Basic Books.

Geertz, C. (1980). Blurred genres: The refiguration of social thought. *American
  Scholar, 49,* 165-179.

Gergen, M. M. & Gergen, K. J. (2000). Qualitative inquiry: Tensions and trans-
  formations. In K. D. Denzin & Y. S. Lincoln (Eds.), *Handbook of qualitative
  research* (2nd ed.) (pp.1025-1046). London: Sage.

Gilbert, R. (1989). Text analysis and ideology critique of curricular content. In
  S. de Castell, A. Luke, & C. Luke (Eds.), *Language authority and criticism:
  Reading on the school textbook* (pp. 61-73). London: The Falmer Press.

Glaser, B. G. & Strauss, A. L. (1967). *The discovery of grounded theory.* London:
  Aldine Publishing Company.

Glickman, C. D. (1990). *Supervision of instruction: A developmental approach.* (2nd
  ed.) Boston: Allyn & Bacon.

Glickman, C., Gordon, S., & Ross-Gordon, J. (2007). *Supervision and Instruc-
  tional Leadership: A developmental Approach* (7th ed.). Boston, MA: Allyn &
  Bacon.

Greene J., Lincoln Y., Mathison S., & Mertens D. M. (1998). Advantages and
  Challenges of Using Inclusive Evaluation Approaches in Evaluation Practice.
  American Journal of Evaluation, 19, 101-122.

Greene, J. C. (2000). Understanding social programs through evaluation. In K.
  D. Denzin & Y. S. Lincoln (Eds.), *Handbook of qualitative research* (2nd ed.)
  (pp.981-995). London: Sage.

Greene, M. (1967). *Existential encounters for teachers.* New York: Random House.

Greimas, A. (1966). J. Structural semiotics. Lincoln: University of Nebraska Press.

Griffin, W. L. & Marciano, J. (1979). *Teaching the Vietnam War.* Monclair, N.J.,

Allenhead, Osmun.

Guba, E. G. & Lincoln, Y. S. (1989). *Fourth generation evaluation.* London, United Kingdom: Sage.

Habermas, J. (1972). *Knowledge and human interests; Theory and practice; Communication and the evolution of society* (J. J. Shapiro, Trans.). London: Heinemann.

Hamilton, D. (Ed.) (1976). *Beyond the numbers game.* London: Macmillan.

Hammersley, M. & Atkinson, P. (1994). Ethnography and participant observation. In K. D. Denzin & Y. S. Lincoln (Eds.), *Handbook of qualitative research.* (1st ed.) (pp. 248-261) . London: Sage.

Hammersley, M. & Atkinson, P. (1994). Ethnography and participant observation. In K. D. Denzin & Y. S. Lincoln (Eds.), *Handbook of qualitative research.*(1st ed.) (pp. 248-261). London, United Kingdom: Sage.

Hammersley, M. (1990). *Reading ethnographic research: A critical guide.* London: Longman.

Hammersley, M. (1992). *What's wrong with ethnography? Methodological exploration.* London: Routledge.

Hammond, S. A. (1996). *The thin book of appreciative inquiry.* Plano, TX: CSS.

Heron, J. (1981). Philosophical basis for a new paradigm. In P. Reason & J. Rowan (Eds.), *Human inquiry: A sourcebook of new paradigm research.* Chichester, UK: John Wiley.

Heron, J. (1989). *The facilitator's handbook.* London: Kogan Page.

Heron, J. (1992). *Feeling and personhood: Psychology in another key.* London: Sage.

House, E. R. (2005). Qualitative evaluation and changing social policy. In K. D. Denzin & Y. S. Lincoln (Eds.), *Handbook of qualitative research* (3rd ed.) (pp. 1069-1081). London: Sage.

Hunter, J. E. & Schmidt, F. L. (1990). *Methods of meta-analysis: correcting error and bias in research findings.* London, United Kingdom: Sage.

Jackson, P. W. (1968). *Life in classroom*. New York: Holt, Rinehart & Winston.

Jackson, P. W. (Ed.) (1992). *Handbook of research on curriculum*. New York: Macmillan.

James, W. (1978). *Pragmatism and the meaning of truth*. Cambridge, MA.: Harvard University Press. (Original work published 1908)

Jovchelovitch, S. & Bauer, M. W. (2000). Narrative interviewing. In M. W. Bauer & G. Gaskell (Eds.), *Qualitative Researching With Text, Image and Sound: A Practical Handbook* (pp.57-74). Sage, London, UK.

Katz, A. M. & Shorter, J. (1996). Hearing the patient's "voice": Toward a social poetics in diagnostic interviews. *Social Science and Medicine, 43*, 919-931.

Kincheloe, J. L. & McLaren, P. L. (1994). Rethinking critical theory and qualitative research. In N. K. Denzin & Y. S. Lincoln (Eds.), *Handbook of qualitative research* (pp.138-157). New York: Sage.

Kluckhohn, C. (1949). *Mirror for man: The relation of anthropology to modern life*. New York: McGraw-Hill.

Kopetz, P. B., Lease, A. J., & Warren-Kring, B. Z. (2005). *Comprehensive Urban Education*. Boston, MA: Pearson Education.

Krippendorf, K. (1980). *Content analysis: An introduction to its methodology*. Beverly Hills, CA: Sage.

Kuhn, T. S. (1962). *The structure of scientific revolutions*. Chicago: The University of Chicago Press.

Lakoff, G. & Johnson, M. (1980). *Metaphors we live by*. Chicago: University of Chicago Press.

Lassiter, L. E. (2009). *Invitation to Anthropology* (3rd ed.). Lanham, MD : AltaMira Press.

Lather, P. & Smithies, C. (1997). *Troubling the angels: Women living with HIV/AIDS*. Boulder, CO: Westview.

Lincoln, Y. S. (1992). Curriculum studies and the traditions of inquiry: the humanistic tradition. In P. W. Jackson (Ed.), *Handbook of research on curriculum* (pp.78-97). New York: Simon & Schuster Macmillan.

Linclon, Y. S. & Guba, E. G. (1985). *Naturalistic inquiry.* Beverly Hills, CA: Sage.

Lincoln, Y. S. & Denzin, N. K. (2000). The seventh moments: Out of the past. In K. D. Denzin & Y. S. Lincoln (Eds.), *Handbook of qualitative research* (2nd ed.) (pp.1047-1065). London: Sage.

Lincoln, Y. S. & Denzin, N. K. (2005). Epilogue: The eighth and ninth moments: Qualitative research in/and the fractured future. In K. D. Denzin & Y. S. Lincoln (Eds.), *Handbook of qualitative research* (3rd ed.) (pp.1115-1125). London: Sage.

Lincoln, Y. S. & Denzin, N. K. (2011). Epilogue: Towards a "refunctioned ethnography". In K. D. Denzin & Y. S. Lincoln (Eds.), *Handbook of qualitative research* (4th ed.) (pp.715-718). London: Sage.

Lincoln, Y. S. & Denzin, N. K. (2017). Epilogue: Towards a "refunctioned ethnography". In K. D. Denzin & Y. S. Lincoln (Eds.), *Handbook of qualitative research* (5th ed.) (pp.923-928). London: Sage.

Lofland, J. (1974). Styles of reporting qualitative field research. *American Sociologist, 9,* 101-111.

Lofland, J. & Lofland, Lyn H. (1995). *Analyzing social settings: A guide to qualitative observation and analysis* (3rd ed.). London: Wadsworth .

Madaus, G. F. & Stufflebeam, D. L. (2000). Program Evaluation: A Historical Overview. In D. L. Stufflebeam, G. F. Madaus, & T. Kellaghan (Eds.), *Evaluation Models: Viewpoints on Educational & Human Services Evaluation* (2nd ed.) (pp.3-18). Norwell, MA: Kluwer.

Manen, M. V. (1997). *Researching lived design: Human science for an action sensitive pedagogy.* Dordrecht, Netherland: Springer.

Manning, P. K. & Cullum-Swan, B. (1994). Narrative, content, and semiotics. In N. K. Denzin & Y. S. Lincoln (Eds.), *Handbook of qualitative research* (1st) (pp.463-477). Thousand Oaks: Sage.

Maslow, A. (1968). *Toward a psychology of being.* New York: Van Nostrand.

Maxwell, J. A. (1996). *Qualitative research design: An interactive approach*. London: Sage.

Metaphor (2017, July 26). In *Wikipedia, the free encyclopedia*. Retrieved 2018/4/1 from https://en.wiktionary.org/wiki/metaphor

Mikk, J. (2000). *Textbook: Research and writing*. New York: Peter Lang GmbH.

Miles, M. B. & Huberman, A. M. (1994). *Qualitative data analysis: An expended sourcebook* (2nd ed.). London, United Kingdom: Sage.

Miller, W. L. & Crabtree, B. F. (1992). *Doing qualitative research* (1st ed.). London: Sage.

Morgan, G. (1983). More on metaphor: Why we cannot control tropes in administrative science. *Administrative Science Quarterly, 28*, 601-607.

Nave, B., Miech, E. J., & Mosteller, F. (2000). The Role of Field Trials in Evaluating School Practices: A Rare Design. In D. L. Stufflebeam, G. F. Madaus, & T. Kellaghan (Eds.), *Evaluation Models: Viewpoints on Educational & Human Services Evaluation* (2nd ed.) (pp.145-162). Boston, MA: Kluwer.

Nicholls, J. (2003). Methods in school textbook research. *International Journal of Historical Learning, Teaching and Research, 3*(2). Retrieved 2010/12/ 1 from http://www.ex.ac.uk/education/historyresource/journal6/nichollsrev.pdf

Noblit, G. W. (1989, April). *Ethnography as literature: The literacy devices of qualitative research*. Paper presented at the Annual Meeting of the Southern Society, Norfolk, VA.

O'Sullivan, T., Hartley, J., Saunders, D., Montgomery, M., & Fiske, J. (1994). *Key concepts in communication and cultural studies*. London: Routledge.

Patton, M. Q. (1990). *Qualitative evaluation and research methods* (2nd ed.). London, United Kingdom: Sage.

Patton, M. Q. (1997). *Utilization-focused evaluation: New century edition*. London, United Kingdom: Sage.

Patton, M. Q. (2000). Utilization-Focused Evaluation. In D. L. Stufflebeam, G. F. Madaus, & T. Kellaghan (Eds.), *Evaluation Models: Viewpoints on Edu-*

cational & Human Services Evaluation (2nd ed.) (pp.425-438). Boston, MA: Kluwer.

Pelto, P. & Pelto, G. (1978). *Anthropological Research: The Structure of inquiry*. Cambridge: Cambridge university press.

Peräkylä, A. (2005). Analyzing talk and text. In K. D. Denzin & Y. S. Lincoln (Eds.), *Handbook of qualitative research* (3rd ed.) (pp.869-886). London: Sage.

Pinar, W. F. (1980). Life history and education experience. Part I. *Journal of Curriculum Theorizing, 2*(2), 59-212.

Pinar, W. F. (1981). Life history and education experience. Part II. *Journal of Curriculum Theorizing, 3*(1), 259-286.

Pingel, F. (1999). *UNESCO guidebook on textbook research and textbook revision* (1st ed.). Hannver: Hahn.

Pingel, F. (2009). *UNESCO guidebook on textbook research and textbook revision* (2nd revised & updated ed.). Hannver: Hahn.

Pitman, M. A. & Maxwell, J. A. (1992). Qualitative Approached to Evaluation. In M. D. LeCompte, W. L. Millroy, & J. Preissle (Eds.), *The handbook of qualitative research in education* (pp.729-769). New York: Academic Press.

Quantz, R. A. (1992). On critical ethngraphy (with some postmodern consideration considerations). In M. D. LeCompte, W. L. Millroy, & J. Preissle (Eds.), *The Handbook of qualitative research in Education* (pp. 447-505). New York: Academic Press.

Rahman, M. A. (1991). Glimpses of the "Other Africa." In O. Fals-Borda & M. A. Rahman (Eds.), *Action and knowledge: Breaking the monopoly with participatory action research*. New York: Intermediate Technology/Apex.

Rawls, J. (1999). *A theory of justice (Rev. ed.)*. Cambridge, MA: Bellnap.

Reason, P. (1994). Three approaches to Participatory Inquiry. In N. K. Denzin & Y. S. Lincoln (Eds.), *Handbook of qualitative research* (pp.324-339). New York: Sage.

Reason, P. & Heron, J. (1986). Research with people: The paradigm of co-operative experiential inquiry. *Persona Central Review*, *1*, 456-475.

Reason, P. & Rowan, J. (Eds.) (1981). *Human inquiry: A sourcebook of new para-digm research. Chichester*, UK: John Wiley.

Reinharz, C. S. (1992). *Feminist methods in social research*. New York: Oxford University Press

Reisigl, M. & Wodak, R. (2001). *Discourse and discrimination: Rhetorics of rac-ism and antisemitism*. London: Routledge.

Richardson, L. & St. Pierre, E. A. (2005). Writing: A method of inquiry. In K. D. Denzin & Y. S. Lincoln (Eds.), *Handbook of Qualitative Research* (3rd ed.) (pp.959-978). London: Sage.

Richardson, L. (1992). The consequences of poetic representations: Writing the other, rewriting the self. In C. Ellis & M. G. Flaherty (Eds.), *Investigating subjectivity: Research on lived experience* (pp.125-137). Newbury Park, CA: Sage.

Richardson, L. (2000). Writing: A method of inquiry. In K. D. Denzin & Y. S. Lincoln (Eds.), *Handbook of qualitative research* (2nd ed.) (pp.923-948). London: Sage.

Riessman, C (1993). *Narrative Analysis*. London: Sage.

Rogers, C. (1961). *On becoming a person*. London: Constable.

Rogers, C. (1969). *Freedom to learn*. New York: Charles Merrill.

Runyan, W. M. (1982). *Life histories and psychobiography*. N.Y.: Oxford University.

Ryan, G. W. & Bernard, R. (2000). Data management and analysis methods. In K. D. Denzin & Y. S. Lincoln (Eds.), *Handbook of qualitative research* (2nd ed.) (pp.769-802). London: Sage.

Scriven, M. (2000). Evaluation Ideologies. In D. L. Stufflebeam, G. F. Madaus, T. Kellaghan (Eds.), *Evaluation Models: Viewpoints on Educational & Human Services Evaluation* (2nd ed.) (pp. 249-318). Boston, MA: Kluwer.

Skolimowski, H. (1992). *Living philosophy: Eco-philosophy as a tree of life*. London: Arkana.

Sleeter, C. E. & Grant, C. A. (1991). Race, class, gender, and disability in current textbooks. In M. Apple & L. Christian-Smith (Eds.), *The politics of the textbook* (pp.78-110). New York: Routledge.

Smith, J. K. & Deemer, D. K. (2000). The problem of criteria in the age of relativism. In K. D. Denzin & Y. S. Lincoln (Eds.), *Handbook of qualitative research* (2nd ed.) (pp.877-896). London: Sage.

Stake, R. E. (1975). *The art of case study research*. London: Sage.

Stake, R. E. (1978). The case study method in social inquiry. *Educational Researcher, 7*(2), 5-8.

Strauss, A. & Corbin, J. (1998). *Basics of qualitative research: Grounded theory procedures and techniques* (2nd ed.). London: Sage.

Stufflebeam, D. L. (2000). Foundational Models for 21st Century Program Evaluation. In D. L. Stufflebeam, G. F. Madaus, & T. Kellaghan (Eds.), *Evaluation Models: Viewpoints on Educational & Human Services Evaluation* (2nd ed.) (pp.33-84). Boston, MA: Kluwer.

Suchman, E. A. (1967). *Evaluation Research*. New York: Russell Sage.

Tandon, R. (1989). Participatory research and social transformation. *Convergence, 21*(2/3), 5-15.

Tesch, R. (1990). *Qualitative research: Analysis types and software tools*. New York: Falmer.

Thomas, J. (1993). *Doing critical ethnography* (Qualitative Research Methods Series, No. 26). Newbury Park, CA: Sage.

Titscher, S., Mayler, M., Wodak, R., & Vetter E. (2000). Methods of text and discourse analysis. London: Sage.

Toolan, M. (Ed.). (2002). *Critical discourse analysis: Critical concepts in linguistics* (*Vol. 4: Current debates and new directions*). London: Routledge.

Torbert, W. R. (1981). Why educational research has been so uneducational: The case for a new model of social science based on collaborative inquiry. In P.

Reason & J. Rowan (Eds.), *Human inquiry: A sourcebook of new paradigm research.* Chichester, UK: John Wiley.

Torbert, W. R. (1991). *The power of balance: Transforming self, society, and scientific inquiry.* Newbury Park, CA: Sage.

Tufte, E. R. (1990). *Envisioning information.* Cheshire, CT: Graphics Press.

Umbrella_term (n. d.).*Wikipedia.* Retrieved 2015/07/25 from https://en.wikipedia.org/wiki/Umbrella_term

UNESCO (2005). *Comprehensive Strategy for Textbooks & Learning Materials.* Paris: UNESCO.

Van Dijk, T. A. (1984). *Prejudice in discourse: An analysis. Of ethnic prejudice in cognition and conversation.* Amsterdam: John Benjamin.

Van Dijk, T. A. (1987). *Communicating racism: Ethnic prejudice in thought and talk.* London: Sage.

Van Maanen, J. et al. (1982). *Varieties of Qualitative Research.* Beverly Hills, CA: Sage.

Vidich, A. J. & Lyman, S. M. (2000). Qualitative methods: Their history in sociology and anthropology. In N. K. Denzin & Y. S. Lincoln (Eds.), *Handbook of qualitative research* (2nd ed.) (pp.37-84). New York: Sage.

Walker, D. F. (1992). Methodological issues in curriculum research. In P. W. Jackson (Ed.), *Handbook of research on curriculum* (pp.98-118). New York: Macmillan.

Weinbrenner, P. (1992). Methodologies of textbook analysis used to date. In H. Bourdillon (Ed.), *History and social studies-Methodologies of textbook analysis* (pp.21-34). Berwyn, PA: Swets & Zeitlinger.

Weitzman, A. (2000). Software and qualitative research. In K. D. Denzin & Y. S. Lincoln (Eds.), *Handbook of qualitative research* (2nd ed.) (pp.803-820). London: Sage.

Wilson, S. (1977).The use of ethnographic techniques in educational research. *Review of educational research*, *47*(1), 245-265.

Wodak, R., de Cillia, R., Reisigl, M., & Liebhart, K. (1999). *The discursive con-struction of national identity* (A. Hirsch & R. Mitten, Trans.). Edinburgh University Press.

Wolcott, H. F. (1988). Ethnographic research in education. In R. M. Jaeger (Ed.), *Complementary methods for research in education* (pp.185-250). Washington, D.C.: American Educational Research Association.

Wolcott, H. F. (1992). Posturing in qualitative inquiry. In M. D. LeCompte, W. L. Millroy, & J. Preissle (Eds.), *The handbook of qualitative research in education* (pp.3-52). New York: Academic Press.

Wood, L. A. & Kroger, R. O. (2000). *Doing discourse analysis: Methods for studying action in talk and text.* London: Sage.

國家圖書館出版品預行編目資料

質性研究法進階探索：換一副透鏡看世界／張
芬芬著. －－初版.－－臺北市：五南圖書
出版股份有限公司, 2021.09
　面；　公分
ISBN 978-626-317-201-2（平裝）

1.社會科學　2.質性研究　3.研究方法

501.2　　　　　　　　　　110015055

1I4H

質性研究法進階探索
換一副透鏡看世界

作　　　者 ― 張芬芬(201.8)

發 行 人 ― 楊榮川

總 經 理 ― 楊士清

總 編 輯 ― 楊秀麗

副總編輯 ― 黃文瓊

責任編輯 ― 郭雲周、李敏華

封面設計 ― 王麗娟

出 版 者 ― 五南圖書出版股份有限公司

地　　　址：106台北市大安區和平東路二段339號4樓

電　　　話：(02)2705-5066　　傳　　　真：(02)2706-6100

網　　　址：https://www.wunan.com.tw

電子郵件：wunan@wunan.com.tw

劃撥帳號：01068953

戶　　　名：五南圖書出版股份有限公司

法律顧問　林勝安律師事務所　林勝安律師

出版日期　2021年9月初版一刷

定　　　價　新臺幣380元

經典永恆・名著常在

五十週年的獻禮 —— 經典名著文庫

五南，五十年了，半個世紀，人生旅程的一大半，走過來了。
思索著，邁向百年的未來歷程，能為知識界、文化學術界作些什麼？
在速食文化的生態下，有什麼值得讓人雋永品味的？

歷代經典・當今名著，經過時間的洗禮，千錘百鍊，流傳至今，光芒耀人；
不僅使我們能領悟前人的智慧，同時也增深加廣我們思考的深度與視野。
我們決心投入巨資，有計畫的系統梳選，成立「經典名著文庫」，
希望收入古今中外思想性的、充滿睿智與獨見的經典、名著。
這是一項理想性的、永續性的巨大出版工程。
不在意讀者的眾寡，只考慮它的學術價值，力求完整展現先哲思想的軌跡；
為知識界開啟一片智慧之窗，營造一座百花綻放的世界文明公園，
任君遨遊、取菁吸蜜、嘉惠學子！